要介護認定調査必携ハンドブック

74項目のポイントと特記事項の記入例

編集
永嶋昌樹
（公益社団法人 東京都介護福祉士会 会長）

医療アドバイス
神津 仁

看護の科学新社

本書の活用にあたって

● 「**基本調査項目**」の「**定義**」「**調査上の留意点**」「**選択肢の判断基準**」「**警告コード**」は，これまでに公表された「認定調査手法Ⅳ認定調査票の記入方法」「認定調査票記入の手引き　補足説明」，さらに「認定調査（基本調査）項目問答集」の情報からたたき台を作成し，2009年10月の介護保険制度認定基準の見直しに伴う調査項目群に合わせて，「認定調査員テキスト2009改訂版（平成27年4月改訂）」の内容と比較検討してまとめた。

● 「**異なった選択が生じやすい点**」は，「認定調査員テキスト2009改訂版（平成27年4月改訂）」をもとにまとめた。

● 「**どのように質問するか**」は，調査時の問いかけの例を示した。

● 「**特記事項の記入例**」は，選択肢ごとに具体的に例示した。

　・ 不適切 は，「実際の介助の方法」が不適切な場合の記入例として例示した。

　・ 認知症 は，認知症高齢者の記入例として例示した。

　・ がん は，末期のがん患者の場合の記入例として例示した。

● 「**医療用語解説**」は，要介護認定調査時に接する利用者の状況把握に必要な医療用語をまとめた。

● なお，「特記事項の記入例」はあくまでも例示であり，そのまま同じ文章を転記するための定型文ではない。

はじめに

　本書は介護保険制度スタート後，公益社団法人東京都介護福祉士会が編集し，神津仁先生に医療アドバイスならびに医療用語解説をご執筆いただき刊行，多くの皆様に活用いただいてまいりました『要介護認定調査ハンドブック』『新・要介護認定調査ハンドブック』を復刊したものです。今回は既刊最新版『新・要介護認定調査ハンドブック第5版』をもとに編集，再構成して刊行します。

　超高齢社会の進展のなかで，介護の社会化を通して，高齢者が住み慣れた地域で暮らし続けられるために本書を活用いただきたいとの理念は一貫しています。

　特記事項に記載された内容は，主治医意見書とともに，的確な二次判定のために，その重要性がますます高くなっています。一方で，本書に例示しました「特記事項の記入例」はそのまま転記するための定型文ではないことをあらためて明記いたします。

　多くの皆様にとって本書が役立つものであれば，望外の喜びです。

2023 年 7 月

公益社団法人東京都介護福祉士会
会長　永嶋　昌樹

目　次

総論

① 要介護認定調査を行うにあたって

① 介護保険における調査の位置づけ

　介護保険制度下でサービスを利用するには，まず要介護認定の申請を行い，最初に「要介護認定調査」（注1）を受ける。介護サービスの必要度を判断するものである。その調査結果と主治医意見書により「介護認定審査会」において，要支援・要介護の状態（注2）と認定されると，保険給付（介護給付・予防給付）としてサービスを利用することができる。

　サービス利用には居宅サービス計画書（ケアプラン），介護予防サービス・支援計画書（介護予防ケアプラン）が必要となり，その作成やサービス利用の調整を指定居宅介護支援事業者等に依頼すると，介護支援専門員（ケアマネジャー）は，ケアプラン作成のために対象者の心身等の情報の収集（アセスメント）を面接相談で行うことになる（**図1**）。この「アセスメント」は，「要介護認定調査」とは主旨が異なる。

　　　注1　介護保険法第19条第1項「介護給付を受けようとする被保険者は，要介護者に
　　　　　　該当すること及びその該当する要介護状態区分について，市町村及び特別区（以
　　　　　　下「市町村」という。）の認定を受けなければならない。」
　　　注2　要介護状態とは，寝たきりや認知症などで常時介護を必要とする状態，要支援状
　　　　　　態とは，家事や身支度などの日常生活に支援が必要な状態。

要介護認定調査

　「要介護認定調査」は，要介護認定のために，全国一律の認定調査票を用いて市町村職員または当該行政より委託を受けた指定居宅介護支援事業者または介護保険施設の介護支援専門員により，新規申請時・更新認定・区分変更時に行われる。

　認定調査は「概況調査」「基本調査」「特記事項」の3つで構成されている。

　　　概況調査：調査対象者が現在受けているサービスの状況（在宅または施設）や，置かれ
　　　　　　　　ている環境等（家族状況，住宅環境，傷病，既往歴等）についての情報を収
　　　　　　　　集する。
　　　基本調査：心身の状況に関する62項目と特別な医療に関する12項目を合わせた74項
　　　　　　　　目から成り立っている。各調査項目は，質問形式により選択肢の中から選ぶ
　　　　　　　　方式となっている。

特記事項：上記の調査項目で特に介護に影響を与える事項について，基本調査項目番号
　　　　をカッコに記載した上で，具体的な状況等について記入する。

　要介護認定は，保険者である各市町村に設置されている「介護認定審査会」で介護の必
要性や介護度が審査判定され，保険者により決定される。

　介護認定審査会（注３）では，①高齢者の心身の状況について調査（基本調査）および
主治医意見書に基づきコンピュータ処理された一次判定（コンピュータ推計）結果と，②
調査員が記載した「特記事項」，③主治医意見書の３点をもとに審査判定（二次判定）を
行う。

　つまり，一次判定は「基本調査」の結果および主治医意見書に基づきコンピュータ処理
し「要介護認定等基準時間」を推計したものであり，二次判定では，一次判定結果を原案
に「主治医意見書」や「特記事項」等の情報を加味して最終判定がなされる。要介護認定
調査は，高齢者にとっては保険受給の可否を問うものである。

　このように，介護保険制度利用に際しての最初の接点が各保険者から委任された介護支
援専門員等による「要介護認定調査」であり，全国共通・公平かつ厳正な調査とならなけ
ればならない。

　注３　市町村長により任命された保健・医療・福祉の各分野の学識経験者により構成さ
　　　　れる。

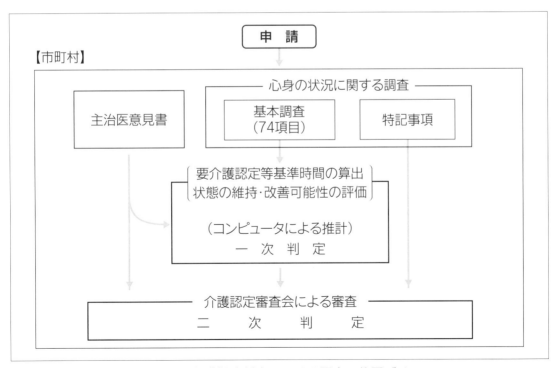

図1　介護保険制度における調査の位置づけ

介護認定審査会で，詳細な特記事項の記述がないために，判定が大きく左右されることがある。特記事項は審査委員に伝わるように記述することが大切である。

② 要介護認定調査の進め方

（1）認定調査従事者の基本的態度

①法的位置づけ

保険者から派遣されている公的な立場で調査にあたることを念頭において厳正にのぞまなければならない。以下，法律に定められている調査員の位置づけを示す。

介護保険法（第4章　保険給付）

第27条

　要介護認定を受けようとする被保険者は，厚生労働省令で定めるところにより，申請書に被保険者証を添付して市町村に申請しなければならない。（以下省略）

2　市町村は，前項の申請があったときは，当該職員をして，当該申請に係る被保険者に面接させ，その心身の状況，その置かれている環境その他厚生労働省令で定める事項について調査をさせるものとする。（以下省略）

第28条

8　第5項の規定により委託を受けた指定居宅介護支援事業者等若しくはその職員又は介護支援専門員で，当該委託業務に従事するものは，刑法その他の罰則の適用については，法令により公務に従事する職員とみなす。

このように，認定調査を行うものは，公務員に準ずる職員とみなされる。調査員個々が，認定調査従事者研修を修了し調査項目を十分理解した上で，個人の主観を排して客観的に調査を行う必要がある。

②公平・公正・適切な調査

市町村または規定による委託を受けた指定居宅介護支援事業者等は，認定調査が公平・公正かつ適切に行われるよう当該調査の調査にあたる者を選定する。個人的な感情で調査が左右されるようなことがあってはならないため，調査員は，調査対象者との関係が中立であり，利益相反のない者を選定する。

③プライバシーの保護

公務に従事する職員として調査を行い，調査対象者の個人的な情報すべてを守秘しなければならない。当然のことながら専門職の倫理に基づいて，守秘義務に徹することが求められる。

④必要な知識・技能の修得

　　国は，要介護認定について下記のように通知し，適正な運営を図るよう指導している。

老発第 499 号
平成 11 年 7 月 26 日

各都道府県知事　殿

厚生省老人保健福祉局長

要介護認定等の実施について

　本年 10 月より実施される標記については，介護保険法施行令（平成 10 年政令第 412 号）等によって規定されているところであるが，今般，法令の趣旨に則り，下記の通り，その具体的な運用方法等を定めたので通知する。

記

1．要介護認定に係る調査の実施

　　市町村職員，要介護認定（要支援認定を含む。以下同じ。）に係る調査（以下「認定調査」という。）について市町村（要介護認定を実施する広域連合及び一部事務組合等を含む。以下同じ。）から委託を受けた介護保険施設及び指定居宅介護支援事業者等に所属する介護支援専門員等であって，別途通知する都道府県が実施する認定調査に関する研修（認定調査従事者等研修）を修了したもの（以下「調査員」という。）は，別途通知する「認定調査票記入の手引き」に従って，別添 1 に示す認定調査票を用いて認定調査の対象者（以下「調査対象者」という。）に関する認定調査を実施する。

2．省略

3．省略

　　上記に示すとおり，市町村の責任で認定調査員に当該の研修を受けさせなければならない。調査員には，研修を修了し「認定調査票記入の手引き」を十分に理解し，事前学習を徹底して，調査対象者やその家族等が不安を抱くことがないように，調査に必要なスキルを身につけて面接することが求められる。それにより，調査対象者等も日頃の状態と変わらず調査項目の再現にのぞむことができる。

⑤迅速な対応

　　介護保険法では，「申請から 30 日以内に要介護の認定と要介護度の判定結果を申請者

に通知する」こととされている。保険者は申請受理に際し，被保険者が第1号被保険者であるか第2号被保険者に該当するのかを確認する。また，かかりつけの主治医の有無を確認する。そして，調査を委託している指定居宅介護支援事業者等に対しては要介護認定調査を，主治医に対しては意見書の記載を依頼する。適時な調査の保証のためにも，依頼を受けたら速やかに調査できるような体制づくりに努める。

（2）調査訪問

要介護認定調査をスムーズに実施するには，まず事前の準備を行うことが大切である。

①事前の確認

日時調整	・調査対象者や介護者等に電話等で連絡し，日時等を調整する。
	・日の中でも安定している時間帯を選んでもらう。
	・調査対象者の意向をまず第一に考え，調査員の都合で決めることは避ける。
訪問場所の確認	・入院・入所中でない場合は自宅であることを，入院・入所中の場合は訪問する場所を確認する。
立会人の確認	・要介護認定調査時に家族・親族等が立ち会うか否かを必ず確認し，立ち会う場合の都合も合わせて調整する。この確認を行わないと，認定後にトラブルが発生する可能性があるので注意すること。
交通手段の確認	・訪問するための交通経路や訪問場所付近の道程，所要時間等もあらかじめ把握しておく。約束の訪問時間に遅れることがないよう注意する。
	・車を利用する場合は，駐車場の有無を事前に確認しておく。
	・訪問先の近くまで早めに行き，余裕をもって調査に臨むように心がける。

②持ち物

保険者からの調査依頼書，調査員登録票，認定調査票，視力確認表，筆記用具，時計，介護保険関係リーフレット，調査に関する問い合わせ先証明書等を持参する。

このほか，訪問先の連絡手段（電話等）は必ず持参する。

③服装

要介護認定調査に訪問するのにふさわしい服装，清潔な身だしなみを心がける。

女性の場合，幅広や短めのスカート等の着用は避ける。調査項目により動作を再現してもらうので，介助しやすく，咄嗟の場合に対応できるような動きやすい服装が望ましい。

爪やブローチ，時計や長めのイヤリング等の装飾品にも注意する。

④挨拶の仕方

訪問時には，要介護認定調査におもむいたことをきちんと告げて挨拶する。

調査員登録票（調査員証）を提示して，名乗る。

辞去する際には，調査に関する問い合わせ先や問い合わせ方法を説明する。

（3）調査方法

①調査の説明

　要介護認定調査は，「介護の手間」を表す「ものさし」としての「要介護認定等基準時間」の推定値を出すものであること，調査当日の状況ならびに聞き取りによる日頃の状況にもとづき総合的に勘案し判断することを伝え，概況調査・基本調査の内容について説明を行う。

　調査項目（74項目）には，現在の状況で調査対象者が明らかに実行できていることや，反対に，実現することが困難な質問項目も含まれているが，客観的に状況を判断しつつ全項目について説明等を行う。調査対象者または家族に，調査の項目や内容が知らされなかったというようなことがないようにする。ただし，調査内容から，不愉快な思いをさせないよう配慮しなければならない。

②調査対象者の確認

　名前，生年月日等を問いかけて確認する。→調査項目「3-3,5. 認知機能」に該当。

③立会い者の確認

　事前に打ち合わせた立会人であるか否か，違う場合の理由とその人の氏名や調査対象者との関係，連絡先等を確認する。

④調査の進め方

　調査順序は，項目順でなくてもよい。すでに②で「3-3,5」に踏み込んでいるので，同じ質問を重ねないように工夫する。

　麻痺や拘縮の有無や排尿・排便等の項目はいきなり質問しないよう留意する。

　視力や聴力等についてはコミュニケーションを図りながら聞き取り，場合によっては行為の再現をしてもらい，緊張感を取り除きながら進める。

　（p.22「3. 基本調査の進め方」もあわせて参照）

⑤記入の仕方

　概況調査や基本調査票の各項目の欄に，該当する選択肢の番号に○印をつける。

　ここで，必ず聴取したことを記載しておく。なぜ，その番号等を選んだのか判断の根拠が分かるようなメモ書きが必要である。

⑥必ずメモをとる

　メモが残せるか否かが調査の成否を決めるといえるほど大切なことである。

　事務所に戻ってから認定調査票を完成させるが，判断した根拠はメモにあり，再確認しながら各項目の内容を点検する。

　迷った場合に，判断根拠を示すメモがたいへんに役立つ。なお，調査対象者や家族等

の立会人に許可を得ることなく，IC レコーダー等で録音してはならない。

⑦質問のための留意点〔第3群（3-8, 9），第4群（4-1 ～ 15），第5群（5-4）〕

　　これらの項目の聞き取りには，十分な配慮が必要である。調査開始時より本人の状況を観察し，最終的に家族（介護者）から介護の困難性について聞き取りを行うほうがよいと思われる。独居かつ明らかに認知機能に障害がないと考えられる場合，調査項目にこのような項目があることを示し（本人に視力の障害があれば，読み上げる），要介護認定の項目であることを伝える。

（4）調査のポイント

①特記事項として記載する内容をメモしておく

　　調査項目の選択した番号に〇を付して，余白にその選択した状況や根拠を記載しておく（メモ）。事務所に戻ってからあらためて特記事項を記載しようとしても状況が思い出せないこともある。必要なことをメモに残しておくことが重要である。

②調査方法を記す

　　再現，聞き取り，勘案等，判断根拠の方法をメモで残す。自分でわかるような記号や略称を工夫する。

　　例．再現＝実際にやってもらった

　　　　本人＝本人が話していた　　　　介＝介護者からの説明

　　　　状況＝介護の状況は詳しくメモする

③誰からの聴き取り内容であるのかがわかるように記録する

　　調査対象者に行為を再現してもらえない場合，その理由や具体的内容を「特記事項」に記載し，話の内容や誰が話したのか等を明記する。

④アセスメントではないことに留意する

　　基本調査は，要介護認定のための調査として情報を収集するが，今後の援助のためにアセスメント（課題分析：情報を整理・統合して分析すること）を行うのではないことに留意する。

⑤言動に気をつける

　　調査対象者や介護者に不安を抱かせないように注意する。断定的な言い方をしない。

　　例．・この状況では認定されないかも知れません

　　　　・～しないからこのようになったのです

　　　　・～しなければよくなりません

　　　　・～は治りません

（5）調査の事後処理

①即時に行う

　時間を空けずに即整理する。時間が経過すればするほど記憶は薄らぐので調査から帰ったら，まず全体的に目を通してメモを基に書き込んでおく。

　マークシート等への転記や特記事項の清書は，時間がなければ後でもよいが，メモの整理だけは必ずしておく。

記入上の留意点

・マークシート等の記入は，記入上の注意点をよく読んで行う。

・訂正する場合は，消しゴムで完全に消してから，記載すること。

・マークを塗りつぶすときに，はみ出たり一部分しかマークしないことのないよう，ていねいな作業に努める。

・できあがったマークシート等の各項目と，調査時に使用した調査票に差異がないか，十分な点検を行うこと。

②特記事項の書き方

　簡潔に書く。かつ記入漏れがないように，認定審査に役立つように記載する。

　記入要綱に，特記事項として記載を求められている箇所は必ず書くこと。

　調査時のメモがきちんと活かされているか，必ず点検する。

　(p. 29「4．特記事項の書き方のポイント」もあわせて参照)

③提出物の点検

　マークシートの記載内容，特記事項の内容，概況調査等を再度点検する。

④不必要な書類の処分

　個人情報保護のために，シュレッダーにかける。シュレッダー機材がない場合には，細かくカットし他人に読まれないようにして処分する。

❷ 概況調査の記入のポイント

❶ 記入方法 （注：保険者により若干異なる場合がある）

・インク，または黒のボールペンを使用する。ただし，消すことのできるボールペンは不可。パソコン，ゴム印を使用してもよい。
・文字の修正，削除等の際には必要な部分に線を引き，修正または削除を行う。修正液等は使用しない。
・訂正印は，記入者が特定できるので，押さない。

❷ 事務局による事前の記入事項（注：保険者により若干異なる場合がある）

・保険者番号，被保険者番号。

❸ 調査員による記入

現在受けているサービスの状況

（1）在宅サービス利用の場合

　　在宅サービスを利用している場合は，その頻度と量を以下の①〜④を参考にして記載する。また，利用しているサービスをすべて選択しチェックする。

①認定調査を行った月の利用回数

　　・訪問介護は，1日あたりの回数，つまり訪問介護員（ホームヘルパー）が訪問した回数を合算する。
　　　　＜例＞30分未満の訪問介護3回（朝・夕・深夜）
　　　　　　　　　　＋1時間未満の訪問介護1回（昼）＝4回／日×月の日数

②福祉用具貸与は調査日時点の利用品目数

③福祉用具販売：過去6か月の品目数

④要介護認定期間中のサービスの定義

　　・「だれ（どんな職種の人）」が，「どこ（事業所の種別）から来ているのか」，または「どこで行っているのか」を確認する。

訪問介護（ホームヘルプ）・訪問型サービス：

- 訪問介護員等が居宅を訪問して行う入浴，排泄，食事等の介護，調理，洗濯，掃除等の家事，生活等に関する相談や助言その他日常生活上の世話。介護予防・日常生活支援総合事業（各市町村が実施する，いわゆる「新しい総合事業」）による訪問型サービス（第1号訪問事業）を含む。
- 以下のサービスは含まない。
  - ・シルバーサービス事業として実施されているホームヘルプサービス（シルバーサービス事業とは，対象者を高齢者・障害者等に限定し，一定の調査を行って提供されるサービス）。
  - ・家政婦紹介所等のサービスのように，自由契約で提供されるサービス。

（介護予防）訪問入浴介護：

- 事業者が訪問し，簡易浴槽を提供して行う入浴介護。

（介護予防）訪問看護：

- 主治医の指示に基づき保健師，看護師，准看護師，理学療法士，作業療法士が居宅を訪問して行う療養上の世話や必要な診療の補助。
- 以下のサービスは含まない。
  - ・市町村の保健師等による定期的な保健指導のための訪問（難病等による訪問指導等）→「介護保険給付外の在宅サービス」
  - ・医療保険による訪問看護
  - ・自費による訪問看護

（介護予防）訪問リハビリテーション：

- 主治医の指示に基づき，理学療法士，作業療法士，言語聴覚士が居宅を訪問して行う理学療法・作業療法その他必要なリハビリテーション。
- 以下のサービスは含まない。
  - ・市町村の老人保健事業として，理学療法士，作業療法士，言語聴覚士が行う訪問指導→「介護保険給付外の在宅サービス」

（介護予防）居宅療養管理指導：

- 通院することができない患者に対して，医師，歯科医師，薬剤師，看護師，管理栄養士，歯科衛生士が訪問して行う療養上の管理指導（薬剤師，看護師，管理栄養士，歯科衛生士は，医師，歯科医師の指示に基づき行う）。

通所介護（デイサービス）・通所型サービス：

- 通所介護（デイサービスセンターや高齢者在宅サービスセンター）において行う，入浴や食事の提供，生活等に関する相談・助言，健康状態の確認，その他日常生活上の世話や機能訓練。介護予防・日常生活支援総合事業（各市町村が実施する，いわゆる「新しい総合事業」）による通所型サービス（第1号通所事業）を含む。

- 以下のサービスは含まない。
  - ・介護保険法により指定されていないデイサービス
  - ・高齢者サロン（通所サービスBを除く）

（介護予防）通所リハビリテーション（デイケア）：

- 病院，診療所（医院），介護老人保健施設等において行う理学療法，作業療法，言語療法その他必要なリハビリテーション。
- ナイトケアも含む。1日にデイケアとナイトケアの両方を受けた場合は，2回と算定する。
- 以下のサービスは含まない。
  - ・病院や診療所（医院）の外来で診療行為として受けたリハビリテーション
  - ・保健所や市町村保健センターで行われる機能訓練→「介護保険給付外のサービス」
  - ・医療機関以外の施設（特別養護老人ホーム等）の通所リハビリテーション→「介護保険給付外の在宅サービス」

（介護予防）短期入所生活介護（ショートステイ）：

- 特別養護老人ホームや老人短期入所施設で，短期間入所して行う，入浴，排泄，食事等の介護その他の日常生活上の世話や機能訓練。
- 以下のサービスは含まない。
  - ・民間のショートステイサービス→「介護保険給付外の在宅サービス」欄に記入する

（介護予防）短期入所療養介護（療養ショート）：

- 介護老人保健施設，介護療養型医療施設，介護医療院で，短期間入所して行う，看護，医学的管理下における介護，機能訓練その他必要な医療，日常生活上の世話。

（介護予防）特定施設入居者生活介護：

- 有料老人ホーム（介護付終身利用型，介護専用型）や介護利用型経費老人ホーム（ケアハウス）において行う，入浴，排泄，食事等の介護，洗濯，掃除等の家事，生活等に関する相談や助言その他日常生活上の世話，機能訓練，療養上の世話。

看護小規模多機能型居宅介護：

（介護予防）福祉用具貸与：

- 日常生活の自立を助ける福祉用具の貸与。
- 貸与の対象は，車いす，車いす付属品，特殊寝台，特殊寝台付属品，床ずれ予防用具，体位変換器，手すり，スロープ，歩行器，歩行補助杖，認知症高齢者徘徊感知機器，移動用リフト（つり具を除く，入浴用リフト，段差解消機，立ち上がり座いす），自動排泄処理装置。

特定（介護予防）福祉用具販売：

- 衛生上の配慮から貸与になじまない（入浴，排泄関連）福祉用具の購入。
- 対象は，腰掛便座，自動排泄処理装置の交換可能部，入浴補助用具（入浴用いす，浴

槽用手すり，浴槽内いす，入浴台，浴室内すのこ，浴槽内すのこ，入浴用介助ベルト），簡易浴槽，移動用リフトのつり具の部分。

住宅改修：

- 居住する住宅において行われた，心身の状況や住宅の状況等から必要と認められる住宅を改修。
- 対象は，手すりの取付け，段差の解消，滑り防止及び移動の円滑化等のための床材または通路面の変更，引き戸等への扉の変更，洋式便器等への便器の取替え，その他前各項の住宅改修に付帯して必要となる住宅改修等。
- 自費による利用者が障害を負ったために行った改修（障害者施策による改修等）。

夜間対応型訪問介護：

（介護予防）認知症対応型通所介護：

（介護予防）小規模多機能型居宅介護：

（介護予防）認知症対応型共同生活介護：

- 認知症高齢者グループホームにおいて行う，入浴，排泄，食事等の介護その他の日常生活上の世話や機能訓練。

地域密着型特定施設入居者生活介護：

地域密着型介護老人福祉施設入所者生活介護：

定期巡回・随時対応型訪問介護看護：

市町村特別給付：

- 市町村が条例で定めた独自の給付
- 移送サービス，配食サービスなどの「横出しサービス」

介護保険給付外の在宅サービス：

- 市町村の老人保健事業としての定期的な訪問指導，機能訓練（特別養護老人ホームや保健所で行うものも含む），保健所が実施する保健指導サービス等
- 在宅介護支援センターや高齢者生活福祉センターの定期的なサービス行為
- 民間事業者（家政婦紹介所など）やボランティアの定期的なサービス
- 高齢者・障害者向けのその他のサービス

（2）施設利用の場合

　自宅ではなく施設等に入所（入居）・入院している場合は，以下のいずれかを選択しチェックする。

　介護老人福祉施設⇒老人福祉法による特別養護老人ホーム

　介護老人保健施設

　介護療養型医療施設

　介護医療院

認知症対応型共同生活介護適用施設（グループホーム）

特定施設入居者生活介護適用施設（ケアハウス等）

医療機関（医療保険適用療養病床）

医療機関（療養病床以外）

その他の施設

例）

・養護老人ホーム⇒老人福祉法による養護老人ホームであって，特定施設入居者生活
　介護の指定を受けていない施設

・軽費老人ホーム⇒老人福祉法による軽費老人ホームであって，特定施設入居者生活
　介護の指定を受けていない施設

・有料老人ホーム⇒老人福祉法による有料老人ホームであって，特定施設入居者生活
　介護の指定を受けていない施設かつサービス付き高齢者向け住宅の登録を受けてい
　ない施設

　なお，高齢者住まい法によるサービス付き高齢者向け住宅であって，特定施設入居者
生活介護の指定を受けておらずかつ老人福祉法による有料老人ホームに該当しない場合
は，介護保険制度上は在宅扱いとなる。

認定調査票（概況調査）

調査は、調査対象者が通常の状態（調査可能な状態）であるときに実施して下さい。本人が風邪をひいて高熱を出している等、通常の状態でない場合は再調査を行って下さい。

保険者番号 _____　被保険者番号_____

認定調査票（概況調査）

I　調査実施者（記入者）

実施日時	令和　　年　月　日	実施場所	自宅内　・　自宅外（　　　　　　　　　　　　　　　　）
ふりがな 記入者氏名		所 属 機 関	

II　調査対象者

過去の認定	初回　・　2回め以降 （前回認定　　年　月　日）		前回認定結果		非該当・要支援（　　）・要介護（　　）	
ふりがな 対象者氏名			性別	男・女	生年月日	明治・大正・昭和 　年　　月　　日（　　歳）
現住所	〒　　－			電話	－　　　　－	
家族等 連絡先	〒　　－ 氏名（　　　　　　　）調査対象者との関係（　　　）			電話	－　　　　－	

III　現在受けているサービスの状況についてチェック及び頻度を記入してください。

在宅利用　〔**認定調査**を行った月のサービス利用回数を記入。（介護予防）福祉用具貸与は調査日時点の、特定（介護予防）福祉用具販売は過去6月の品目数を記載〕

□ 訪問介護(ホームヘルプ)・訪問型サービス	月	回	□(介護予防)福祉用具貸与			品目
□ (介護予防)訪問入浴介護	月	回	□特定(介護予防)福祉用具販売			品目
□ (介護予防)訪問看護	月	回	□住宅改修			あり・なし
□ (介護予防)訪問リハビリテーション	月	回	□夜間対応型訪問介護	月		日
□ (介護予防)居宅療養管理指導	月	回	□(介護予防)認知症対応型通所介護	月		日
□ 通所介護(デイサービス)・通所型サービス	月	回	□(介護予防)小規模多機能型居宅介護	月		日
□ (介護予防)通所リハビリテーション(デイケア)	月	回	□(介護予防)認知症対応型共同生活介護	月		日
□ (介護予防)短期入所生活介護(ショートステイ)	月	日	□地域密着型特定施設入居者生活介護	月		日
□ (介護予防)短期入所療養介護(療養ショート)	月	日	□地域密着型介護老人福祉施設入所者生活介護	月		日
□ (介護予防)特定施設入居者生活介護	月	日	□定期巡回・随時対応型訪問介護看護	月		回
□看護小規模多機能型居宅介護	月	日				
□市町村特別給付　〔　　　　　　　　　　　　　　　　　　　　　　　　　　　〕						
□介護保険給付外の在宅サービス〔　　　　　　　　　　　　　　　　　　　　〕						

施 設 利 用	施 設 連 絡 先
□介護老人福祉施設 □介護老人保健施設 □介護療養型医療施設 □介護医療院 □認知症対応型共同生活介護適用施設(グループホーム) □特定施設入居者生活介護適用施設(ケアハウス等) □医療機関(医療保険適用療養病床) □医療機関(療養病床以外) □その他の施設	施設名　＿＿＿＿＿＿＿＿＿＿＿＿＿＿＿ 郵便番号　　　　－ 施設住所 電話　　　　－　　　　－

IV　調査対象者の家族状況、調査対象者の居住環境（外出が困難になるなど日常生活に支障となるような環境の有無）、日常的に使用する機器・器械の有無等について特記すべき事項を記入してください。

基本調査の進め方

- 一次判定を行う情報であり，認定調査員の正確な選択が求められる。
- 「基本調査」選択肢の選択は，危険がないと考えられれば調査対象者本人に実際に行為を行ってもらう等，認定調査員が調査時に確認することが原則である。
- 何らかの理由（体調不良等）で実際に行為を行ってもらえなかったときは，より頻回に見られる状況や日頃の状況について聞き取った上で選択する。また選択をした具体的な内容，根拠について「特記事項」に記載する。
- 調査時に日頃の環境と異なる場合，調査対象者の緊張等で日頃の状況と異なっていると考えられる場合，時間や状況により，できたりできなかったりする場合も，調査者が調査時に確認した状況で選択する。その上で，調査時と，日頃の状況等の具体的な内容を「特記事項」に記載する。
- 調査対象者が，適正な介護の提供が必要と考えられる場合でも，原則として「実際に介護が行われているかどうか」で選択する。その上で，実際の状況，必要と考えられる介護の状況等について，具体的な内容を「特記事項」に記載する。
- 常時，介助を提供する者がいない場合，不足となっている介助に基づいて基本調査の選択を行う。必要な介助が受けられていない等と思われる具体的な状況，選択した介助の方法の選択理由等について，具体的な内容を「特記事項」に記載する。
- 日常的に自助具，補装具等を使用している場合は，そのことで機能が補完されていれば，その状態が本来の身体状況であると考え，その使用している状況において選択する。

1 在宅

（1）訪問時に調査対象者が居間等で待っている場合

- 挨拶等の後に「第3群 認知機能」（3-8. 徘徊・3-9. 外出して戻れないを除く）の項目から調査を開始する。
  このとき，調査員が普通の声で話しかけ，対象者の状況により「1-13. 聴力」を確認。

（2）訪問時に調査対象者がベッド等で横になっている場合

- 挨拶等の後に，家族等に普段起き上がっていることを確認し，「寝返りをしていただけますか」といって，次の項目から調査を開始する。
  「1-3. 寝返り」
  「1-4. 起き上がり」

「1−5. 座位保持」

「1−8. 立ち上がり」

● その後，居間等に移動して調査する場合は，下記の項目を一連の動作より確認する。

「1−6. 両足での立位保持」

「1−7. 歩行」

「1−9. 片足での立位保持」

「2−1. 移乗」

「2−2. 移動」

● このとき，「1−1. 麻痺」「1−2. 拘縮」の項目についても状況を観察し，座っていただいた後に確認の問いかけを行う。

② 病院等

（1）訪問時に調査対象者がベッド等で横になっている場合

● 挨拶等の後に「認知機能」（3−8. 徘徊・3−9. 外出して戻れないを除く）を尋ね，家族や病院関係者に普段起き上がっていることを確認し，「寝返りをしていただけますか」といって，次の項目の状況より調査を開始する。

「1−3. 寝返り」

「1−4. 起き上がり」

「1−5. 座位保持」

「1−8. 立ち上がり」

● その後，面会室等に移動して調査する場合は，下記の項目を一連の動作より確認する。

「1−6. 両足での立位保持」

「1−7. 歩行」

「1−9. 片足での立位保持」

「2−1. 移乗」

「2−2. 移動」

● このとき，「1−1. 麻痺」「1−2. 拘縮」の項目についても状況を観察し，座っていただいた後に確認の問いかけを行う。

● 病院関係者より，面接室等に移動して行うよう指示された場合も，同様の進め方で行う。

認定調査票（基本調査）

調査日＿＿年＿月＿日＿＿＿＿　保険者番号＿＿＿＿＿＿＿＿＿　被保険者番号＿＿＿＿＿＿＿＿＿

認定調査票（基本調査）

1-1　麻痺等の有無について、あてはまる番号すべてに○印をつけてください。（複数回答可）

1. ない	2. 左上肢	3. 右上肢	4. 左下肢	5. 右下肢	6. その他（四肢の欠損）

1-2　拘縮の有無について、あてはまる番号すべてに○印をつけてください。（複数回答可）

1. ない	2. 肩関節	3. 股関節	4. 膝関節	5. その他（四肢の欠損）

1-3　寝返りについて、あてはまる番号に一つだけ○印をつけてください。

1. つかまらないでできる	2. 何かにつかまればできる	3. できない

1-4　起き上がりについて、あてはまる番号に一つだけ○印をつけてください。

1. つかまらないでできる	2. 何かにつかまればできる	3. できない

1-5　座位保持について、あてはまる番号に一つだけ○印をつけてください。

1. できる	2. 自分の手で支えればできる	3. 支えてもらえればできる	4. できない

1-6　両足での立位保持について、あてはまる番号に一つだけ○印をつけてください。

1. 支えなしでできる	2. 何か支えがあればできる	3. できない

1-7　歩行について、あてはまる番号に一つだけ○印をつけてください。

1. つかまらないでできる	2. 何かにつかまればできる	3. できない

1-8　立ち上がりについて、あてはまる番号に一つだけ○印をつけてください。

1. つかまらないでできる	2. 何かにつかまればできる	3. できない

1-9　片足での立位保持について、あてはまる番号に一つだけ○印をつけてください。

1. 支えなしでできる	2. 何か支えがあればできる	3. できない

1-10　洗身について、あてはまる番号に一つだけ○印をつけてください。

1. 介助されていない	2. 一部介助	3. 全介助	4. 行っていない

1-11　つめ切りについて、あてはまる番号に一つだけ○印をつけてください。

1. 介助されていない	2. 一部介助	3. 全介助

1-12　視力について、あてはまる番号に一つだけ〇印をつけてください。

> 1. 普通（日常生活に支障がない）
>
> 2. 約１ｍ離れた視力確認表の図が見える
>
> 3. 目の前に置いた視力確認表の図が見える
>
> 4. ほとんど見えない
>
> 5. 見えているのか判断不能

1-13　聴力について、あてはまる番号に一つだけ〇印をつけてください。

> 1. 普通
>
> 2. 普通の声がやっと聞き取れる
>
> 3. かなり大きな声なら何とか聞き取れる
>
> 4. ほとんど聞えない
>
> 5. 聞えているのか判断不能

2-1　移乗について、あてはまる番号に一つだけ〇印をつけてください。

1. 介助されていない	2. 見守り等	3．一部介助	4．全介助

2-2　移動について、あてはまる番号に一つだけ〇印をつけてください。

1. 介助されていない	2. 見守り等	3．一部介助	4．全介助

2-3　えん下について、あてはまる番号に一つだけ〇印をつけてください。

1. できる	2. 見守り等	3. できない

2-4　食事摂取について、あてはまる番号に一つだけ〇印をつけてください。

1. 介助されていない	2. 見守り等	3．一部介助	4．全介助

2-5　排尿について、あてはまる番号に一つだけ〇印をつけてください。

1. 介助されていない	2. 見守り等	3．一部介助	4．全介助

2-6　排便について、あてはまる番号に一つだけ〇印をつけてください。

1. 介助されていない	2. 見守り等	3．一部介助	4．全介助

2-7　口腔清潔について、あてはまる番号に一つだけ〇印をつけてください。

1. 介助されていない	2. 一部介助	3. 全介助

2-8　洗顔について、あてはまる番号に一つだけ〇印をつけてください。

1. 介助されていない	2. 一部介助	3. 全介助

2-9　整髪について、あてはまる番号に一つだけ〇印をつけてください。

| 1. 介助されていない | 2. 一部介助 | 3. 全介助 |

2-10　上衣の着脱について、あてはまる番号に一つだけ〇印をつけてください。

| 1. 介助されていない | 2. 見守り等 | 3. 一部介助 | 4. 全介助 |

2-11　ズボン等の着脱について、あてはまる番号に一つだけ〇印をつけてください。

| 1. 介助されていない | 2. 見守り等 | 3. 一部介助 | 4. 全介助 |

2-12　外出頻度について、あてはまる番号に一つだけ〇印をつけてください。

| 1. 週1回以上 | 2. 月1回以上 | 3. 月1回未満 |

3-1　意思の伝達について、あてはまる番号に一つだけ〇印をつけてください。

1. 調査対象者が意思を他者に伝達できる
2. ときどき伝達できる
3. ほとんど伝達できない
4. できない

3-2　毎日の日課を理解することについて、あてはまる番号に一つだけ〇印をつけてください

| 1. できる | 2. できない |

3-3　生年月日や年齢を言うことについて、あてはまる番号に一つだけ〇印をつけてください。

| 1. できる | 2. できない |

3-4　短期記憶（面接調査の直前に何をしていたか思い出す）について、あてはまる番号に一つだけ〇印をつけてください。

| 1. できる | 2. できない |

3-5　自分の名前を言うことについて、あてはまる番号に一つだけ〇印をつけてください。

| 1. できる | 2. できない |

3-6　今の季節を理解することについて、あてはまる番号に一つだけ〇印をつけてください。

| 1. できる | 2. できない |

3-7　場所の理解（自分がいる場所を答える）について、あてはまる番号に一つだけ〇印をつけてください。

| 1. できる | 2. できない |

3-8　徘徊について、あてはまる番号に一つだけ〇印をつけてください。

| 1. ない | 2. ときどきある | 3. ある |

3-9　外出すると戻れないことについて、あてはまる番号に一つだけ○印をつけてください。

1. ない	2. ときどきある	3. ある

4-1　物を盗られたなどと被害的になることについて、あてはまる番号に一つだけ○印をつけてください。

1. ない	2. ときどきある	3. ある

4-2　作話をすることについて、あてはまる番号に一つだけ○印をつけてください。

1. ない	2. ときどきある	3. ある

4-3　泣いたり、笑ったりして感情が不安定になることについて、あてはまる番号に一つだけ○印をつけてください。

1. ない	2. ときどきある	3. ある

4-4　昼夜の逆転について、あてはまる番号に一つだけ○印をつけてください。

1. ない	2. ときどきある	3. ある

4-5　しつこく同じ話をすることについて、あてはまる番号に一つだけ○印をつけてください。

1. ない	2. ときどきある	3. ある

4-6　大声をだすことについて、あてはまる番号に一つだけ○印をつけてください。

1. ない	2. ときどきある	3. ある

4-7　介護に抵抗することについて、あてはまる番号に一つだけ○印をつけてください。

1. ない	2. ときどきある	3. ある

4-8　「家に帰る」等と言い落ち着きがないことについて、あてはまる番号に一つだけ○印をつけてください。

1. ない	2. ときどきある	3. ある

4-9　一人で外に出たがり目が離せないことについて、あてはまる番号に一つだけ○印をつけてください。

1. ない	2. ときどきある	3. ある

4-10　いろいろなものを集めたり、無断でもってくることについて、あてはまる番号に一つだけ○印をつけてください。

1. ない	2. ときどきある	3. ある

4-11　物を壊したり、衣類を破いたりすることについて、あてはまる番号に一つだけ○印をつけてください。

1. ない	2. ときどきある	3. ある

4-12　ひどい物忘れについて、あてはまる番号に一つだけ○印をつけてください。

1. ない	2. ときどきある	3. ある

4-13　意味もなく独り言や独り笑いをすることについて、あてはまる番号に一つだけ○印をつけてください。

| 1. ない | 2. ときどきある | 3. ある |

4-14　自分勝手に行動することについて、あてはまる番号に一つだけ○印をつけてください。

| 1. ない | 2. ときどきある | 3. ある |

4-15　話がまとまらず、会話にならないことについて、あてはまる番号に一つだけ○印をつけてください。

| 1. ない | 2. ときどきある | 3. ある |

5-1　薬の内服について、あてはまる番号に一つだけ○印をつけてください。

| 1. 介助されていない | 2. 一部介助 | 3. 全介助 |

5-2　金銭の管理について、あてはまる番号に一つだけ○印をつけてください。

| 1. 介助されていない | 2. 一部介助 | 3. 全介助 |

5-3　日常の意思決定について、あてはまる番号に一つだけ○印をつけてください。

| 1. できる（特別な場合でもできる） 2. 特別な場合を除いてできる　3. 日常的に困難　4. できない |

5-4　集団への不適応について、あてはまる番号に一つだけ○印をつけてください。

| 1. ない | 2. ときどきある | 3. ある |

5-5　買い物について、あてはまる番号に一つだけ○印をつけてください。

| 1. 介助されていない | 2. 見守り等 | 3. 一部介助 | 4. 全介助 |

5-6　簡単な調理について、あてはまる番号に一つだけ○印をつけてください。

| 1. 介助されていない | 2. 見守り等 | 3. 一部介助 | 4. 全介助 |

6　過去14日間に受けた医療について、あてはまる番号すべてに○印をつけてください。

（複数回答可）

処置内容	1. 点滴の管理　2. 中心静脈栄養　　3. 透析　　4. ストーマ（人工肛門）の処置
	5. 酸素療法　6. レスピレーター（人工呼吸器）　　7. 気管切開の処置
	8. 疼痛の看護　9. 経管栄養
特別な対応	10. モニター測定(血圧、心拍、酸素飽和度等)　　11. じょくそうの処置
	12. カテーテル(コンドームカテーテル、留置カテーテル、ウロストーマ等)

7　日常生活自立度について、各々該当するものに一つだけ○印をつけてください。

| 障害高齢者の日常生活自立度（寝たきり度） | 自立・J1・J2・A1・A2・B1・B2・C1・C2 |
| 認知症高齢者の日常生活自立度 | 自立・Ⅰ・Ⅱa・Ⅱb・Ⅲa・Ⅲb・Ⅳ・M |

4

特記事項の書き方のポイント

①基本調査 74 項目のチェックでは表現できない情報を記載する。

②精神・行動障害や認知機能に関しては，介護の手間のかかり具合や家族の負担度がわかるようなエピソードを記載する。また行動障害等が起こらないように介護者がさまざまな工夫をしている場合は，その状況を具体的に記載する。

③身体的な障害の特徴を詳細に記載するよりも，その障害により日常生活にどのような困難性・支障があるのかを具体的に記載する。

> ・上腕を動かすと痛がる。
> ↓
> ・上腕を動かすと痛がるので，介護者が着替え介助の際に時間を要する。

> ・膝関節の痛みがあり，正座ができない。
> ↓
> ・膝関節の痛みがあり，正座ができない。和室での生活のため布団に横になりたがり，筋力低下に拍車がかかっている。家族は声かけ等を行い，横にならないように働きかけている。

> ・股関節が人工関節のため制限がある。
> ↓
> ・股関節が人工関節のため可動域の制限がある。そのためオムツ交換に熟練した，特定の介護者の介護を必要とする。

④介護認定審査会の委員が，調査対象者の状態や介護の手間をイメージしやすいように記載する。

記載時の留意点

●「特記事項」を記入するときは，「基本調査」と「特記事項」の内容に矛盾がないか確認し，審査判定に必要な情報が提供できるよう，簡潔明瞭に記載する。

●審査会では，特記事項は「基本調査（選択根拠）の確認」と「介護の手間」の2つの視点から活用されるが，それぞれの目的を果たすため，「選択根拠」「手間」「頻度」の3つのポイントに留意しつつ，特記事項を記載する。

●調査項目は，

①能力→能力を確認して判定する

②介助の方法→生活を営む上で他者からどのような介助が提供されているか

③有無→障害や現象（行動）の有無

を確認して判定する，判定の基準が3軸ある。

● 行動の「有無」という単一の判定の軸で評価できる群（第4群など）がある一方，「能力」「介助の方法」「行動の有無」の3軸すべての評価基準が混在している群もある。認定調査員には，調査項目によって異なる選択基準で混乱せずに選択する能力が求められる。

● これらの調査項目が高齢者の生活に，どのような影響を与えているかを体系的に理解できるように，① ADL（生活機能）・起居動作，②認知機能，③行動，④社会生活，⑤医療で分類し，調査項目が何を意味しているかを把握する。

認定調査票（特記事項）

調査日___年 月 日___ 保険者番号_____ 被保険者番号_____

認定調査票（特記事項）

1 身体機能・起居動作に関連する項目についての特記事項

1-1 麻痺等の有無, 1-2 拘縮の有無, 1-3 寝返り, 1-4 起き上がり, 1-5 座位保持, 1-6 両足での立位, 1-7 歩行, 1-8 立ち上がり, 1-9 片足での立位, 1-10 洗身, 1-11 つめ切り, 1-12 視力, 1-13 聴力

( )
( )
( )
( )

2 生活機能に関連する項目についての特記事項

2-1 移乗, 2-2 移動, 2-3 えん下, 2-4 食事摂取, 2-5 排尿, 2-6 排便, 2-7 口腔清潔, 2-8 洗顔, 2-9 整髪, 2-10 上衣の着脱, 2-11 ズボン等の着脱, 2-12 外出頻度

( )
( )
( )
( )

3 認知機能に関連する項目についての特記事項

3-1 意思の伝達, 3-2 毎日の日課を理解, 3-3 生年月日を言う, 3-4 短期記憶, 3-5 自分の名前を言う, 3-6 今の季節を理解, 3-7 場所の理解, 3-8 徘徊, 3-9 外出して戻れない

( )
( )
( )
( )

4 精神・行動障害に関連する項目についての特記事項

4-1 被害的, 4-2 作話, 4-3 感情が不安定, 4-4 昼夜逆転, 4-5 同じ話をする, 4-6 大声を出す, 4-7 介護に抵抗, 4-8 落ち着きなし, 4-9 一人で出たがる, 4-10 収集癖, 4-11 物や衣類を壊す, 4-12 ひどい物忘れ, 4-13 独り言・独り笑い, 4-14 自分勝手に行動する, 4-15 話がまとまらない

( )
( )
( )
( )

5 社会生活への適応に関連する項目についての特記事項

5-1 薬の内服, 5-2 金銭の管理, 5-3 日常の意思決定, 5-4 集団への不適応, 5-5 買い物, 5-6 簡単な調理

( )
( )
( )
( )

6 特別な医療についての特記事項

6 特別な医療

( )
( )
( )
( )

7 日常生活自立度に関連する項目についての特記事項

7-1 障害高齢者の日常生活自立度（寝たきり度）, 7-2 認知症高齢者の日常生活自立度

( )
( )
( )
( )

※ 本用紙に収まらない場合は、適宜用紙を追加して下さい

認知症高齢者への調査の進め方

1 調査前

　調査前の事前電話連絡時に，調査対象者が認知症であることが確認または推測された場合は，調査対象者とは１対１で調査せず，できるだけ日頃から調査対象者を介護している家族等に立ち会ってもらう。

2 調査時

①調査対象者の状況は，訪問時に観察・把握できる状況から推測することができる。次の項目が該当した場合は，認知症の可能性もあることを念頭に調査を行う。

玄関
- ・外側からかけられる鍵がついている。
- ・ドアに複数の鍵がついている。
- ・ドアチェーンに南京錠がついている。
- ・ゴミが散乱している。

居室
- ・タンスの引き出しに，入っている衣類の名前が大きく貼ってある。
- ・スーパーの袋が買ってきたまま放置してある。

台所
- ・焦げた鍋がいくつも並んでいる。
- ・流しに，使った何日分かの茶碗がそのままになっている。

本人の身なり
- ・服装の上下や，着方がちぐはぐである。
- ・洋服の汚れが目立つ。
- ・着替えをしていない様子がある。

②本人（調査対象者）や家族（介護者）からよく話しを聞くことが重要である。初めから否定したりせず，訴えていることを聞き取る。

③調査時の本人（調査対象者）の様子をよく観察し，認知症が推測される場合は，調査終

了後に場所を変えて，家族（介護者）から介護の困難性について聞き取りを行う。

なお，家族の認知症に対する認識も様々であり，また，家族の間でも認知症に対する認識が異なることを念頭におく。

④介護の手間のかかり具合（頻度・状況等）や家族の負担・生活上の支障を具体的に聞き取る。特に1対1の対応が必要な場合や，問題が起こらないように予防や工夫を行っている場合は，聞き取りを行う。

③ 特記事項の記入方法

下記の内容を具体的に聞き取り，簡潔にまとめる。

	記入内容	記入例
①	**行動**	徘徊する
②	**頻度**	3日に1回
③	**時間や状況**	夕方になると落ち着かず
④	**場所**	自宅近くをウロウロする
⑤	**家族の負担**	家族は目が離せない
⑥	**生活上の支障**	近所の人や警察に保護されることもたびたびあり，家族はその対応にも疲れている

第1群

身体機能・起居動作

		評価軸			調査内容			
		①能力	②介助	③有無	①ADL・起居動作	②認知	③行動	④社会生活	⑤医療
1-1	麻痺（5）			●	●				
1-2	拘縮（4）			●	●				
1-3	寝返り	●			●				
1-4	起き上がり	●			●				
1-5	座位保持	●			●				
1-6	両足での立位	●			●				
1-7	歩行	●			●				
1-8	立ち上がり	●			●				
1-9	片足での立位	●			●				
1-10	洗身		●		●				
1-11	つめ切り		●		●				
1-12	視力	●			●				
1-13	聴力	●			●				

1-1 麻痺等の有無 有無

定義

- **麻痺等の有無を評価する**項目。
- 麻痺等とは，神経または筋肉組織の損傷，疾病等により，筋肉の随意的な運動機能が低下または消失した状況をいう。
- 脳梗塞後遺症等によって四肢を動かしにくくなっているか（筋力の低下や麻痺等の有無）を確認する項目。

麻痺等 ▶ 筋肉の随意的な運動機能が低下または消失した状況

▼ 確認 ▼

筋力の低下や麻痺等の有無

調査上の留意点

- 冷感等の感覚障害は含まない。
- えん下障害→「2-3 えん下」で評価。
- 福祉用具（補装具や介護用品等）や器具類を使用している場合は，使用している状況を踏まえて判断。
- 麻痺等には，加齢による筋力の低下やその他さまざまな原因によって，筋肉の随意的な運動機能が低下しているため，目的とする確認動作が行えない場合が含まれる。
- 意識障害等で，自らの意思で十分に四肢を動かせないため，目的とする確認動作が行えない場合も含む。
- パーキンソン病等による筋肉の不随意な動きのために，随意的な運動機能が低下し，目的とする確認動作が行えない場合も含む。
- 関節に著しい可動域制限があるために関節の運動ができず，目的とする確認動作が行えない場合も含む。軽い可動域制限の場合は，関節の動く範囲で行うこと。
- 「主治医意見書」の麻痺に関する同様の項目とは判断の基準が異なることに留意。
- 項目の定義する範囲以外で日常生活上での支障がある場合→**特記事項**に記載。

①調査対象者に実際に行ってもらった場合

- 調査対象者に実際に行ってもらった状況と，調査対象者や介護者から聞き取りした日頃の状況が異なるときは，一定期間（調査日から過去1週間ぐらい）でより頻回に見られる状況で判断。
- その場合には，調査対象者に実際に行ってもらった状況と日頃の状況で異なる点，判断した根拠等→具体的な内容は**特記事項**に記載。
- 「図1-1」から「図1-5」の「上肢の麻痺等の有無の確認方法」および「下肢の麻痺等の有無の確認方法」に示した動作が行えるかどうかで判断。
- 深部感覚の障害等のため，運動がぎこちない場合でも，確認動作が行えるかどうかで判断（傷病名，疾病の程度は問わない）。
- 通常，確認動作は対象となる部位の関節を伸ばした状態で判断。ただし，拘縮で肘が曲がっている場合は，可能な限り肘関節を伸ばした状態で確認動作を行い，評価する→**特記事項**に状況を記載。
- 強直（曲げることも伸ばすこともできない状態）の場合は，その状態で行う→**特記事項**に状況を記載。

②調査対象者に実際に行ってもらえなかった場合

●調査対象者に実際に行ってもらえなかった場合→**特記事項**に理由や状況の具体的な内容を記載。

●一定期間（調査日から過去１週間ぐらい）でより頻回に見られる状況や日頃の様子で判断。

●調査対象者や介護者から聞き取りした内容，判断した根拠等→**特記事項**に具体的な内容を記載。

選択肢の判断基準

1. ない

●麻痺等がない場合。

2. 左上肢　3. 右上肢　4. 左下肢　5. 右下肢

●麻痺等や筋力低下がある場合→「2. 左上肢」から「5. 右下肢」の中で該当する部位を判断。

●複数の部位に麻痺等がある場合（片麻痺，対麻痺，三肢麻痺，四肢麻痺等）は複数を選択。

●それぞれの確認動作をしようと努力しても動かせない場合，該当項目を選択。

●目的の確認動作が行えない場合，該当項目を選択。

6. その他（四肢の欠損）

●いずれかの四肢の一部（手指・足趾を含む）に欠損がある場合。

●上肢・下肢以外に麻痺等がある場合。

●「**特記事項**」に部位（欠損部分）や状況等。

どのように質問するか

【麻痺等のために両腕の挙上や，下肢を上げることに問題があるかという質問です。】

●日常生活の動きや既往歴などを聞き取る。

問いかけの例	
〈上肢〉	・できるだけ頑張って，手を上げていただけますか。 ・「バンザイ」をしていただけますか。 ・肘を伸ばしたまま，右腕を肩の高さあたりまで（私の手に触れるように）前方に上げて，静止してみてください。 ・次は左腕です。肘を伸ばしたまま肩の高さあたりまで前方に上げて，静止してみてください。
〈下肢〉	・（座っている状態で）最初は右足からです。膝から下を伸ばして（私の手につま先が触れるように）前方に上げて静止してみてください。 ・次は左足です。膝から下を伸ばして（私の手につま先が触れるように）前方に上げて静止してみてください。 ・今までにどのような病気にかかりましたか。 ・下肢や上肢が動かないため，家族は，どのような援助をしていますか。

上肢の麻痺等の有無の確認方法

【注意点】

確認の時には，本人または家族の同意を得た上で行う。ゆっくり動かしてもらって確認を行い，

調査対象者が痛みを訴える場合は，それ以上は動かさず，そこまでの状況で判断する。動かすことが危険と判断される場合は，確認は行わない。

■測定（検査）肢位：座位（**図1-1，図1-2**）または仰臥位（仰向け）（**図1-3**）で行う。
■測定（検査）内容：座位の場合，肘関節を伸ばしたまま腕を前方および横に自分で持ち上げ，静止した状態で保持できるかどうかを確認（肘関節伸展位で肩関節の屈曲および外転）。
どちらかができない場合は「あり」。仰臥位の場合，腕を上げられるかどうかで確認。
肩の高さあたりまで腕を上げることができるかどうかで判断。
円背の場合，あごのあたりまで，腕（上肢）を上げられなければ「あり」。

①前方に腕（上肢）を肩の高さあたりまで上げ，静止できるか確認（**図1-1-1**）

①前方に腕（上肢）を肩の高さあたりまで上げ，静止できるか確認（円背の場合）（**図1-1-2**）

②横に腕（上肢）を肩の高さあたりまで上げ，静止できるか確認（**図1-2**）

図1-1-1

図1-1-2

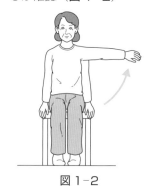

図1-2

①′〔仰臥位（仰向け）で行う場合〕
前方頭上に腕を上げ，静止できるか確認（**図1-3**）

図1-3

認定調査員は対象者の前方に位置して，認定調査員の手に触れてもらうよう指示する。
認定調査員は向かい合って座り，模範となる動きを見せてから，対象者に行ってもらう。

上肢を体側に添って置き，その位置から肘関節を伸ばした状態で自分で腕を上げて，静止してもらう（肘関節伸展位での前方挙上）。

下肢の麻痺等の有無の確認方法

■測定肢位：座位（**図1-4**）または仰臥位（仰向け）（**図1-5**）で行う。
■測定内容：膝を伸ばす動作によって下肢を水平の位置まで自分で上げ，静止した状態で保持できるかどうかを確認する（股・膝関節屈曲位での膝関節の伸展）。
床に対して，足が水平に上がるかどうか，具体的には，踵と膝関節（の屈側）を結ぶ線が床と平行になる高さまで足を上げ，静止した状態で保持できることを確認する。
椅子で試行する場合は，大腿部が椅子から離れないことが条件。

①座位の状態で床に対して足が水平になるように膝を伸ばせるかを確認（股関節屈曲位から膝関節の伸展）。（**図1-4**）

②仰向けの状態で膝の下に枕等を敷き、膝から下（下腿）を持ち上げ、静止できるかどうかを確認（仰臥位での股・膝関節屈曲位から膝関節の伸展）。（**図1-5**）

図1-4

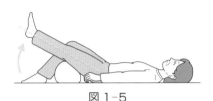

図1-5

仰向けで試行する場合は、枕等から大腿部が離れないことが条件。

膝関節に拘縮があるといった理由や下肢や膝関節等の生理学的な理由等で膝関節の完全な伸展そのものが困難であるために水平に足が上がらない（仰向けの場合には、足を完全に伸ばせない）場合は、他動的に最大限動かせる高さ（可動域制限のない範囲内）まで、足が上がり、静止した状態で保持できれば「なし」、できなければ「あり」。

股関節および膝関節屈曲位から膝関節を伸展する（下腿を挙上する）

特記事項の記入例

 ○確認できた状態と介護の手間、選択した理由
○何らかの理由で確認できなかった場合は、その理由と状況
○日頃の状況と異なっていると考えられる場合は、調査時の状況と日頃の具体的な状況

 **1. ない**

（全体→確認動作を行ったかどうか記入）

- 両上肢・両下肢共に測定動作は支障なく行えることを確認できた。
- リンパ浮腫のため歩行に支障があるが、両上肢・両下肢の挙上および静止動作が確認できた。
- 麻痺等はないが加齢による筋力低下がある。そのため転倒を繰り返し、歩行が不安定である。上肢・下肢の挙上動作はできた。
- 脳梗塞後遺症による軽度の片麻痺。体のバランスが取りにくく転倒しやす

いため，家族はいつも見守りをしている。

●上肢（2．左上肢，3．右上肢）

（全体→確認動作を行ったかどうか記入）

- 寝たきり状態であり，右（左）上肢が少し動く程度で他はまったく動かせない。衣類の着脱等は家族が全介助している。
- 廃用症候群で上肢は肩まで上げられない。更衣時に介助を必要とする。
- 寝たきりのため確認動作を行えないが，家族からの聞き取りにより自力で「上肢（2．左上肢，3．右上肢）」を動かせないと判断した。
- 調査時には，両上肢を肩の高さまで上げられたが，日頃は上がらず上衣の着脱の介助を妻が行っているという。
- 寝たきりで確認動作はできなかった。立ち合いの家族の話によると，片麻痺（右・左）のため自動での挙上ができず，衣服の着脱に工夫や熟練が必要で時間もかかる。

●下肢（4．左下肢，5．右下肢）

（全体→確認動作を行ったかどうか記入）

- 少し持ちあがった（床から5cm程度）がパーキンソン病で振戦が強くある。薬が効いているとADLは安定しているが，薬が切れると歩行ができなくなる。その差も大きく，転倒の危険があるので家族は目が離せない。
- 筋力低下によりまったく歩行ができない。そのため排泄や移動は全介助となっており，家族の大きな負担となっている。
- 座位で動作をしていただいたが挙上は一瞬で，保持できなかった。立位や移動に支障があり，強い震え，ふらつきがみられ，転倒しやすいので妻が常に見守りをしている。
- パーキンソン病が進行し，動作が緩慢で不安定なため，転倒を繰り返している。移動には必ず見守りが必要である。両下肢の挙上は床から10cm程度までしかできない。
- 脊髄損傷のため，上肢については何とか自分で着替え等を行い支障は少ないが，車いすに座った状態で確認動作を試行してもらった。両下肢は膝から下を上げられない。
- 調査の時，体調が少し悪く，関節等の痛みがあるというので，調査対象者に実際に行ってもらえなかった。調査対象者と家族に，上肢と下肢の麻痺等の有無に関して，確認方法に示す動作が行えるかどうか聞き取ったところ，上肢はできるが，下肢は両方ともできないとのことだった。「4．左下

肢」「5. 右下肢」を選択。

がん 背骨に骨転移しており，痛みのため両下肢の拳上は全くできない。

◉複数回答（2. 左上肢，3. 右上肢，4. 左下肢，5. 右下肢）

- 重度の寝たきりで意識障害があるため意思疎通ができず，自分の意思で四肢等をまったく動かせない。指示にも反応しない。
- 脊髄損傷のため四肢麻痺であり，自力ではまったく動かすことができず，日常生活全般にわたって介助されている。
- 筋萎縮性側索硬化症（ALS）のため，自力で動かせる部位は目のみであり，両上肢・両下肢ともにまったく動かせない。

◉ 6. その他（四肢の欠損）

- 両肘上部から欠損。排便後，お尻を拭けないため，下着がいつも汚れている。耳垢が取れない。調理や洗濯等の家事も援助されている。
- 両腕欠損し，自力では食事が摂れないので毎回介助されている。
- 両足大腿部より欠損しており，下肢の拳上はできない。
- 片足（右足・左足）腿から欠損し，義足を自分で装着する。
- 片足（右足・左足）股関節から欠損し，車いすを自操する。立位ができず，高い所の物を取れない。
- 膝から下（右）欠損。補装具の使用，装着も介助者が行っている。
- 右手の親指以外の四指欠損のため，物をつかんだり持ったりできない。

異なった選択が生じやすい点

調査対象者の状況	誤った選択	正しい選択と留意点等
目的の動作は行えるが，冷感，しびれ感などの感覚障害が「2. 左上肢」にある。	「2. 左上肢」	「2. 左上肢」は「1. ない」を選択。 冷感，しびれ感などの感覚障害があるだけでは麻痺等は「1. ない」。

1-2 拘縮の有無　有無

定義

● 拘縮の有無を評価する項目。
● 拘縮とは，調査対象者が可能な限り力を抜いた状態で**他動的に関節を動かした時に，関節の動く範囲が著しく狭くなっている**状況。

拘縮 ▷ | 他動的に関節を動かした時に，関節の動く範囲が著しく狭くなっている状況
確認
▼
拘縮の有無

調査上の留意点

● 疼痛のために関節が動く範囲に制限がある場合も含む。
● 福祉用具（補装具や介護用品等）や器具類を使用している場合は，使用している状況で判断。
● 筋力低下→「1-1 麻痺等の有無」で評価。
● 他動運動によって目的とする確認動作ができるかどうかで判断。「主治医意見書」の同様の項目と判断基準が異なる場合もある。
● 項目の定義する範囲以外で日常生活上での支障がある場合→**特記事項**に記載。

①調査対象者に実際に行ってもらった場合

● 調査対象者に実際に行ってもらった状況と，調査対象者や介護者から聞き取りした日頃の状況とが異なる場合は，一定期間（調査日から過去1週間ぐらい）でより頻回に見られる状況で判断。
● その場合，調査対象者に実際に行ってもらった状況と日頃の状況で異なる点，判断した根拠等→**特記事項**に具体的な内容を記載。
● 拘縮の有無は，傷病名，疾病の程度，関節の左右や関節の動く範囲の制限の程度，調査対象者の意欲等に関係なく，他動運動によって目的となる確認動作（**図2-1**から**図2-8**）ができるかどうかで確認。

②調査対象者に実際に行ってもらえなかった場合

● 調査対象者に実際に行ってもらえなかった場合→**特記事項**に理由や状況の具体的な内容を記載。
● 一定期間（調査日から過去1週間ぐらい）でより頻回に見られる状況や日頃の様子で判断。
● 調査対象者や介護者から聞き取りした内容，判断した根拠等→**特記事項**に具体的な内容を記載。

選択肢の判断基準

1. ない
　● 四肢の関節の動く範囲に制限がない場合。

2. 肩関節　3. 股関節　4. 膝関節
　● 複数の部位に関節の動く範囲の制限がある場合は，複数を選択。
　● 他動的に動かして制限がある場合が該当。
　● 一人で動かせない状態は該当しない。
　● 左右いずれかに制限がある場合。

5. その他（四肢の欠損）
　● いずれかの四肢の一部（手指・足趾を含む）に欠損がある場合。

◉肩関節，股関節，膝関節以外について，他動的に動かした際に拘縮や可動域の制限がある場合。

◈「**特記事項**」に部位（欠損部分）や状況等。

どのように質問するか　【関節の動く範囲に制限があるために，生活上支障があるかという質問です。】

●他の病気（リウマチ等）について聞き取りする。

問いかけの例　・腕や足の関節を曲げたり伸ばしたりできますか。

・転んで骨折したことがありますか。

・関節が動かない，または動きにくいところはありますか。

・今，痛みがあり，動かせないところはありますか。

・〜の関節が動かない（動かせない）ため，介護する時，気をつけていることはどんなことですか。

関節の動く範囲の制限の有無の確認方法

【注意点】

確認の時は，本人または家族の同意を得た上で行う。対象部位を軽く持ち，動作の開始から終了までの間に4〜5秒程度，時間をかけてゆっくり動かして確認する。調査対象者が痛みを訴える場合は，それ以上は動かさず，そこまでの状況で判断する。

90°程度曲がれば「制限なし」となるため，調査対象者の状態に十分注意し，必要以上に動かさないようにしなければならない。

動かすことが危険と判断される場合は，確認を行わない。

◈測定（検査）内容：「2. 肩関節」は，前方あるいは横のいずれかに可動域制限がある場合は「制限あり」。

　肩の高さあたりまで腕（上肢）を上げることができれば「制限なし」。

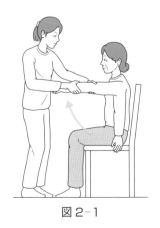
図2-1

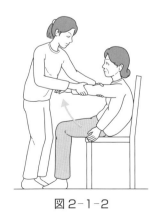
図2-1-2

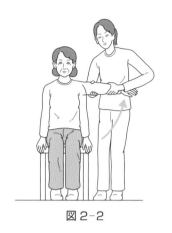

円背の場合には，あごの高さあたりまで腕（上肢）を上げることができれば「制限なし」。
肩の高さあたりまで腕（上肢）を上げることができれば「制限なし」。

〈仰臥位の場合〉

仰向けで寝たまま（仰臥位）の場合，左右の肩を結んだ高さまで腕（上肢）を動かすことができない，あるいは，前方に腕を挙上することができなければ「制限あり」。

図2-2

「3.　股関節」は，屈曲または外転のどちらか一方に，可動域制限があれば「制限あり」とする。
図2-3（屈曲）または，**図2-4**，**図2-5**（外転）のいずれかができない場合は「制限あり」。
仰向けの状態（仰臥位）で膝を曲げたまま，股関節がほぼ直角（90°）に曲がれば「制限なし」。

仰向けの状態（仰臥位）あるいは座った状態（座位）で，膝が閉じた状態から，膝の内側を25cmぐらい開く（離す）ことができれば「制限なし」。
O脚等で膝が閉じない場合も，開いた距離が最終的に約25cmあるかどうかで判断。
この確認動作は，膝を外側に開けるかどうかを確認するためのものであって，内側への運動は関係ない。
片足の外転で25cmが確保された場合も「制限なし」。ただし，もう一方の足の外転に制限があれば，その旨を**特記事項**に記載。
※なお，約25cmとは拳2個分あるいはA4用紙の短い辺の長さをいう。

図2-3

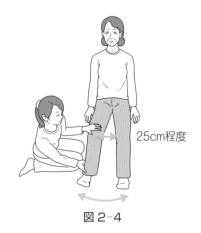

25cm程度

図2-4

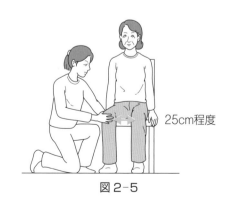

25cm程度

図2-5

「4. 膝関節」は，伸展もしくは屈曲方向のどちらかに可動域制限がある場合は「制限あり」。
膝関節をほぼ真っ直ぐ伸ばした状態から約90°他動的に曲げることができない場合は「制限あり」。
座った状態（座位），うつ伏せの状態（腹臥位），仰向けの状態（仰臥位）のうち，調査対象者に最も負担をかけない方法で確認する。

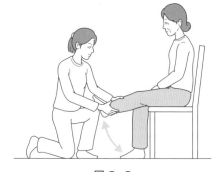

図2-6

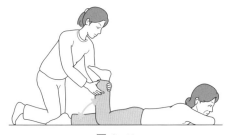

図2-7

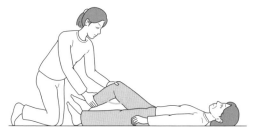

図2-8

特記事項の記入例

 ○確認できた状態と介護の手間，選択した理由
○何らかの理由で確認できなかった場合は，その理由と状況
○日頃の状況と異なっていると考えられる場合は，調査時の状況と日頃の具体的な状況

記入例 ● 1. ない

（全体→確認動作を行ったかどうか記入）

▪重度の寝たきりで意識障害があり意思疎通ができないため，確認動作を行わなかった。家族に「関節の動く範囲の制限の有無の確認方法」の動作が行えるかどうかを確認したところ，すべてできるということだった。「拘縮の有無」はすべて「1. ない」を選択。
▪確認動作を試行したところ，すべて支障なくできた。
▪確認動作は行えたが，目の高さの物しか取れない。高い所に手が届かない。
▪確認動作はできたが，人工関節のため正座はできるが横座りができない。姿勢を崩せないため辛くなり，すぐ横になる。筋力の低下を心配し声かけを行っている。

- 膝に強い痛みがある。膝関節の伸展や屈曲はできるが，立ち上がりに時間がかかり動作は緩慢である。

● 2. 肩関節

（全体→確認動作を行ったかどうか記入）

- 上肢が肩の位置まで上がらず，着替え等の介助に工夫や熟練を要する。
- 痛みのため動作を行えず，髪をとかすことができず，介助されている。
- 胸元で拝むように両腕が拘縮し，肩までは上げられない。介助者が常時いないと体位変換も食事摂取もできない。
- 両肩関節の手術をしたため，可動域が狭く，上肢を肩の高さまで上げることができない。
- 寝たきりで確認できない。介護者より「着替え時に動かせないので大きい和式寝巻きにしている」とのことで「2. 肩関節」を選択した。

● 3. 股関節

（全体→確認動作を行ったかどうか記入）

- 左（右）下肢は，内側に拘縮し外転は 20cm しか開かないため，オムツ替えが困難。オムツの当て方も工夫している。
- 拘縮のため，股関節を 20cm くらいしか開脚できない。横に開くと身体がいっしょに動いてしまい，オムツ交換の介助が困難。
- 車いすに座らせ，フットレストに足を乗せようとすると痛がる（下肢は 60°程度しか曲がらない）。
- 骨折し人工関節の置換術を行っている。両下肢の開脚は膝の部分で握りこぶし 1 つ程度である。
- 小さい頃脱臼したまま固まり，下肢を開くことができない。上を向いて眠れない。山のようにした布団を抱くようにして寝る。
- 調査の時，体調が少し悪く，関節等に痛みがあるということだったので，調査対象者に実際に行ってもらえなかった。そこで，調査対象者と家族に「関節の動く範囲の制限の有無の確認方法」に示す動作が行えるかどうかを確認し，オムツ交換の際の股関節の拘縮の状況を聞き取り，「3. 股関節」を選択。
- 右股関節の手術をしたため，左足は外転できるが右足は全く外転できず，10cm 程度しか開脚できない。

4. 膝関節

（全体→確認動作を行ったかどうか記入）

- 人工関節のため屈曲は 60°位であり，正座ができない。居室である和室のこたつには椅子のまま入り，暖がとりにくい。
- 膝関節が伸展したままで曲がらないため，床にある物を拾えない。
- 両足が「く」の字に曲がり，伸展できない。重なって横に倒れ動かない。そのためオムツ替え等に支障がある。

5. その他（四肢の欠損）

- 握り拳のように固縮し，食事は全介助されている。
- 両肘（下部）から欠損。排便後，お尻を拭けないため，下着がいつも汚れている。耳垢が取れない。調理や洗濯等の家事も大部分援助されている。
- 両腕欠損し，自力では食事がとれない。
- 膝から下（右）欠損。補装具の使用，装着も介助者が行っている。
- 指先が近位指節間（PIP）関節から親指以外 4 本欠損し，利き手（右）のため，食事摂取や指先を使う細かい作業をともなう家事が困難。

異なった選択が生じやすい点

調査対象者の状況	誤った選択	正しい選択と留意点等
「2. 肩関節」は，他動的であれば動くが，ひとりでは関節の動く範囲に制限がある。	「2. 肩関節」	「2. 肩関節」は該当しない。他動的に動かしてみて制限がある場合が該当するのであって，ひとりで動かせないだけでは該当しない。そのため，他の関節にも拘縮がない場合は「1. ない」を選択。
腰椎や頸椎等に可動域の制限がある。	「1. ない」	「5. その他」を選択する。腰椎や頸椎等に可動域の制限がある場合は「5. その他」を選択し，特記事項に部位と状況を具体的に記載。

1-3 寝返り　　能力

定　義

- **寝返りの能力**を評価する項目。
- 寝返りとは，きちんと横向きにならなくても，**横たわったまま左右のどちらかに向きを変え，そのまま安定した状態になることが自分でできるかどうか**をいう。
- 調査対象者に実際に行ってもらう，あるいは調査対象者や介護者から日頃の状況に関して聞き取りした内容で判断。
- 身体にふとん等をかけない状態で判断。

寝返り ▶ 横たわったまま左右どちらかに向きを変え，安定した状態になることが自分できるかどうか

確認 ▼▼▼

実際に行ってもらう　または　日ごろの状況に関して聞き取りした内容で判断

調査上の留意点

①調査対象者に実際に行ってもらった場合

- 側臥位から腹臥位など，しっかり横向きになっていなくても，横たわったまま左右どちらか（片方だけでよい）に向きを変えられる場合→「1．つかまらないでできる」を選択。
- 一度起き上がってから体の方向を変える行為は，寝返りとは考えない。
- 自分の体の一部（膝の裏や寝巻きなど）をつかんで寝返りを行う場合（つかまないとできない場合）→「2．何かにつかまればできる」を選択。
- 調査対象者に実際に行ってもらった状況と，調査対象者や介護者から聞き取りした日頃の状況とが異なる場合は，一定期間（調査日から過去1週間ぐらい）でより頻回に見られる状況で判断。
- その場合，調査対象者に実際に行ってもらった状況と日頃の状況で異なる点，判断した根拠等→**特記事項**に具体的な内容を記載。

②調査対象者に実際に行ってもらえなかった場合

- 調査対象者に実際に行ってもらえなかった場合→**特記事項**に理由あるいは状況の具体的な内容を記載。
- 一定期間（調査日から過去1週間ぐらい）でより頻回に見られる状況や日頃の様子で判断。
- 調査対象者や介護者から聞き取りした内容，判断した根拠の具体的な内容→**特記事項**に記載。

③福祉用具（補装具や介護用品等）や器具類を使用している場合

- 福祉用具（補装具や介護用品等）や器具類を使っている場合は，使用している状況で判断。

選択肢の判断基準

1．（一人で）つかまらないでできる

- 何にもつかまらないで，寝返り（片側のみ可）が一人でできる場合。
- 仰向けになれない場合に，横向きに寝た状態（側臥位）から，うつ伏せ（腹臥位）になれる場合。
- 認知症等で声かけをしない限りずっと同じ姿勢をとり続けて寝返りをしないが，声かけをすれば，ゆっくりでも，一人で寝返りをする場合。

2．（一人でも）何かにつかまればできる

- ベッド柵，ひも，バー，サイドレール等，何かにつかまれば一人でできる場合（つかまるもの

は何でもよい）。

3．（一人では）できない

　　介助なしで，一人ではできない等，寝返りに何らかの介助が必要な場合。

警告コード

「寝返り」が「3．できない」にもかかわらず，

　「起き上がり」が「1．できる」，「立ち上がり」が「1．できる」，「洗身」が「1．介助されていない」

どのように質問するか　　【寝返りが自分でできるかの質問です。】

問いかけの例 ・寝返りをしてください。
・自分で寝返りをしますか。
・ベッド柵等につかまり，寝返りをするのですか。

【認知症高齢者の着眼点】

・介護者の指示が理解できないために体位変換を行っている場合でも，自力で寝返りができることがある場合には，その状況に基づき判断する→「特記事項」。

 特記事項の記入例

記入内容 ○確認できた状態，選択した理由
○体調不良等，何らかの理由で確認できなかった場合は，その理由と状況
○時間，環境や緊張等により，日頃の状況と異なっていると考えられる場合は，調査時と日頃の具体的な状況
○できたり，できなかったりする場合の頻度と状況
○介護の手間

記入例 ● 1．つかまらないでできる

　■ 軽度の右片麻痺はあるが，つかまらなくても寝返りをしている。
　■ 関節リウマチのため，自分で肘をついたりして寝返りを打つが，かなりの時間を要し，疲労度も高い。
　認知症 認知症症状のため指示をしても理解ができずできないが，自分で体の向きを変えていることが多いので，「1．つかまらないでできる」とした。

● 2. 何かにつかまればできる

- 掛け布団を取ってサイドレールにつかまる等，指示をすると自分でつかまり，何とか向きを変えられる。
- 腰は完全に回転しないが，ベッド柵につかまり寝返りができる。
- ベッド柵につけたひもにつかまれば，一人で寝返りができる。家族の話でも，日頃も同様にできるとのこと。
- 脊髄損傷のため手指で物をつかめない。そのため，階段状のひもをベッドにつけ，それに腕をとおして寝返りする。
- 調査の時は，ベッド柵につかまれば一人で寝返りができたため「2. 何かにつかまればできる」と判断。ところが，家族の話によると，めまいがひどい日があり（週1回程度），「3. できない」状態になることがあるという。より頻回な状況から判断し，「2. 何かにつかまればできる」を選択した。
- 自分でベッド柵やサイドレール等につかまり片方の肩を起こすが，途中で力尽き戻ってしまうことがあり見守りを行う。
- 健側の手でベッド柵につかまり側臥位になるが，患側の手や足が下になり抜けないことがあるので家族は必ず見守りをする。
- 常に膝の裏をつかんで起き上がるようにして寝返っている（調査時も試行した）。
- がん すい臓癌のため背中の痛みが強く，ベッド柵につかまり寝返りを行う。

● 3. できない

- 家族（介護者）がじょくそうができないように定期的に体位変換し向きを変え，補助パット等を当てている。
- 一人でベッド柵につかまり肩を上げるが，十分な体勢はとれず，家族（介護者）がビーズマット等を背中や腰の下に挟み込み補助をしないと，すぐに元に戻ってしまう。
- 自分ではまったく寝返りができないため，家族（介護者）が2時間に一度位向きを変え，じょくそうができないようにしている。
- 傾眠状態で確認できないため，一日中うつらうつらと寝ている。家族への聞き取りにより「3. できない」と判断した。
- 意欲の低下が著しく，指示してもできず，床ずれもできているので，「3. できない」と判断した。
- 調査の時，体調が悪いというので，調査対象者に実際に行ってもらえなかった。家族の話によると，何かにつかまっても一人では寝返りができず，介助している。

- 円背のため側臥位で寝ている。向きを変える時は一度肘をついて起き上がり，左右に向きを変える。
- 調査の際はつかまりながら寝返りができたが，家族の話ではいつもはまったくできず，すべて介助しているという。日頃の状況より「3. できない」を選択した。

認知症 気力がなく，指示しても理解できず寝返りをしない。そのため，じょくそうができやすく再発を繰り返している。夜間も含めて2時間おきの体位変換を家族が行っており，重い負担となっている。

がん 子宮癌が骨転移し，自力では全く寝返りができず痛みが酷く，2人で介助している。

異なった選択が生じやすい点

調査対象者の状況	誤った選択	正しい選択と留意点等
下半身に麻痺があるが，上半身だけだと何にもつかまらないで，一人で寝返りができる。	「3. できない」	「1. つかまらないでできる」を選択。

1-4　起き上がり　　能力

定　義

- 起き上がりの能力を評価する項目。
- 起き上がりとは，布団等をかけないで寝た状態から，上半身を起こせる能力をいう。
- ふとん等をかけない状況で判断。
- 調査対象者に実際に行ってもらう，あるいは調査対象者や介護者から日頃の状況に関して聞き取りした内容で判断。

起き上がり ▶	寝た状態から上半身を起こせる能力
▼ 確認	

実際に行ってもらう　または　日ごろの状況に関して聞き取りした内容で判断

調査上の留意点

- 寝た状態から上半身を起こす行為を評価する項目であって，うつ伏せになってから起き上がる等，起き上がりの経路は限定しない。
- 膝の裏をつかんで，反動をつければ起き上がれる場合等，自分の体の一部を支えにしてできる場合（支えにしないと起き上がれない場合）→「2．何かにつかまればできる」を選択。
- 体を支える目的で手や肘でふとんにしっかりと加重して起き上がる場合（加重しないと起き上がれない場合）→「2．何かにつかまればできる」を選択。

①調査対象者に実際に行ってもらった場合

- 調査対象者に実際に行ってもらった状況と，調査対象者や介護者から聞き取りした日頃の状況とが異なる場合は，一定期間（調査日から過去1週間ぐらい）でより頻回に見られる状況で判断。
- その場合，調査対象者に実際に行ってもらった状況と日頃の状況で異なる点，判断した根拠等→**特記事項**に具体的な内容を記載。
- 常時，ギャッチアップの状態にある場合は，その状態から評価し，調査対象者に実際に行ってもらった状況と日頃の状況で異なる点，判断した根拠等→**特記事項**に具体的な内容を記載。

②調査対象者に実際に行ってもらえなかった場合

- 調査対象者に実際に行ってもらえなかった場合→**特記事項**に理由や状況の具体的な内容を記載。
- 一定期間（調査日から過去1週間ぐらい）でより頻回に見られる状況や日頃の様子で判断。
- 調査対象者や介護者から聞き取りした内容，判断した根拠等の具体的な内容→**特記事項**に記載。

③福祉用具（補装具や介護用品等）や器具類を使用している場合

- 補装具を使用している場合は，使用している状況で判断。
- ギャッチアップ機能がついている電動ベッド等の場合は，機能を使わない状態で評価。

選択肢の判断基準

1. （一人で）つかまらないでできる
   - 何にもつかまらないで，一人で起き上がることができる場合。
   - 習慣的に，体を支える目的ではなく，ベッド上に軽く手や肘をつきながら起き上がる場合。
2. （一人でも）何かにつかまればできる
   - ベッド柵，ひも，バー，サイドレール等につかまれば起き上がることができる場合。
3. （一人では）できない

■ 介助なしでは一人で起き上がることができない等，起き上がりに何らかの介助が必要な（介助があればできる）場合。

■ 途中まで自分でできても，最後の部分で介助が必要な場合も含む。

警告コード

1. 「起き上がり」か「1. できる」にもかかわらず
   「寝返り」が「3. できない」，「座位保持」が「4. できない」

2. 「起き上がり」が「3. できない」にもかかわらず
   「立ち上がり」が「1. できる」，「洗身」が「1. 介助されていない」

どのように質問するか　　【起き上がりが自分でできるかの質問です。】

問いかけの例
・起き上がれますか。
・家族（介護者）が起こすのではなく，手を貸せば自分でつかまって起きるのですか。
・起き上がる時に，家族が手伝いますか。

【認知症高齢者の着眼点】
・介護者の指示が理解できないために介助が必要な場合でも，自力で起き上がることがあれば，その状況に基づき判断する→「特記事項」。

 特記事項の記入例

 記入内容
　○確認できた状態，選択した理由
　○体調不良等，何らかの理由で確認できなかった場合は，その理由と状況
　○時間，環境や緊張等により，日頃の状況と異なっていると考えられる場合は，調査時と日頃の具体的な状況
　○できたり，できなかったりする場合の頻度と状況
　○介護の手間

記入例　　■ 1. つかまらないでできる
・習慣的にベッド柵につかまり起きるが，つかまらなくてもできた。
・起き上がりはできるが，時により起立性低血圧によるふらつきがある。
・和式の寝具で，手や肘はつくが，難なく起き上がることができている。

● 2. 何かにつかまればできる

- 家族（介護者）が差し伸べた手につかまり，起き上がっているが，手を添える程度なので，「2. 何かにつかまればできる」とした。
- ベッドに結びつけたひもを使って起き上がることができる。
- 調査の時は，ベッド柵につかまれば一人で起き上がりができた。しかし，家族の話によると，めまいがひどい日があり（週1〜2回），「3. できない」状態になることがあるという。より頻回な状況から判断し「2. 何かにつかまればできる」とした。
- ひもを引っ張り起き上がることはできるが，後ろにクッション等を置かないといきなり倒れることがあるので，起き上がった後，体勢を整えるための介助をする。
- 関節リウマチのため握ることができずベッド柵はつかめないが，両手で膝の裏をつかんで，反動をつけて起き上がる。
- 関節リウマチで手指の変形が強く，物につかまることができない。肘や手首でふとんに十分に加重して上体を起こす。

● 3. できない

- 常に電動ベッドを自分で操作し，上体を起こしている。ギャッチアップ機能のないベッドでは起き上がれない。
- 電動ベッドで介助者が起こし，その後は座位を保つことができる。
- 電動ベッドのリモコンを自分で操作して起き上がるが，体勢が崩れても立て直すことができない。
- サイドレールやひもにつかまり一人でも起き上がろうとするが，途中で家族（介助者）が背中を支えないと起き上がれないので，「3. できない」とした。
- 再現してもらった時はたまたまひも等の利用で何とか起きられたが，日頃は家族が全介助しているので，「3. できない」とした。
- 調査時はベッド柵につかまり何とか自分でできたが，家族の話では，日頃は倦怠感が強く，「3. できない」状態のことが多いとのこと。より頻回な状況から判断し，「3. できない」を選択。
- 週に1〜2回はサイドレール等につかまり起き上がることがあるが，途中で疲れて倒れることがあり，家族が介助をしている。
- 調査の時，体調が悪いというので，調査対象者に実際に行ってもらえなかった。家族の話によると，何かにつかまっても一人で起き上がりができないという。日頃の状況から判断し，「3. できない」を選択。

> がん 肺癌のため労作性の呼吸苦がある。起き上り時は電動ベッドのリモコンを操作して行っている。

異なった選択が生じやすい点

調査対象者の状況	誤った選択	正しい選択と留意点等
自分の膝の裏をつかんで，反動をつければ起き上がることができる。	「1. できる」	「2. 何かにつかまればできる」を選択。 自分の身体につかまっても，起き上がることができる場合には「2. 何かにつかまればできる」を選択。

1-5 座位保持

能力

定 義

- 座位保持の能力を評価する項目。
- 座位保持とは，背もたれがない状態で座位の姿勢を約10分間，保持できる能力をいう。
- 調査対象者に実際に行ってもらう，あるいは調査対象者や介護者から日頃の状況に関して聞き取った内容で判断。

座位保持 ▶ 背もたれがない状態で座位の姿勢を約10分間保持できる能力

▼

確認

▼

実際に行ってもらう または 日ごろの状況に関して聞き取りした内容で判断

調査上の留意点

- 寝た状態から座位になるまでの行為は含まない。
- 畳での生活が中心で，椅子に座る機会がない場合は，畳での座位や，洋式トイレ，ポータブルトイレを使った座位の状態で判断。
- 長座位，端座位など，座り方は問わない。
- 大腿部（膝の上）に手をのせ，支えにした状態で座位を保持できている場合等，自分の体の一部を支えにしてできる場合（加重しないと座位保持できない場合）→「2. 自分の手で支えればできる」を選択。
- 大腿部の裏側に手を差し入れて太ももをつかむようにする等，上体が後傾しないように座位を保持している場合（手を差し入れるなどしないと座位保持できない場合）→「3. 支えてもらえばできる」を選択。
- ビーズクッション等で支えていないと座位保持ができない場合→「3. 支えてもらえればできる」を選択。
- 電動ベッドや車いす等の背もたれを使って座位保持ができている場合→「3. 支えてもらえればできる」を選択。

①調査対象者に実際に行ってもらった場合

- 調査対象者に実際に行ってもらった状況と，調査対象者や介護者から聞き取りした日頃の状況とが異なる場合は，一定期間（調査日から過去1週間ぐらい）でより頻回に見られる状況で判断。
- その場合，調査対象者に実際に行ってもらった状況と日頃の状況で異なる点，判断した根拠等→**特記事項**に具体的な内容を記載。

②調査対象者に実際に行ってもらえなかった場合

- 調査対象者に実際に行ってもらえなかった場合→**特記事項**に理由や状況の具体的な内容を記載。
- 一定期間（調査日から過去1週間ぐらい）でより頻回に見られる状況や日頃の様子で判断。
- 調査対象者や介護者から聞き取りした内容，判断した根拠等→**特記事項**に具体的な内容を記載。

③福祉用具（補装具や介護用品等）や器具類を使用している場合

- 福祉用具（補装具や介護用品等）や器具類を使用している場合は，使用している状況で判断。

1．（一人て）できる

　背もたれや介護者の手による支えがなくても，座位の保持が一人でできる場合。

　下肢の欠損等のため床に足をつけることができなくても，座位保持ができる場合。

　下肢が欠損しているが，日頃から補装を装着していて，座位を保持できる場合。

2．（一人ても）自分の手で支えればできる

　背もたれは必要ないが，手すり，柵，座面，壁を自分の手で支える必要がある場合。

3．（一人ではてきないか）支えてもらえればてきる

　背もたれがないと，座位が保持できない場合。

　介護者の手で支えていないと，座位が保持できない場合。

4．（一人では）できない

　背もたれを用いても，座位が保持できない場合。

　長期間（約1カ月）にわたって水平な体位しかとったことがない場合。

　医学的な理由（低血圧等）で座位保持が認められていない場合。

　背骨や股関節の状態によって体幹を屈曲できない場合。

1．「座位保持」か「3．支えてもらえればてきる」にもかかわらず

「片足での立位」が「1．できる」

2．「座位保持」か「4．てきない」にもかかわらず

「起き上がり」が「1．できる」，「両足で立位」が「1．できる」，「歩行」が「1．できる」，「立ち上がり」が「1．できる」，「片足での立位」が「1．できる」，「洗身」が「1．介助されていない」，「買い物」が「1．介助されていない」

どのように質問するか　　**【腰掛けていることができるかという質問です。】**

問いかけの例

・食事の時は，椅子に腰掛けて召し上がるのですか。

・肘掛けや背もたれのない椅子に10分程度座れますか。

・丸椅子に座れますか。

・ベッドの端に座れますか。

・支えていれば腰掛けていられますか。

・車いす等に移り，ベッドから離れることがありますか。

【認知症高齢者の着眼点】

・機能的に問題がなくても，指示が理解できないために10分間座位が保持できない場合は，その状況に基づき判断する。→「特記事項」。

特記事項の記入例

 ○確認できた状態，選択した理由
○体調不良等，何らかの理由で確認できなかった場合は，その理由と状況
○時間，環境や緊張等により，日頃の状況と異なっていると考えられる場合は，調査時と日頃の具体的な状況
○できたり，できなかったりする場合の頻度と状況
○介護の手間
○下肢欠損等，補装具を使用している場合の状況

記入例

● **1. できる**

▪下肢欠損で義足をつけているが，10分間の座位はできている。

▪畳の上等での正座はできる。ただし，円背のため椅子での座位は再現しても10分間位はできるが，それ以上はバランスを崩し，できない。

▪椅子に腰掛ける生活ではないが，病院などで丸椅子に座っており，正座も安定しているので「1. できる」と判断した。

▪緊張して再現できなかったが，家族からの日頃の生活状況の聞き取りにより「1. できる」と判断した。

▪調査の時は，背もたれがない椅子に，支えがなくても座位保持ができた。ところが家族の話によると，起床時だけは背もたれ椅子でないと不安定な状態だという。より頻回な状況から判断し「1. できる」を選択した。

▪下肢麻痺のため車いすを使用しているが，背もたれ等がなくても保持できる。

● **2. 自分の手で支えればできる**

▪ベッドで端座位になるとき，必ず片方の手をベッドにつけるかサイドレールにつかまっている。

▪正座の時，片方の手を床について支えている。

▪テーブルの前に腰掛けているが，片肘または両肘をテーブル面について，体を支えている。はずすと不安定になる。

▪起き上がると少しめまいがするというので，調査対象者に実際に行ってもらえなかった。利用しているデイサービスの食事時のテーブルでの状態に基づき判断した。

▪円背のため，膝に手をつき座位を保持する。

❀ 3. 支えてもらえればできる

- 電動ベッドで起き上がり，全面的な介助で車いすに移るので，再現はできない。車いすでの状況から「3. 支えてもらえればできる」と判断した。
- 電動ベッドで起き上がった後も，家族（介助者）が枕やクッション等で両脇を固めているので，「3. 支えてもらえればできる」と判断した。
- 再現はできなかったが長座位で安定しており，家族から聞き取った日頃の状況により「3. 支えてもらえればできる」と判断した。
- 座位を保つが，5分位で左右に状態を崩すことが多く，クッション等を利用して支えれば10分間の保持ができる。
- 認知症 認知症症状のため，1分間座っていることができないので，車いすや食卓の椅子に座位保持用の固定ベルトを使用している。

❀ 4. できない

- 屈曲拘縮で，体が丸まっており，座位はとれない（常に側臥位）。
- 伸展拘縮で，電動ベッドのギャッチアップをしても45°位しか上げられない（常に仰臥位）。
- 常時臥床しており，寝たきりで傾眠状態のため，「4. できない」と判断した。
- 股関節が屈曲した状態であり，座位をとることはできず，ベッド上で寝たままである。
- 起立性低血圧によりめまいが起きやすいので，病状から医師に座位になることを禁止されている。
- 植物状態で拘縮もあり，意思疎通できず座位をとっていない。

異なった選択が生じやすい点

調査対象者の状況	誤った選択	正しい選択と留意点等
背もたれやクッションに寄りかかると座位保持ができる。	「4. できない」	「3. 支えてもらえればできる」を選択。支えは介護者の支えだけでなく，背もたれやクッションに寄り掛かることも含む。

1-6 両足での立位保持 能力

定　義

- 両足での立位保持の能力を評価する項目。
- 両足での立位保持とは，立ち上がった後に，平らな床の上で立位の状態を約10秒間保持できる能力をいう。
- 調査対象者に実際に行ってもらう，あるいは調査対象者や介護者から日頃の状況に関して聞き取りした内容で判断。

 両足での立位保持 → 立ち上がった後に，平らな床の上で立位を約10秒間保持できる能力

▼ 確認 ▼

実際に行ってもらう　または　日ごろの状況に関して聞き取りした内容で判断

調査上の留意点

- 立ち上がるまでの行為は含まない。
- 片足が欠損していても義足を使用していない人や，拘縮で片足が床につかない場合は，片足での立位保持の状況で判断。
- 自分の体の一部を支えにして立位保持する場合や，体を支える目的でテーブルや椅子の肘掛等にしっかりと加重して立位保持する場合（加重しないと立位保持できない場合）→「2. 何か支えがあればできる」を選択。

①調査対象者に実際に行ってもらった場合

- 調査対象者に実際に行ってもらった状況と，調査対象者や介護者から聞き取りした日頃の状況とが異なる場合は，一定期間（調査日から過去1週間ぐらい）でより頻回に見られる状況で判断。
- その場合，調査対象者に実際に行ってもらった状況と日頃の状況で異なる点，判断した根拠等→**特記事項**に具体的な内容を記載。

②調査対象者に実際に行ってもらえなかった場合

- 調査対象者に実際に行ってもらえなかった場合→**特記事項**に理由や状況の具体的な内容。
- 一定期間（調査日から過去1週間ぐらい）でより頻回に見られる状況や日頃の様子で判断。
- 調査対象者や介護者から聞き取りした内容，判断した根拠等の具体的な内容→**特記事項**に記載。

選択肢の判断基準

1. （一人で）支えなしでできる
   - 何にもつかまらないで，立っていることができる場合。
2. （一人でも）何か支えがあればできる
   - 壁，手すり，椅子の背，杖等，何かにつかまると立位保持が可能な場合。
3. （一人では）できない
   - 自分ではものにつかまっても立位を保持できないが，介護者の手で常に身体を支えれば立位保持できる場合。
   - どのような状況であっても，まったく立位保持ができない場合。
   - 寝たきりで明らかに立位をとれない場合も含む。

警告コード

1. 「両足での立位」が「1. できる」にもかかわらず

「座位保持」が「4. できない」

2.「両足での立位」が「3. できない」にもかかわらず

「歩行」が「1. できる」，「立ち上がり」が「1. できる」，「片足での立位」が「1. できる」

どのように質問するか　【立位が保てるか，支えがなくても立っていることができるか
という質問です。】

問いかけの例

・何にもつかまらないで，立っていることができますか。

・立っていただけますか。

・立っているのに杖などの支えが必要ですか。

・10秒間くらい立っていられますか。

【認知症高齢者の着眼点】

・じっとしていられない場合，歩行中に立ち止まった時の様子で判断する。

・介護者の指示が理解できないために介助が必要な場合でも，自力で両足での立位保持ができ
きることがあれば，その状況に基づき判断する→「特記事項」。

 特記事項の記入例

記入内容　➡

○確認できた状態，選択した理由

○体調不良等，何らかの理由で確認できなかった場合は，その理由と状況

○時間，環境や緊張等により，日頃の状況と異なっていると考えられる場
　合は，調査時と日頃の具体的な状況

○できたり，できなかったりする場合の頻度と状況

○介護の手間

○義足や補装具等を使用している場合の状況

記入例　➡　1. 支えなしでできる

・右（左）下肢欠損で義足をつけている。義足を使用して10秒間保持できる。
　不自由ながら普通の生活をしている。

・調査の時は支えなく一人で両足の立位保持ができたので「1. 支えなしで
　できる」と判断。しかし，家族より，起床時だけつかまらないと立位がで
　きないときがあるという。より頻回な状況より判断した。

・右（左）足の膝下からの欠損があるため床に片足しかつかないが，何にも

つかまらずに一人で立位保持ができた。家族の話では，日頃も同様にできるとのこと。

◉ 2. 何か支えがあればできる

- 必ずどちらかの手でベッドの柵等につかまっている。
- 午前中は足がふるえ，できないこともあるが，午後からはつかまればできるので，「2. 何か支えがあればできる」と判断した。
- 安定した家具や手すり等につかまらなければ立位保持ができない。
- 調査の時，体調が悪いというので，調査対象者に実際に行ってもらえなかった。家族の話によると，手を膝について支えた状態であれば立位保持ができるという。日頃の状況から判断し「2. 何か支えがあればできる」を選択した。
- 両手で膝をつかまなければ，10秒間立っていることができない。

◉ 3. できない

- 常時臥床しており傾眠状態のため，「3. できない」と判断した。
- 「寝たきり」状態で，座位もとれず，「3. できない」と判断した。
- 電動ベッドで起き上がり，全面的な介助で車いすに移る。立位保持は危険で再現できないため，「3. できない」と判断した。
- 寝たきりで尖足のため，立位はまったくできない。
- 家族が体幹を支えても10秒の立位保持はできない。
- 脊髄損傷で下肢麻痺のため，立位はまったくできない。

異なった選択が生じやすい点

調査対象者の状況	誤った選択	正しい選択と留意点等
極度の円背のため，自分の両膝に手を置いた状態でしか立っていられない。	「1. 支えなしでできる」	「2. 何か支えがあればできる」を選択。 壁や手すり等の代わりに膝につかまるなど，自分の身体を使って立位保持ができる場合も「2. 何か支えがあればできる」を選択。

片足が欠損していても義足を使用していないため，片足しか床につかないが，その状態での立位保持は支えなしでできる。	「3. できない」	「1. 支えなしでできる」を選択。片足が欠損していても義足を使用していない場合や，拘縮で床に片足がつかない場合は，片足での立位保持の状況で判断。

1-7 歩行

能力

定　義

- 歩行の能力を評価する項目。
- 歩行とは，立った状態から継続して歩くことができる能力をいう。
- 立った状態から継続して（立ち止まらず，座り込まずに）約 5m 歩ける能力があるかどうかで判断。
- 調査対象者に実際に行ってもらう，あるいは調査対象者や介護者から日頃の状況に関して聞き取りした内容で判断。

立った状態から継続して歩くことができる能力

立った状態から継続して約 5m 歩ける能力があるかどうかで判断
実際に行ってもらう　または　日ごろの状況に関して聞き取りした内容で判断

調査上の留意点

- 歩幅，速度，方向感覚，目的等は問わない。
- リハビリの歩行訓練時に平行棒の間を 5 mほど歩行できていたとしても，リハビリの訓練中は一般的には日頃の状況ではない。
- 心肺機能の低下等のため，主治医から軽い運動を禁止されているなどの理由で，5 mほどの歩行を試行できない場合→「3．できない」を選択。
- 両足切断のため，屋内の移動は両手で行うことができても，立位をとることができない場合→「3．できない」を選択。
- 膝につかまるなど，自分の身体につかまり歩行する場合（つかまらないと歩行できない場合）→「2．何かにつかまればできる」を選択。

①調査対象者に実際に行ってもらった場合

- 調査対象者に実際に行ってもらった状況と，調査対象者や介護者から聞き取りした日頃の状況とが異なる場合は，一定期間（調査日から過去 1 週間ぐらい）でより頻回に見られる状況で判断。
- その場合，調査対象者に実際に行ってもらった状況と日頃の状況で異なる点，判断した根拠等→**特記事項**に具体的な内容を記載。

②調査対象者に実際に行ってもらえなかった場合

- 調査対象者に実際に行ってもらえなかった場合→**特記事項**に理由や状況の具体的な内容を記載。
- 一定期間（調査日から過去 1 週間ぐらい）でより頻回に見られる状況や日頃の様子で判断。
- 調査対象者や介護者から聞き取りした内容，判断した根拠等の具体的な内容→**特記事項**に記載。

③補装具を使用している場合

- 補装具を使用している場合は，使用している状況で判断。

④福祉用具を使用している場合

- 杖や歩行器等を使用する場合→「2．何かにつかまればできる」を選択。

選択肢の判断基準

1．（一人で）つかまらないでできる

- 支えや日常的に使用する器具・器械なしに，自分で歩ける場合。

視力障害者のつたい歩き。

視力障害者が，身体を支える目的ではなく，方向を確認する目的で，杖を用いている場合も含む。

２．（一人でも）何かにつかまればできる

杖や歩行器等を使用すれば，歩ける場合。

壁に手をかけながら歩ける場合等。

片方の腕を杖で，片方の腕を介護者が支えると歩行できる場合も含む。

３．（一人では）できない

何かにつかまったり支えられても，歩行が不可能であるため，車いすを使用しなければならない場合。

どのような状況であっても，まったく歩行ができない場合。

寝たきり等で歩行することがない場合。

歩行可能であるが，医療上の必要により歩行制限が行われている場合。

２～３ｍしか歩けない場合

警告コード

１．「歩行」が「１．できる」にもかかわらず

「座位保持」が「４．できない」，「両足での立位」が「３．できない」，「移乗」が「４．全介助」，「移動」が「４．全介助」

２．「歩行」が「３．できない」にもかかわらず

「片足での立位」が「１．できる」

どのように質問するか　【自分で歩けるかという質問です。】

問いかけの例

・家族の手助けなしにトイレへ歩いて行けますか。

・自分で自由に家の中を歩けますか。

・（5m位先を指し）あそこまで支えてもらえば，歩けますか。

・外を歩く時，杖やシルバーカー等を使いますか。

【認知症高齢者の着眼点】

・介護者の指示が理解できないために介助が必要な場合でも，自力で歩行ができることがあれば，その状況に基づき判断する→「特記事項」。

 **特記事項の記入例**

記入内容 →
　○確認できた状態，選択した理由
　○体調不良等，何らかの理由で確認できなかった場合は，その理由と状況
　○時間，環境や緊張等により，日頃の状況と異なっていると考えられる場

合は，調査時と日頃の具体的な状況
○できたり，できなかったりする場合の頻度と状況
○介護の手間
○時間（距離・場所）的制限がある場合，その状況
○義足や装具等を使用している場合の状況

記入例 ➡

◉ 1. つかまらないでできる

- 習慣的に手すりにつかまり歩行するが，つかまらなくても歩行ができる。
- 視力障害があるものの，住み慣れた自宅なので，室内では自立しているが，外出はガイドヘルパーに介助されている。
- 視力障害のため，場所の確認で手すり等につかまりながら歩くが，歩行は安定してできる。
- 下肢欠損であるが，義足を装着して歩行。杖も使っていない。
- 室内はつかまらずに5m以上歩行できる。高齢のため転倒しやすいので外出時はシルバーカーを利用している。

　認知症　認知症のため手引き歩行をしているが両下肢の筋力低下はなく，室内で歩いていることも多いので「1. つかまらないでできる」と判断した。

◉ 2. 何かにつかまればできる

- ベッドの柵や壁等に，必ずどちらかの手でつかまって歩いている。
- 屋外はシルバーカーを押して散歩している。屋内では家具等につかまり歩行する。
- バリアフリーに改造してある家なので歩行器を使用している。
- 室内でも杖歩行のため，「2. 何かにつかまればできる」と判断した。
- 日により，できたりできなかったりするが，自宅内での移動はおおむね，家具につかまり行っている。
- 調査の時，体調が悪いというので，調査対象者に実際に行ってもらえなかった。家族の話によると，壁や家具につかまりながらであれば，一人で歩行ができるという。日頃の状況に基づき「2. 何かにつかまればできる」を選択する。
- 腰が曲っているため，膝に両手をつきながら歩く。
- 杖では不安定で歩けないが，家具等の安定したものにつかまれば5m位やっと歩ける。

　がん　前立腺癌の術後，足の浮腫が酷くなり，歩行時は歩行器に摑まりながら行う。

● 3. できない

- 医療上，主治医より歩行を禁じられているので，「3. できない」を選択した。
- 体幹を支えても1mしか歩けないので，「3. できない」を選択した。
- 両下肢の筋力低下により歩行はできない。
- 常時臥床しており傾眠状態。立位をとることもないため，「3. できない」と判断した。
- 足関節に制限があるため，立位はできるが歩行ができない。
- リハビリ訓練では平行棒につかまり5m歩けるが，病室では車いすを使用し，歩行できない。
- 膝の痛みや腰痛があるので，室内での歩行時は2m位の間隔に椅子を置いてあるが，2m位しか継続して歩行できない。
- 肺気腫のため在宅酸素使用しており，5m歩くのに2回位休む。継続しては歩けない。
- 約1mごとに立ち止まり，椅子にかけて休む。続けて5mは歩けない。家族の話では，日頃も同様にできないとのこと。

  がん 肺癌のため疲れやすく，室内は手すりに摑まりながら移動しているが，5m継続した歩行はできず，途中で椅子に座り休んでいる。

異なった選択が生じやすい点

調査対象者の状況	誤った選択	正しい選択と留意点等
日常の生活では何かにつかまっても歩行はできないが，リハビリの歩行訓練時には，平行棒につかまりながら，その間を約5mは歩行できる。	「2. 何かにつかまればできる」	「3. できない」を選択。リハビリの歩行訓練時に平行棒の間を5m程度歩行できても，リハビリの訓練中は日頃の状況ではないと判断。
心肺機能の低下等により，室内を歩くだけで呼吸困難等を起こすことがある。何かにつかまりながら，途中で座り込んで休憩しながら，やっと5m歩くことができた。	「2. 何かにつかまればできる」	「3. できない」を選択。途中で座り込んで休憩しないと連続して5m歩けない場合は，「3. できない」を選択。
自分の膝に手を置いてゆっくり歩き，5m歩行するのを確認した。	「1. つかまらないでできる」	「2. 何かにつかまればできる」を選択。自分の身体につかまってできる場合は「2. 何かにつかまればできる」を選択。

1-8 立ち上がり 能力

● 立ち上がりの能力を評価する項目。

● 立ち上がりとは椅子やベッド，車いす等に**座っている状態から立ち上がる行為を行う際**に，ベッド柵や手すり，壁等に**つかまらないで立ち上がることができる**かどうかを評価する項目（床からの立ち上がりは含まない）。

● 膝がほぼ直角に屈曲している状態から，立ち上がりができるかどうかで判断。

● 調査対象者に実際に行ってもらう，あるいは調査対象者や介護者から日頃の状況に関して聞き取りした内容で判断。

座っている状態から立ち上がる行為を行う際に，ベッド柵や手すり，壁等につかまらないで立つことができる能力（床からの立ち上がりは含まない）

膝がほぼ直角に屈曲している状態から立ち上がりできるかどうかで判断
実際に行ってもらう　または　日ごろの状況に関して聞き取りした内容で判断

● 寝た状態から座位に至るまでの行為は含まない。

● 畳の上での生活で，椅子に座る機会がない場合は，洋式トイレ，ポータブルトイレの使用時，受診時の待合室での状況等で判断。

● 自分の身体の一部を支えにして立ち上がる場合や，習慣的ではなく身体を支える目的でテーブルや椅子の肘掛等にしっかりと加重して立ち上がる場合（加重しないと立ち上がれない場合）→「2. 何かにつかまればできる」を選択。

①調査対象者に実際に行ってもらった場合

● 調査対象者に実際に行ってもらった状況と，調査対象者や介護者から聞き取りした日頃の状況とが異なる場合は，一定期間（調査日から過去1週間ぐらい）でより頻回に見られる状況で判断。

● その場合，調査対象者に実際に行ってもらった状況と日頃の状況で異なる点，判断した根拠等→**特記事項**に具体的な内容を記載。

②調査対象者に実際に行ってもらえなかった場合

● 調査対象者に実際に行ってもらえなかった場合→**特記事項**に理由や状況の具体的な内容を記載。

● 一定期間（調査日から過去1週間ぐらい）でより頻回に見られる状況や日頃の様子で判断。

● 調査対象者や介護者から聞き取った内容，判断した根拠等の具体的な内容→**特記事項**に記載。

1.（一人で）つかまらないでできる

● 椅子，ベッド，車いす等に座っている状態から立ち上がる際に，ベッド柵，手すり，壁等，何にもつかまらないで立ち上がる行為ができる場合。

2.（一人でも）何かにつかまればできる

● ベッド柵，手すり，壁等，何かにつかまれば立ち上がる行為ができる場合。

● 介護者の手で引き上げられる状況ではなく，支えがあれば基本的に自分で立ち上がることがで

きる場合も含む。

3.（一人では）できない

　　⦿自分ではまったく立ち上がることができない場合。

　　⦿身体の一部を介護者が支える，介護者の手で引き上げるなど，介助がないとできない場合も含む。

【警告コード】

1.「立ち上がり」か「1．できる」にもかかわらず

　「寝返り」が「3．できない」，「起き上がり」が「3．できない」，「座位保持」が「4．できない」，「両足での立位」が「3．できない」，「移乗」が「4．全介助」

2.「立ち上がり」か「3．できない」にもかかわらず

　「片足での立位」が「1．できる」

【どのように質問するか】　【腰掛けた状態から立ち上がることができるかどうかという質問です。】

【問いかけの例】
　　　　・立ち上がることは，一人でできますか。

　　　　・立ち上がる時どのように介助していますか。

　　　　・起きて，こちらの椅子に掛けてもらえますか。

　　　　（「1－4　起き上がり」や「1－7　歩行」と，一緒に確認の場合）

　　　　・立ち上がることは，できますか。

　　　　（「1－5　座位保持」から続けて確認の場合）

【認知症高齢者の着眼点】

・介護者の指示が理解できないために介助が必要な場合でも，自力で立ち上がりができることがあれば，その状況に基づき判断する→「特記事項」。

 特記事項の記入例

【記入内容】→
　　　　○確認できた状態，選択した理由

　　　　○体調不良等，何らかの理由で確認できなかった場合は，その理由と状況

　　　　○時間，環境や緊張等により，日頃の状況と異なっていると考えられる場合は，調査時と日頃の具体的な状況

　　　　○できたり，できなかったりする場合の頻度と状況

　　　　○介護の手間

　　　　○義足や装具等を使用している場合の状況

→ ● **1. つかまらないでできる**

- 手すりにつかまらなくても立ち上がれるが,「めまい」が起きることが多い。ゆっくり行う。
- 義足を使用しているが, 手すりにつかまらずに立ち上がれる。
- ベッドや椅子がなく確認できないが, 畳からでも軽く手をつき立ち上がれており, トイレの便座からも「できる」というので,「1. つかまらないでできる」と判断した。
- 習慣的に椅子の座面に軽く手をつき立ちあがるが, 加重していない。

認知症 認知症で指示が通じないが, 突然立ち上がる行為が日頃からみられ, その様子から「1. つかまらないでできる」と判断した。

● **2. 何かにつかまればできる**

- ベッド柵と移動バーに両手でつかまればできるが, 体力が低下しているので時間がかかる。
- ベッドが低く, 手すりがないのでできないが, ポータブルトイレや食堂の椅子からの立ち上がりはつかまってできている。
- リハビリ訓練中は, つかまらないで行っているが, 日頃は危険防止のため, ベッド柵につかまって立ち上がる。
- 昼間は手すりにつかまって立ち上がれるが, 夜間は家族（介護者）が引っぱりあげないと立てない。より頻回なのは昼間のため「2. 何かにつかまればできる」を選択した。
- 調査の時は, ベッドサイドに取り付けられた手すりにつかまると, 一人で立ち上がりができた。家族からの聞き取りによると, 日頃も同様に手すりにつかまり一人で立ち上がりをしているとのことである。
- 畳の上での生活で椅子に座る機会がなく, 自宅には椅子もないというので, 調査対象者に実際に行ってもらえなかった。利用しているデイサービスと, 受診時の待合室での状況では何かにつかまって行っているため,「2. 何かにつかまればできる」を選択した。
- 円背のため, 膝に手を押し当てて立ち上がる。
- 自宅では肘かけつきの椅子に座り, 立ち上がり時は肘かけに十分に加重しなければ行えない。

● **3. できない**

- 重度の左片麻痺, 右下肢の筋力低下が認められ, 立ち上がることはできない。

- ベッド柵や肘かけにつかまっても立てないので，介護者が引っ張り上げるようにして立たせている。
- 家族（介護者）が腰を持ち上げるようにして，立ち上がらせている。
- リウマチのため膝関節の痛みが強く，力が入らず，介助されないとできない。
- 下肢麻痺のため車いすで生活している。立位がとれず，立ち上がれない。
- 立ち上がり機能付きの椅子を使用しないと立ち上がれない。

認知症 夜間徘徊時は，ベッド柵につかまって立ち上がることができるが，昼間はほぼ臥床状態で，家族が体幹を支えないと立ち上がれないので，「3. できない」を選択した。

異なった選択が生じやすい点

調査対象者の状況	誤った選択	正しい選択と留意点等
自分の膝に手をついて，上肢に力を入れて立ち上がる。	「1. つかまらないでできる」	「2. 何かにつかまればできる」を選択。 自分の身体にだけつかまって立ち上がることができれば「2. 何かにつかまればできる」を選択。
円背であり，椅子の座面を後ろに押し出すようにして，上肢に力をいれて立ち上がる。	「1. つかまらないでできる」	「2. 何かにつかまればできる」を選択。 立ち上がる際に，座面に体を支える目的で加重していることから，「2. 何かにつかまればできる」を選択。

1-9 片足での立位　[能力]

定　義

● 片足での立位の能力を評価する項目。

● 片足での立位とは，立ち上がるまでに介助が必要か否かにかかわりなく，平らな床の上で，自分で左右いずれかの**片足を上げた状態のまま，立位を保持できる**（平衡を保てる）能力。

● 片足を上げた状態のまま約 1 秒間，立位を保持できるかどうかで判断。

● 調査対象者に実際に行ってもらう，あるいは調査対象者や介護者から日頃の状況に関して聞き取りした内容で判断。

 片足での立位 ▶ 片足を上げたまま，立位を保てる能力

▼ 確認 ▼

片足を上げまま約 1 秒間，立位を保持できるかどうかで判断
実際に行ってもらう　または　日ごろの状況に関して聞き取りした内容で判断

調査上の留意点

● 立ち上がるまでの能力は含まない。

①調査対象者に実際に行ってもらった場合

● 調査対象者に実際に行ってもらった状況と，調査対象者や介護者から聞き取りした日頃の状況とが異なる場合は，一定期間（調査日から過去 1 週間ぐらい）でより頻回に見られる状況で判断。

● その場合，調査対象者に実際に行ってもらった状況と日頃の状況で異なる点，判断した根拠等→**特記事項**に具体的な内容を記載。

②調査対象者に実際に行ってもらえなかった場合

● 調査対象者に実際に行ってもらえなかった場合→**特記事項**に理由や状況の具体的な内容を記載。

● 一定期間（調査日より過去 1 週間ぐらい）でより頻回に見られる状況や日頃の様子で判断。

● 調査対象者や介護者から聞き取りした内容，判断した根拠等の具体的な内容→**特記事項**に記載。

③福祉用具（補装具や介護用品等）や器具類を使用している場合

● 福祉用具（補装具や介護用品等）や器具類を使用している場合は，使用している状況で判断。

選択肢の判断基準

1. （一人で）支えなしでできる

　● 何もつかまらないで，いずれか一側の足で立っていることができる場合。

2. （一人でも）何か支えがあればできる

　● 壁や手すり，椅子の背等，何かにつかまると，いずれか一側の足で立っていることができる場合。

3. （一人では）できない

　● 自分では片足が上げられない場合。

　● 自分の手で支えるのではなく，介護者によって支えられた状態でなければ，片足を上げられない場合。

　● どのような状況であっても，まったく片足で立っていることができない場合。

警告コード

「片足での立位」が「1．できる」にもかかわらず

「座位保持」が「3．支えてもらえればできる」,「座位保持」が「4．できない」,「両足での立位」が「3．できない」,「歩行」が「3．できない」,「移乗」が「4．全介助」,「立ち上がり」が「3．できない」

どのように質問するか　**【片足で立つことができるかという質問です。】**

問いかけの例　「1 ― 6　両足での立位保持」と一緒に確認する。

・立っていることはできますか。片足を上げることはどうですか。

・1 秒程度, 片足を上げられますか。ここにつかまった場合はどうですか。

【認知症高齢者の着眼点】

・指示が理解されにくい場合は, 調査員自らが再現してみせる方法もある。

・介護者の指示が理解できないために介助が必要な場合でも, 歩行時の様子から判断する→「特記事項」。

✎ 特記事項の記入例

記入内容 ➡　○確認できた状態, 選択した理由

　　　　　　○体調不良等, 何らかの理由で確認できなかった場合は, その理由と状況

　　　　　　○時間, 環境や緊張等により, 日頃の状況と異なっていると考えられる場合は, 調査時と日頃の具体的な状況

　　　　　　○できたり, できなかったりする場合の頻度と状況

　　　　　　○介護の手間

　　　　　　○義足や補装具等を使用している場合の状況

記入例 ➡　● 1．支えなしでできる

▪ 右下肢欠損だが, 左下肢だけで 1 秒はつかまらないで立てる。

▪ 支えがなくても, 1 秒程度ならできる。手すりにつかまれば, かなり安定してできる。

▪ パーキンソン症候群でスムーズには行えないが, タイミングを合わせて行う。

▪ 「怖くてできない」と行わないが, つかまらないで安定して歩行しており, 「1．支えなしでできる」と判断した。

▪ 動作を再現し, 安定してできた。

● 2. 何か支えがあればできる

- 不安定で，壁等につかまらないと片足が上げられない。
- 両手で手すり等にしっかりつかまって，何とか1秒間の保持ができる。
- 手すりにつかまってなら，安定してできる。
- 片足欠損。義足はつけず，松葉杖を使用して片足立位ができる。
- 半身麻痺であるが，補装具を装着し，ベッド柵につかまれば1秒間できる。
- 試行したところ，できたが，家族によると，日頃はそばに支えがないと片足での立位はできないとのこと。より頻回な状況に基づき「2. 何か支えがあればできる」を選択。

  認知症 指示しても理解せず動作を再現できないが，杖をついて歩行をしていることから，「2. 何か支えがあればできる」と判断した。

● 3. できない

- 手すりにつかまっても立位が保持できず，不安定で，家族（介護者）が支えながらズボン等の着脱を行っている。
- 脳性麻痺のため両下肢の保持性がなく，立位・歩行ともまったくできない。
- 両下肢欠損。義足は使っておらず，「3. できない」。
- 片足が麻痺のため，自力で持ち上がらず床についたまま。麻痺はあるものの床についていることで何らかの支えになっており，麻痺側下肢なしでは片足での立位ができない。
- 調査の時は体調不良だったため，実際に行ってもらえなかった。家族の話によると，手すりにつかまっても浴槽の出入りや階段の上り下りができないという。何かにつかまっても片足での立位はできないと判断した。
- 下肢麻痺で，車いすでの生活のため立位はとれない。

  認知症 両足での立位も不安定でバランスが悪く，片足を上げるという指示も通じないため確認できないので，「3. できない」を選択した。

異なった選択が生じやすい点

調査対象者の状況	誤った選択	正しい選択と留意点等
視力障害者が，転倒等の不安から杖を持っている。体重を支えるために杖を用いることなく立位保持が可能である。	「2. 何か支えがあればできる」	「1.支えなしでできる」を選択。杖を持っているが，支えとしてまったく使用していないため，「1. 支えなしでできる」を選択。

1-10 洗身

介助の方法

定義

● 洗身の介助が行われているかどうかを評価する項目。

● 洗身とは，浴室内（洗い場や浴槽内）で，スポンジや手拭い等に石鹸やボディシャンプー等をつけて全身を洗うことをいう。

洗身 スポンジや手ぬぐい等に石鹸などをつけて全身を洗う能力

調査上の留意点

● 入浴環境は問わない。

● 入浴行為は含まれない。

● 洗髪行為は含まれない。

● 石鹸やボディシャンプーがついていなくても，あくまで体を洗う行為そのものについて介助が行われているかどうかで判断する。

● 石鹸等をつける行為そのものに介助があるかどうかではなく，体の各所を洗う行為について評価する。

● 清拭のみが行われている場合は，本人が行っているか介助者が行っているかどうかは関係ない→「4．行っていない」を選択。

①朝昼夜等の時間帯や体調等によって介助の方法が異なる場合

● 日によって入浴の方法・形態が異なる場合も含めて，一定期間（調査日より過去1週間ぐらい）でより頻回に見られる状況や日頃の様子で判断。→**特記事項**に日頃の状況の具体的な内容を記載。

②福祉用具（補装具や介護用品等）や器具類を使用している場合

● 福祉用具（補装具や介護用品等）や器具類を使用している場合は，使用している状況で判断。

③調査対象の行為自体が発生しない場合

● 日常的に洗身を行っていない場合→「4．行っていない」を選択。日頃の状況等の具体的な内容→**特記事項**に記載。

④「実際の介助の方法」が不適切な場合

● 「介助されていない」状態や「実際に行われている介助」が，対象者にとって「不適切」であると認定調査員が判断する場合→**特記事項**に判断理由を記載の上，適切な「介助の方法」を選択し，介護認定審査会の判断を仰ぐことができる。

● 認定調査員が，「実際に行われている介助が不適切」と判断する場合には，対象者が不適切な状況に置かれていると認定調査員が判断する，さまざまな状況が想定される。

　・独居や日中独居等による介護者不在のために適切な介助が提供されていない場合

　・介護放棄，介護抵抗のために適切な介助が提供されていない場合

　・介護者の心身の状態から介助が提供できない場合

　・介護者による介助が，むしろ本人の自立を阻害しているような場合

選択肢の判断基準

1. 介助されていない
   - 一連の洗身（浴室内で，スポンジや手拭い等に石鹸やボディシャンプー等をつけて全身を洗うこと）の介助が行われていない場合。
2. 一部介助
   - 介護者が石鹸等をつけて，体の一部を洗う等の場合。
   - 見守り等が行われている場合も含まれる。
3. 全介助
   - 一連の洗身（浴室内で，スポンジや手拭い等に石鹸やボディシャンプー等をつけて全身を洗うこと）のすべての介助が行われている場合。
   - 本人に手の届くところを洗身してもらった後，本人が洗身した個所も含めて，介護者がすべてを洗いなおしている場合。
4. 行っていない
   - 日常的に，洗身を行っていない場合。

警告コード

「洗身」が「1. 介助されていない」にもかかわらず

「寝返り」が「3. できない」，「起き上がり」が「3. できない」，「座位保持」が「4. できない」，「洗顔」が「3. 全介助」，「上衣の着脱」が「4. 全介助」，「ズボン等の着脱」が「4. 全介助」，「異食行動」が「3. ある」

どのように質問するか 【入浴の時，体を洗うことができるかどうかという質問です。】

問いかけの例
- 体はどのように洗っていますか。
- 洗うことは，自分でしていますか。スポンジ等は手渡されていますか。
- 背中は洗ってもらいますか。
- 体の前の部分は自分で洗いますか。
- 入浴はデイサービスや自宅のどちらで行っていますか。

【認知症高齢者の着眼点】
・機能的に問題がなくても，指示が理解できないためや拒否等を理由に介助（見守り・指示）が必要なのかを確認する→「特記事項」。

 **特記事項の記入例**

記入内容 → ○介助の有無や，本人の介助の拒否など（介護の手間）の状況と頻度
○時間帯等により介助の方法が異なる場合の，具体的な状況と頻度

○介助が明らかに過剰，または不足していると判断した理由や具体的な状況

○日によって入浴形態が異なり，より頻回な状態に基づいて判断した時

○清拭の自立等で例外的に能力を勘案した場合は，何を理由に勘案したかその根拠

記入例 →

● 1. 介助されていない

- 時間はかかるが，柄の長いボディブラシを使う等入浴用品を利用して自分で洗っている。
- 「石鹸は体の油がぬける」といって，自分でタオルを使い全身をこする洗身である。きれいに洗っていると言う家族からの聞き取りにより，「1. 介助されていない」と判断した。
- 自宅の浴室の住宅改修および福祉用具等を整備しており，洗いやすい洗身ブラシの自助具も利用して，一人で介助なしで行っている。
- 右片麻痺であるがタオルに工夫をして洗身は一人で介助なく行っている。

● 2. 一部介助

- スポンジ等を手渡し指示すればできるが，見守りや声かけがないと行わない。
- 石鹸をつけタオルを手渡せば，洗える。
- 胸部・腹部や陰部は，タオルを渡されて，自分で洗っているが，背中は家族が洗っている。

不適切 腰痛のため屈めず背中や足の先は思うように洗えない。介助者がいないため介助は受けていないが，適切に洗えていない状況であるため「2. 一部介助」とした。

不適切 独居で介護者がいないが，入浴は問題なく行っているという。しかし，汗疹ができており，清潔保持ができていないので不適切な状況と判断した。肩関節に強い拘縮があることなどから，適切な介助の方法として「2. 一部介助」を選択した。

不適切 独居のため，洗身の介助は行われていないが，訪問時の臭気や手足の皮膚の状況により適切な洗身が行えていないと判断し「2. 一部介助」とした。

認知症 認知症で，シャンプーと石鹸を間違えたり，蛇口をひねって熱湯を出したりするため，家族が一緒に入浴して見守り・指示を行っている。

認知症 一人で入浴するが，洗身を理解せず洗わないで出てきてしまうので，指示や見守りを行っている。

● 3. 全介助

- 両上肢に麻痺がなく洗身はできると思われるが，家族がすべて行っている。
- 片麻痺のため自分では洗えないので，家族が全身を洗っている。
- 手指変形により，手拭いを使うことができず，洗身のすべてを介護者が行っている。
- 年齢に伴う機能低下。ゆっくりなら背中以外は洗えるが，風邪をひくといけないからと，家族が全身を洗っている。
- 視力障害があるため，本人が洗った後，家族が全身を洗い直している。
- 週に1回別居の娘が全介助で洗っているので，娘の負担となっている。
- 現在は入所中で，時間をかければ一人で洗身が可能だと思われ，一部は自分で洗っているが，十分な清潔保持ができていない。介護職員が全身を洗いなおしている。
- 認知症 認知症のため入浴を嫌うので，短時間で入れるために，全介助となっている。
- 認知症 身体機能としてはできるが，認知症のため行為を理解できず全介助されている。
- 認知症 本人は「入浴している」というが，不衛生な状況と独居で認知症のため一人での入浴が困難と判断した。
- 認知症 重度の認知症があり，腕をタオルで少しなでるが，すぐに意欲がなくなり，まったく自分で洗身をしない。介護者が全身を洗いなおしている。
- がん 乳癌が肺，肝臓，腰椎に転移し，だるさや呼吸苦，腰痛があるため，洗身はすべて介助されている。

● 4. 行っていない

- 医師から入浴を禁止されており，家族が毎日，清拭をしている。
- 自宅に浴室がなく自分で清拭している。
- 高齢のために，体力の消耗を考慮して家族が清拭をしている。
- 身体的な理由ではなく，本人の意思で蒸しタオルを使って身体を拭き，入浴（洗身）を拒否している。特に不衛生な状況にはない。
- 他人と一緒の入浴を拒み，自分で拭いているとのこと。自宅に風呂があれば，問題なく行えるほどしっかりしている。
- 認知症 独居で認知症のため，入浴していない。ヘルパーが週2回訪問した時に清拭する。

異なった選択が生じやすい点

調査対象者の状況	誤った選択	正しい選択と留意点等
本人に手の届く個所を洗身してもらい，念入りに洗身するために，もう一度，本人が洗身した個所も含めて介護者が全身を洗いなおしている。	「2. 一部介助」	「3. 全介助」を選択。本人が手の届く個所を洗身しても，介護者が念入りに洗身するために，もう一度，本人が洗身した個所も含めて全身を洗いなおしている場合は「3. 全介助」を選択。

1-11　つめ切り

定　義

● つめ切りの介助が行われているかどうかを評価する項目。

● つめ切りとは，つめ切りの一連の行為のことで，一連の行為とは，つめ切りを準備する，切ったつめを捨てる等の行為も含まれる。

つめ切り ▶ 準備から切ったつめを捨てるまでの一連の行為の能力

調査上の留意点

● 切ったつめを捨てる以外，切った場所の掃除等は含まない。

①朝昼夜の時間帯や体調等によって介助の方法が異なる場合

● 一定期間（調査日から過去１カ月ぐらい）でより頻回に見られる状況や日頃の様子で判断→**特記事項**に日頃の状況等の具体的な内容を記載。

②福祉用具（補装具や介護用品等）や器具類を使用している場合

● 福祉用具（補装具や介護用品等）や器具類を使用している場合は，使用している状況で判断。

③調査対象の行為自体が発生しない場合

● 四肢の全指を切断している等，つめがない場合は，四肢の清拭等の状況で代替して評価する。

④「実際の介助の方法」が不適切な場合

● 「介助されていない」状態や「実際に行われている介助」が，対象者にとって「不適切」であると認定調査員が判断する場合→**特記事項**に判断理由を記載の上，適切な「介助の方法」を選択し，介護認定審査会の判断を仰ぐことができる。

● 認定調査員が，「実際に行われている介助が不適切」と判断する場合には，対象者が不適切な状況に置かれていると認定調査員が判断する，さまざまな状況が想定される。

　・独居や日中独居等による介護者不在のために適切な介助が提供されていない場合

　・介護放棄，介護抵抗のために適切な介助が提供されていない場合

　・介護者の心身の状態から介助が提供できない場合

　・介護者による介助が，むしろ本人の自立を阻害しているような場合

選択肢の判断基準

1. 介助されていない

● つめ切りの介助が行われていない場合をいう。

2. 一部介助

● 一連の行為に部分的に介助が行われている場合をいう。

● 見守りや確認が行われている場合も含まれる。

● 左右どちらか片方の手のつめのみ切れる，手のつめはできるが足のつめはできない等の場合も含む。

3. 全介助

● 一連の行為すべてに介助が行われている場合をいう。

● 介護者が，本人が行った個所を含め，すべてやりなおす場合も含む。

警告コード

「つめ切り」が「1. 介助されていない」にもかかわらず

　「視力」が「5. 判断不能」,「洗顔」が「3. 全介助」,「物や衣類を壊す」が「3. ある」,「異食行動」が「3. ある」

どのように質問するか　【毎日の身だしなみを, どのようにしているかという質問です。】

問いかけの例
・手足のつめが堅くて切りにくいことはありませんか。
・足のつめは誰が切っていますか。
・つめ切りはどのようにしていますか。自分で切っていますか。

【認知症高齢者の着眼点】

・機能的な能力があっても清潔にする意欲がなく, 行っていない場合は, 介助の状況に基づいて判断する。
・身だしなみ等の状況により, 聞き取りを補充する。

 特記事項の記入例

記入内容　→
○**能力を勘案した場合の判断の理由等**
○**介助の有無や, 本人の介助の拒否など（介護の手間）の状況と頻度**
○**時間帯等により介助の方法が異なる場合の, 具体的な状況と頻度**
○**介助が明らかに過剰, または不足していると判断した理由や具体的な状況**

記入例　→
● **1. 介助されていない**

- 視力障害があるが手先を確認しながら, ゆっくりつめ切りを行う。
- 両手はつめ切りで, 両足はヤスリで整えている。
- 一般のつめ切りを使うのは難しいが, 扱いやすい自助具のつめ切りと, つめやすりを使って介助なしで行っている。
- 両下肢を切断しており, 足のつめ切りは行わないが, 手は自分で切れる。
- 不適切 デイサービスで入浴後に, 施設職員が切っているが, デイサービスに行かないときなどは自分でできることもあるとのこと。身体機能維持の観点から, 不適切な介助状況にあると判断。ビーズ手芸などを趣味にしており, 細かい作業や, はさみなども使用できることなどから, 適切な介助の

方法として「1．介助されていない」を選択した。

認知症 認知症があるが短いつめを好み，毎日つめ切りしている。

● 2．一部介助

- 左手に振戦があり，左手はなんとか自力で行うが，右手のつめ切りは介助されている。
- 片麻痺があり，健側のつめ切りはヘルパーが介助している。
- 手のつめは自分で切るが，足のつめは堅くて切れず，家族が介助している。
- 手のつめは自分で切ることはできるが，足のつめは巻きづめのため皮膚科に受診して切る。

不適切 肥満のため足先まで手が届かず，足のつめを切ることができない。独居であり介助者がいないので，足のつめが伸びていた。適切な介助が行われていないと判断し「2．一部介助」を選択。

不適切 独居で介護者がない調査対象者の話によると，介助なしに問題なくできているというが，調査時に見た状況から判断すると，手のつめはできていたが，足は巻きづめになっているなど不適切な状況にあると判断。手のつめは自分で切っていることから，適切な介助の方法として「2．一部介助」を選択した。

● 3．全介助

- パーキンソン病のため振戦があり，適切に切れない。危険なので家族が行っている。
- リウマチのため手指が変形している。握力が弱く，つめ切りを使えない。
- 植物状態のため，全介助となっている。
- 右片麻痺があり，左手は利き手ではないため思うようにできず，家族が全面的に介助している。
- 寝たきりのため，家族が行っている。
- 施設に入所しているため，入浴後にスタッフがつめ切りを行う。
- 四肢の全指を切断しており，つめがない。四肢の切断面の清拭が全介助されているため，類似の行為で代替して評価し，「3．全介助」を選択。

不適切 独居で，介助者がいないため介助されていないが，爪は伸びたままになっている。片麻痺もあり，指先で細かい作業はできない。不適切な状況と判断し，「3．全介助」を選択した。

施設入所

不適切 施設の方針で，つめ切りは入浴後に職員が行っているが，身体的問題，認知症もないので，「1. 介助されていない」と判断。

認知症 認知症のため行動が理解できずまったく行わないので，全介助している。(「3. 全介助」を選択)

認知症 認知症のため自ら行うことはないが，声かけして，手渡すとできる。(「2. 一部介助」を選択)

異なった選択が生じやすい点

調査対象者の状況	誤った選択	正しい選択と留意点等
片麻痺があり，左手のつめは切れるので，右手のつめ切りのみ介助が行われている。	「3. 全介助」	「2. 一部介助」を選択。左右どちらかの手のつめのみ切っていたり，手のつめは自分で切っているが足のつめは切れない等で，介助が発生している場合は「2. 一部介助」を選択。

1-12 視力

能力

定　義

- 視力（能力）を評価する項目。
- 視力とは，**見えるかどうか**の能力。
- 認定調査員が実際に「視力確認表」の図（88頁）を調査対象者に見せて，視力を評価。

視力 ▶ 見えるかどうかの能力

確認

視力確認表を見せて評価

調査上の留意点

- 見えるかどうかを判断するには，会話だけでなく，手話，筆談等，調査対象者の身振りに基づいて視力を確認する。
- 見たものについての理解等の知的能力を問うものではない。
- 広い意味での視力を問う質問であり，視野狭窄・視野欠損等も含む。

①調査対象者に実際に行ってもらった場合

- 調査対象者に実際に行ってもらった状況と，調査対象者や介護者から聞き取りした日頃の状況とが異なる場合は，一定期間（調査日から過去1週間ぐらい）でより頻回に見られる状況で判断。
- その場合，調査対象者に実際に行ってもらった状況と日頃の状況で異なる点，判断した根拠等→**特記事項**に具体的な内容を記載。

②調査対象者に実際に行ってもらえなかった場合

- 調査対象者に実際に行ってもらえなかった場合→**特記事項**に理由や状況の具体的な内容を記載。
- 一定期間（調査日から過去1週間ぐらい）でより頻回に見られる状況や日頃の様子で判断。
- 調査対象者や介護者から聞き取りした内容，判断した根拠等の具体的な内容→**特記事項**に記載。

③福祉用具（補装具や介護用品等）や器具類を使用している場合

- 福祉用具（補装具や介護用品等）や器具類を使用している場合は，使用している状況で判断。
- 部屋の明るさは，部屋の電気をつけたうえで，利用可能であれば読書灯等の補助照明器具を使用し，十分な明るさを確保する。
- 日常，メガネ・コンタクトレンズ等を使用している場合は，使用している状況で判断する。
- 認知症等の場合でも，見えるかどうかを評価するものであり，見ているものを理解したり，見ているものの名称を正しく表現する能力があるかどうかを評価するものではない。

選択肢の判断基準

1. 普通（日常生活に支障がない）
    - 新聞，雑誌等の字が見え，日常生活に支障がない程度の視力を有している場合。
2. 約1m離れた視力確認表の図が見える
    - 新聞，雑誌等の字は見えないが，約1m離れた視力確認表の図が見える場合。
3. 目の前に置いた視力確認表の図が見える
    - 約1m離れた視力確認表の図は見えないが，目の前に置けば見える場合。
4. ほとんど見えない

　目の前に置いた視力確認表の図が見えない場合。

5.　見えているのか判断不能

　認知症等で意思疎通ができず，見えているのか判断できない場合。

警告コード

「視力」が「5.　判断不能」にもかかわらず

「つめ切り」が「1.　介助されていない」，「移動」が「1.　介助されていない」，「排尿」が「1.　介助されていない」，「排便」が「1.　介助されていない」，「日常の意思決定」が「1.　できる」，「意思の伝達」が「1.　できる」，第3群：2〜7の6項目がいずれも「1.　できる」

どのように質問するか　　【目が見えるかどうかの質問です。】

問いかけの例　　・部屋にかかっている時計や，カレンダーが見えますか。

・新聞は読めますか。

・テレビを見ますか。

・目が見えにくいために，日常生活で困っていることはありますか。

【認知症高齢者の着眼点】

・追視があるか，声かけに反応するかを観察する。

・重度認知症のため無反応になっている場合があるので，視力の低下か無反応かの違いを判断する。

 特記事項の記入例

記入内容 ➡ ○確認できた状態，選択した理由

○体調不良等，何らかの理由で確認できなかった場合は，その理由と状況

○時間，環境や緊張等により，日頃の状況と異なっていると考えられる場合は，調査時と日頃の具体的な状況

○できたり，できなかったりする場合の頻度と状況

○介護の手間

○視力以外の視覚障害（視野欠損）等

記入例 ➡ ＊1.　普通（日常生活に支障がない）

▪遠近両用メガネを使用し，新聞を毎日読んでいる。

▪糖尿病性網膜症は安定しているが，食事療法・薬物内服・定期検査は継続しており，日常生活に支障はない。

- テレビを見たり新聞を読んだり支障なく行っている。
- 見える程度は確認できないが，机の上の小さなものをつまんだりしており日常生活に支障がないので「1．普通」と判断した。
- 左眼が白濁して「見えない」と言うが，右眼はよく見え，若い頃からであるということで，「1．普通」とした。

● 2．約1m離れた視力確認表の図が見える

- 視力はあるが，眼瞼麻痺があるため，上瞼が下がっている。日常生活にも支障があり，一人での外出はできない。確認表で確認した。
- 実際に確認表を使い確認して「2．約1m離れた視力確認表の図が見える」を選択。しかし，強度の視力矯正メガネを使用しており，そのメガネがなければほとんど見えず，介助者がいないと外出できない。
- 正面からの視力確認表がみえるので，「2．約1m離れた視力確認表の図が見える」と判断したが，視野狭窄があり，食事の片側を残す等の支障がある。

● 3．目の前に置いた視力確認表の図が見える

- 視力確認表で確認した。新聞の活字は大見出しがわかる程度である。
- 明るさの変化に対応できないため，見るのに時間がかかる。
- 目の前に置けばわかるが，足元のコードがわからないことや，外出時の段差がわからない。
- 視力確認表で約1m離れた視力確認表の図が見え答えられたが，日頃は白内障が進行しており，ぼんやりとしている。食品の賞味期限等は目の前でないと見えないと言う。日頃の状況から「3．目の前に置いた視力確認表の図が見える」を選択した。

● 4．ほとんど見えない

- 先天性の全盲であり，日常生活は自立しているが，ヘルパーに代読や買い物，掃除等の家事援助を受けている。
- 脳腫瘍の後遺症で，視神経萎縮があり，左目は見えない。右目がかすかに見える程度。
- 緑内障で失明したためほとんど見えない。
- 先天性の視力障害者のため視力確認表はまったく見えない。
- 強度の視野狭窄があり，確認したところ，「4．ほとんど見えない」状況にある。誰かが付き添わなければ外出ができず，通院時（週1回）には同居の家族が付き添っている。

- 視野狭窄があり，周囲がぼやけ，見える範囲が狭いと言う。視野から外れると見えないので室内では手さぐりで移動するが，外出時は家族が手を引いている。

5. 見えているのか判断不能

- 視力確認表を目の前に置くが返答が得られず，判断不可能。しかし，座布団の模様をつかもうとしているので，まったく見えないことはないらしい。
- 植物状態で寝たきりのため，確認できない。
- 認知症等で意思疎通ができず，目の前に確認表を出しても視点が合わない。見えているのかわからない。

半盲

- 半盲のため，外出時には踏みはずしや身体を電信柱等にぶつけたり，危険が多く介助が必要。

中心暗点

- 中心暗点のため，以前より暗くなってきたと訴える。

視野欠損

- 右眼に視野欠損があるが，日常生活は支障ない。

空間失認

- 左側空間失認があるので，食事の際に，食器を右側に置くようにしている。

異なった選択が生じやすい点

調査対象者の状況	誤った選択	正しい選択と留意点等
強度の視野狭窄があり外出ができないなど，日常生活での支障があり，約1m離れた距離でも，視野から少しでも外れるとまったく見えない。視野内に確認表を置けば見える。	「2. 約1m離れた視力確認表の図が見える」	「4. ほとんど見えない」を選択する。

視力確認表

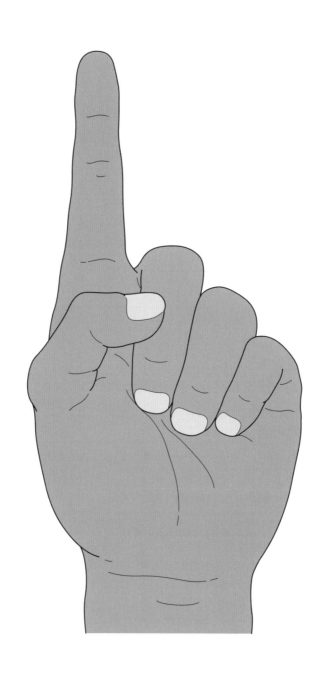

1-13 聴力

能力

定 義

- 聴力（能力）を評価する項目。
- ここでいう聴力とは，**聞こえるかどうかの能力**。
- 認定調査員が確認して評価。

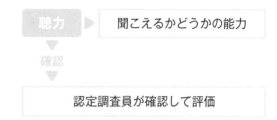

聴力 ▶ 聞こえるかどうかの能力

確認

認定調査員が確認して評価

調査上の留意点

- 普通に話しかけても聞こえない調査対象者に対しては，耳元で大声を出す，音を出して反応を確かめる等の方法に基づいて聴力を判断する。
- 聞こえるかどうかを判断するには，会話のみではなく，調査対象者の身振り等に基づいて聴力を確認する。
- 耳で聞いた内容を理解しているかどうか等の知的能力を問うものではない。
- 日常，補聴器等を使用している場合は，使用している状況で判断する。
- 失語症や構音障害があっても，声や音が聞こえているかどうかで判断。
- 調査の妨げとなるような大きな雑音がある場所での調査は避ける。

①調査対象者に実際に行ってもらった場合

- 調査対象者に実際に行ってもらった状況と，調査対象者や介護者から聞き取りした日頃の状況とが異なる場合は，一定期間（調査日から過去1週間ぐらい）でより頻回に見られる状況で判断。
- その場合，調査対象者に実際に行ってもらった状況と日頃の状況で異なる点，判断した根拠等→**特記事項**に具体的な内容を記載。

②福祉用具（補装具や介護用品等）や器具類を使用している場合

- 福祉用具（補装具や介護用品等）や器具類を使用している場合は，使用している状況で判断。

選択肢の判断基準

1. 普通
   - 日常生活における会話について支障がなく，普通に聞き取れる場合。
2. 普通の声がやっと聞き取れる
   - 普通の声で話すと聞き取りにくく，聞き間違えたりする場合。
3. かなり大きな声なら何とか聞き取れる
   - 耳元で大きな声で話したり，耳元で大きな物音を立てると何とか聞こえる場合。
   - かなり大きな声や音でないと聞こえない。
4. ほとんど聞こえない
   - ほとんど聞こえないことが確認できる場合。
5. 聞こえているのか判断不能
   - 認知症などで意思疎通ができず，聞こえているのか判断できない場合。

警告コード

「聴力」が「5. 判断不能」にもかかわらず

「移動」が「1. 介助されていない」,「排尿」が「1. 介助されていない」,「排便」が「1. 介助されていない」,「日常の意思決定」が「1. できる」,「意思の伝達」が「1. できる」,第3群:2〜7の6項目がいずれも「1. できる」

どのように質問するか　【聞こえるかどうかの質問です。】

●調査時の普通の会話で意思疎通ができるか否かで判断。聞こえにくいようであれば,左右両側から話しかけてみて,聞こえの度合いをみる。

問いかけの例
・これくらいの声で聞こえますか。
・質問をたくさんしますが,このぐらいの声でいいですか。
・補聴器を使っていますか。

【認知症高齢者の着眼点】
・問いかけへの反応(声の方に顔を向けるか等)に基づき判断する。
・反応する時の調査員の声の大きさで確認する。
・傾眠状態の場合は,その反応で判断する。

特記事項の記入例

記入内容 ➡
○確認できた状態,選択した理由
○体調不良等,何らかの理由で確認できなかった場合は,その理由と状況
○時間,環境や緊張等により,日頃の状況と異なっていると考えられる場合は,調査時と日頃の具体的な状況
○できたり,できなかったりする場合の頻度と状況
○介護の手間
○**補聴器等を使用していれば,その状況**

記入例 ➡　● 1. 普通

▪ 普通の声で問いかける調査時の質問に対して,聞き返すことなく回答していた。

▪ 日常生活上,聴力は問題ないが,幻聴がひどい。

▪ 普通の会話では問題ないが,電話での会話は聞き取りにくく,明瞭な言葉

ではっきり話す必要がある。

- 調査員の普通の声での話しかけに対して，支障なく会話ができている。

2. 普通の声がやっと聞き取れる

- 戦時中，造船所に勤務。騒音により右耳の聴力を失い，以降左耳だけで生活しているという。少し大きめの声で左側から話しかけるようにしている。
- 補聴器を使用して少し大きめの声で話す。補聴器を外した時は，大きな声で話しかけないと聞こえない。
- 調査時に聞き返すことがときどきみられたので，やや大きめの声で話した。
- 調査の時は補聴器を使用した状態での会話の受け答えから「2. 普通の声がやっと聞き取れる」を選択したが，かなりゆっくりと話したり，わかりやすい言葉が何とか聞こえる程度であった。同居の妻は話が通じなくてストレスがたまると訴えている。

3. かなり大きな声なら何とか聞き取れる

- 常時耳鳴りがひどく，電話での会話は聞き間違いが多い。大きな声で話しかける。
- 補聴器を数個持っているが，うまく使いこなせない。体調にも左右され，聞こえる時と聞こえない時があるので，家族が大きな声で話しかけている。
- 耳元で大声で話をしたり，ボディランゲージを交えての意思疎通が主である。
- 耳元大きな声で話さないと伝わらない。大声を出すことに疲れると家族が訴える。
- 玄関のチャイムが聞こえないため，訪問者があってもわからない。
- 失語があり，通常の会話ができないため，問いかけ時の調査員の声の大きさに対する身振り等の状況で判断した。

4. ほとんど聞こえない

- 耳元で大声を出しても聞き取れず，まったく見当はずれの受け答えをする。
- 先天性の聴覚言語障害者であり，音による情報を受けることができない。
- 手話を用いてコミュニケーションをしている。
- 用件の伝達はファクシミリを使用する。電話やドアチャイムはフラッシュホンを利用している。
- 常に手元にメモ用紙とペンを置き筆談する。それを用いないとコミュニケーションができない。

● 5. 聞こえているのか判断不能

- 寝たきりで大声で話しかけても反応がみられない。追視もない。
- 植物状態で声かけしても反応がなく聴力を確認できない。
- 重度認知症で動き回っているが，問いかけに対して反応がない。

異なった選択が生じやすい点

調査対象者の状況	誤った選択	正しい選択と留意点等
認知症で意思疎通が難しく，会話は通じないが，耳元で大きな物音を立てると，身振り等の様子で何とか聞こえていると思われる。	「5. 聞こえているのか判断不能」	「3. かなり大きな声なら何とか聞き取れる」を選択。聞こえるかどうかを選択するには，会話だけでなく，調査対象者の身振り等に基づいて聴力を確認する。

第2群

生活機能

	評価軸			調査内容				
	①能力	②介助	③有無	①ADL・起居動作	②認知	③行動	④社会生活	⑤医療
2-1 移乗		●		●				
2-2 移動		●		●				
2-3 えん下	●			●				
2-4 食事摂取		●		●				
2-5 排尿		●		●				
2-6 排便		●		●				
2-7 口腔清潔		●		●				
2-8 洗顔		●		●				
2-9 整髪		●		●				
2-10 上衣の着脱		●		●				
2-11 ズボン等の着脱		●		●				
2-12 外出頻度			●	●				

2-1 移乗　介助の方法

定 義

- 移乗にあたり，介助が行われているかどうかを評価。
- 移乗とは，「ベッドから車いす（椅子）へ」「車いすから椅子へ」「ベッドからポータブルトイレへ」「車いす（椅子）からポータブルトイレへ」「畳から椅子へ」「畳からポータブルトイレへ」「ベッドからストレッチャーへ」等，臀部を移動させ，椅子等へ乗り移ることをいう。
- 清拭・じょくそう予防等のための体位交換，シーツ交換時に臀部を動かす行為も移乗に含む。

移乗 → 「ベッドから車いす（椅子）へ」など，臀部を移動させて，椅子等で乗り移ること

確認 清拭，じょくそう予防などのための体位交換，シーツ交換時に臀部を動かす行為も含む

移乗にあたり，介助が行われているかどうかを評価

調査上の留意点

- 重度の寝たきりで，介護者がじょくそう防止のため，体位交換時に臀部を動かし，移乗動作を行っている場合，「全介助」を選択する。
- 義足，装具，歩行器等の準備は介助の内容に含まない。
- 在宅で畳中心の生活で椅子を使用していない場合，両手をつき腰を浮かせるだけでは移乗に該当しない。

①朝昼夜等の時間帯や体調等によって介助の方法が異なる場合

- 一定期間（調査日から過去1週間ぐらい）でより頻回に見られる状況や日頃の様子で判断→**特記事項**に日頃の状況等の具体的な内容。

②福祉用具（補装具や介護用品等）や器具類を使用している場合

- 福祉用具（補装具や介護用品等）や器具類を使用している場合は，使用している状況で判断。

③調査対象の行為自体が発生しない場合

- 清拭・じょくそう予防等を目的とした体位交換を含む移乗の機会がないことは，実際には考えにくいが，寝たきり状態などで，「移乗」の機会がまったくない場合は，「定義」で規定されるような行為が生じた場合を想定し適切な介助の方法を選択し，そのように判断できる具体的な事実を**特記事項**に記載する。

④「実際の介助の方法」が不適切な場合

- 「介助されていない」状態や「実際に行われている介助」が，対象者にとって「不適切」であると認定調査員が判断する場合→**特記事項**に判断理由を記載の上，適切な「介助の方法」を選択し，介護認定審査会の判断を仰ぐことができる。
- 認定調査員が，「実際に行われている介助が不適切」と判断する場合には，対象者が不適切な状況に置かれていると認定調査員が判断する，さまざまな状況が想定される。
  - ・独居や日中独居等による介護者不在のために適切な介助が提供されていない場合

・介護放棄，介護抵抗のために適切な介助が提供されていない場合

・介護者の心身の状態から介助が提供できない場合

・介護者による介助が，むしろ本人の自立を阻害しているような場合

選択肢の判断基準

1. 介助されていない

　移乗の介助が行われていない場合。

2. 見守り等

　介助は行われていないが，見守り等が行われている場合。

　見守り等とは，常に付き添いの必要がある「見守り」や，認知症高齢者等の場合に必要な行為の「確認」「指示」「声かけ」等のことを指す。

　ベッドから車いすに移乗する際，介護者が本人の身体に直接触れず，安全に乗り移れるよう，動作に合わせて車いすをお尻の下に差し入れている場合。

3. 一部介助

　自分一人では移乗ができないために，介護者が手を添える，体を支える等の移乗の行為の一部介助が行われている場合。

4. 全介助

　自分では移乗ができないために，介護者が抱える，運ぶ等の介助のすべてが行われている場合。

警告コード

「移乗」が「4. 全介助」にもかかわらず

　「歩行」が「1. できる」,「立ち上がり」が「1. できる」,「片足での立位」が「1. できる」

どのように質問するか　【ベッドから椅子等に移る時，介助が必要かという質問です。】

問いかけの例

・つかまりながら，一人で車いすに乗り移れますか。

・支えてもらえば，椅子に移れますか。

・ポータブルトイレに移る時は手伝ってもらいますか。

・車いすに乗り移るときは，どのように介助されるのですか。

【認知症高齢者の着眼点】

・介護者の指示が理解できないため生活に必要な移乗に介助が行われている場合は，その状況に基づき判断する→「特記事項」。

 特記事項の記入例

記入内容 ▶ 　○介助の有無や，本人の介助の拒否など（介護の手間）の状況と頻度

　　　　　　　○時間帯等により介助の方法が異なる場合の，具体的な状況と頻度

○介助が明らかに過剰，または不足していると判断した理由や具体的状況
○移乗時の器機等に条件があれば，その状況等
○義足や装具等を使用している場合の状況

記入例 →

● 1. 介助されていない

- 習慣的にベッド柵につかまるが，つかまらなくても移乗ができる。
- 視力に障害があり移乗動作は不自由であるが，手を添えて指示すれば一人で移れる。
- トイレや椅子への移乗はすべて一人で行っている。
- 一人で，介助なしで行っているが，起床時だけ，ベッドから車いすへ介護者が身体を支える介助を行っている。頻回に見られる状況で判断し「1. 介助されていない」とした。
- ベッドサイドの両脇に取り付けられた2本の移乗用手すりを使用し，一人で介助なしで行っている。
- 日中はベッドから車いすへの移乗も，一人で介助なしで行っているが，夜間だけポータブルトイレを使用しており，転倒防止等の理由から，夜間，排尿のたび（夜間2回）に介護者である夫が手を添えて，身体を支える介助を行っている。より頻回に見られる状況は日中の方であるため「1. 介助されていない」を選択。

● 2. 見守り等

- ベッドの柵や壁などに，片手でつかまって自分で移乗しているが，家族は転倒などがないように見守っている。
- 日により，できる時とできない時があり，家族は必ず見守りを行っている。
- 移乗時にバランスを崩すことがあり，過去に転倒しているため見守りをしている。
- 移乗時に突然前のめりになり，上体を立て直せないことがあるので見守りを行う。
- 回転式移動機器をうまく自分で利用して移乗するが，見守りを行っている。

不適切 独居で，移乗の際に椅子やポータブルトイレから転倒（転げ落ちている）し，足にアザがあったことから，不適切な状況にあると考えられる。適切な介助の方法として常に移乗できないわけではないとのヘルパーの話しもあり，「2. 見守り等」を選択した。

認知症 認知症のため，便座等に座ることがわからず，常に声かけや見守りを行っている。

がん　多発性骨転移による対麻痺があり両下肢機能障害があるが，ボードを使い，見守りのもとで移乗している。

● 3.　一部介助

- 高齢で下肢筋力やバランス能力が低下しているため，腰を支える等，介助すれば移乗が可能。
- 椅子から立ち上がる時に介助をしている。移乗の時も腰を支えないとドスンと尻餅をつくので，介助している。
- 介助により，回転移動板を利用して向きを変えて腰掛ける。
- 片麻痺のため，移乗時に体幹を支える介助を行っている。
- トランスファーボードを利用し，ベッドと車いすの間の移乗介助を行う。
- 体調の良いときは介助なしで移乗することもあるが，日頃はベッドから車いすへ介護者が体を支える介助を行っている。より頻回に見られる状況から「3.　一部介助」を選択する。

● 4.　全介助

- 電動ベッドで起き上がり，体を抱え込む介助を受け車いすに移る。
- 天井走行型リフター（または，床走行式，固定式）を使用して，ベッドから車いすに移乗する。
- 寝たきり状態のため移乗の機会が少ないが，週2回の入浴時には車いすへの移乗をすべて介助されている。
- 尖足のため足底が床につけられず，立位も不安定で転倒の危険性があるので移乗等に介助を行っている。
- 重度の寝たきりであるため，じょくそう防止のために介護者が体位変換の際に臀部を動かし，移乗動作を行っている。
- 医学的な理由から，1週間以上にわたり「移乗」の機会がまったくないが，四肢ともに筋力の低下が顕著であり，ストレッチャーからの移乗には全面的な介助を行うことが適切と判断したため「4.　全介助」を選択した。
- 寝たきりでベッド上で着替え排泄等を行うが，シーツ交換する時に臀部を介助で動かしている。

異なった選択が生じやすい点

調査対象者の状況	誤った選択	正しい選択と留意点等
車いすなどへの移乗が行われていないが，体位交換等の臀部を動かす移乗行為について介助が行われている。	「1. 介助されていない」	体位交換，シーツ交換の際に，臀部を動かす行為も移乗に含まれる。

2-2 移動

介助の方法

定　義

- 移動の介助が行われているかどうかを評価する項目。
- 移動とは，日常生活で，食事，排泄，入浴等で必要な場所に移動するにあたって，見守りや介助が行われているかどうかで判断。

移動 ▶ 確認 ▼ ▼

日常生活で，食事，排泄，入浴等で必要な場所への移動にあたり，見守りや介助が行われているかどうか

移動の介助が行われているかどうかを評価

調査上の留意点

- 移動の手段は問わない。
- 義足や装具等を装着している場合はその状況に基づいて判断。
- 車いす・歩行器等を使用している場合はその状況に基づいて判断。
- 車いす等を使用している場合は，車いす等に移乗した後の移動について判断。
- 外出行為は含まない。

①朝昼夜等の時間帯や体調等によって介助の方法が異なる場合

- 一定期間（調査日から過去1週間ぐらい）でより頻回に見られる状況や日頃の様子で判断。→日頃の状況等について，**特記事項**に具体的な内容を記載。

②福祉用具（補装具や介護用品等）や器具類を使用している場合

- 福祉用具（補装具や介護用品等）や器具類を使用している場合は，使用している状況で判断。
- 義足や装具等を装着している場合や，車いす・歩行器などを使用している場合は，その状況に基づいて判断。
- 車いす等を使用している場合は，車いす等に移乗した後の移動について判断。

③調査対象の行為自体が発生しない場合

- 浴場への移動など移動の機会がない場合は，多くはないと考えられるが，寝たきり状態などで，「移動」の機会がまったくない場合は，「定義」で規定されるような行為の生じた場合を想定して適切な介助の方法を選択し，そのように判断できる具体的な事実を**特記事項**に記載する。

④「実際の介助の方法」が不適切な場合

- 「介助されていない」状態や「実際に行われている介助」が，対象者にとって「不適切」であると認定調査員が判断する場合→**特記事項**に判断理由を記載の上，適切な「介助の方法」を選択し，介護認定審査会の判断を仰ぐことができる。
- 認定調査員が，「実際に行われている介助が不適切」と判断する場合には，対象者が不適切な状況に置かれていると認定調査員が判断する，さまざまな状況が想定される。
  - ・独居や日中独居等による介護者不在のために適切な介助が提供されていない場合
  - ・介護放棄，介護抵抗のために適切な介助が提供されていない場合
  - ・介護者の心身の状態から介助が提供できない場合
  - ・介護者による介助が，むしろ本人の自立を阻害しているような場合

選択肢の判断基準

1. 介助されていない
   - ●介助が行われていない場合。
2. 見守り等
   - ●介助なしで移動できるが，見守り等が行われている場合。
   - ●見守り等とは，常に付き添いの必要がある見守りや，認知症高齢者等の場合に必要な行為の「確認」「指示」「声かけ」等のことをいう。
3. 一部介助
   - ●自分一人では移動できないために，介護者が手を添える，体幹を支える，敷居などの段差で車いすを押す等の一部の介助が行われている場合。
4. 全介助
   - ●一人では，必要な場所へ移動できないため，移動の行為のすべてに介助が行われている場合。

警告コード

1.「移動」が「1. 介助されていない」にもかかわらず
　「視力」が「5. 判断不能」，「聴力」が「5. 判断不能」
2.「移動」が「4. 全介助」にもかかわらず
　「歩行」が「1. できる」

(どのように質問するか)　【食事，排泄，整容，入浴などのために必要な場所へ移動するときに介助が必要かどうかという質問です。】

(問いかけの例)
- ・一人でトイレに行きますか。
- ・食堂に行く時は歩いていかれますか。
- ・車いすで介助されて移動しますか。
- ・車いすを使っていますが，一人で食堂に行けますか。

特記事項の記入例

(記入内容)
- ○介助の有無や，本人の介助の拒否など（介護の手間）の状況と頻度
- ○時間帯等により介助の方法が異なる場合の，具体的な状況と頻度
- ○介助が明らかに過剰，または不足していると判断した理由や具体的な状況
- ○移乗時の器機等に条件があれば，その状況等
- ○義足や装具等を使用している場合の状況

1.　介助されていない

▪リハビリを兼ね，シルバーカーを使っての散歩を日課としている。

▪日常生活では自由に移動しているが，2週間に1度の通院時のみ家族に付添ってもらい見守りを受けている。

▪装具の準備は必要だが，杖歩行で自立して動く。

▪介護者が車いすの準備をすれば，自走して動く。

▪自宅内は杖を使用して一人で介助なしで移動しているため，「1.　介助されていない」と判断。しかし，通院（週1回）で外出するときには，車いすを押してもらっている。

▪居室の隣にあるトイレまでの移動（1日5回ほど）など，通常は一人で介助なしで行っているが，食堂（1日3回）および浴室（週数回）への車いすでの移動は，介助が行われている。より頻回の状況のため，「1.　介助されていない」と判断。

▪下肢麻痺のため立位はまったくとれないがバリアフリーの住宅であり，移乗時に介助されれば，移動は電動車いすで行う。

がん　胃癌脊髄転移あり，室内は見守りなしで手すりに摑まり行う。2カ月前に2回転倒，疲れやすく，左膝関節の脱力もあるので，今後も転倒の危険がある。

2.　見守り等

▪歩行時にふらつきがあるため，見守りが行われている。

▪パーキンソン病で突進歩行するため，常に家族が見守りを行っている。

▪歩行器を使って移動するが，転倒をくり返しているので家族が見守りをしている。

不適切　本人は，1人で移動を行っているが，転倒があり，医師からも注意を受けている。介護者の妻は足腰が弱く，十分な介助を行うことができないことから，不適切な状況にあると判断。聞き取った転倒の頻度などから，適切な介助方法として「2.　見守り等」を選択した。

3.　一部介助

▪転倒防止のため，介護者が体の一部に手を添えて移動する。

▪車いすを自走するが，廊下と居室間の段差越えが困難なため，介護者が車いすを押して移動する。

▪歩行能力に支障はないと思われるが現在は施設入所中のため，移動の際には，常に介護職員が手を引く介助を行っている。

認知症 施設入所中で，場所の理解ができず，排泄，食堂，入浴等，生活のすべての場面で手を引いて誘導する必要があるため，「3．一部介助」を選択。週2回，手を引いても抵抗することがあり，なだめるまでに10分ほど必要で手間がかかっている。

認知症 認知症のため場所の理解ができないので，生活に必要な移動は介護者が腕を支え行っている。

● 4．全介助

- 寝たきりで，介護者2人が抱きかかえて車いすに移乗し，移動の介助を行っている。
- 車いすの自走が数メートルはできるが，自宅内では時間がかかるので家族による車いす介助が行われているため，「4．全介助」を選択した。
- 自宅内の移動は，通路が狭く，壁や段差越えがあるのですべて介助されている。週2回の外出時は，電動車いすを介助なしで使用している。
- 医学的な理由から，一週間以上にわたり「移動」の機会がまったくない。四肢ともに筋力の低下が顕著であり，車いす自走も不可能と判断し「4．全介助」を選択した。
- 居室内では車いす介助が行われている。ただし外出時は電動車いすを操作し自力で介助なしで行う。
- 重度の寝たきり状態で入浴も禁止され，ベッド上の生活のみであり，移動の機会がまったくない。移動するとしたら全介助なので「4．全介助」を選択した。

異なった選択が生じやすい点

調査対象者の状況	誤った選択	正しい選択と留意点等
医学的な理由から，入浴も禁止されている重度の寝たきり状態で，移動の機会がまったくない状況。四肢に強い麻痺がみられる。	「1．介助されていない」	「4．全介助」を選択。入浴も禁止されるほどの重度の寝たきり状態であり，移動の機会がまったくない場合は，移動が発生した場合を想定して選択。

2-3 えん下 能力

定義

- えん下の能力を評価する項目。
- えん下とは，食物を経口より摂取する際のえん下（飲み込むこと）の能力をいう。
- 必ずしも試行する必要はない。頻回に見られる状況や日頃の様子について，調査対象者や介護者からの聞き取りで選択してもかまわない。

 食物を経口より摂取する際の「えん下」（飲み込むこと）能力

えん下能力を評価（試行せずに聞き取りで確認しても可）

調査上の留意点

- 咀しゃく（噛むこと）や口腔内の状況を評価する項目ではない。
- 食物を口に運ぶ行為について→「2-4 食事摂取」で評価。
- 一定期間（調査日から過去1週間ぐらい）でより頻回に見られる状況や日頃の様子で判断→**特記事項**に日頃の状況等の具体的な内容を記載。
- 固形物か，液体かどうか等，食物の形状（普通食，きざみ食，ミキサー食，流動食等）によって異なる場合も，一定期間中（調査日から過去1週間ぐらい）により頻回に見られる状況や日頃の様子で判断→**特記事項**に日頃の状況等の具体的な内容を記載。
- 居宅での生活時とは異なり，入院・入所後はトロミ食のみを摂取しているため，飲み込みに支障がなくなった場合は，現在の入院・入所後の状況で判断。

選択肢の判断基準

1. できる
   - えん下することに問題がなく，自然に飲み込める場合。
2. 見守り等
   - 「できる」「できない」のいずれにも含まれない場合をいい，必ずしも見守りが行われている必要はない。
3. できない
   - えん下ができない場合，または誤えん（飲み込みが上手にできず肺などに食物等が落ち込む状態）のおそれがあるため，経管栄養（胃ろうを含む）や中心静脈栄養（IVH）等が行われている場合。

警告コード

「えん下」が「3. できない」にもかかわらず
「食事摂取」が「1. 介助されていない」，「薬の内服」が「1. 介助されていない」

どのように質問するか 【食事の時，飲み込みができるかどうかという質問です。】

問いかけの例
・汁物を飲む時にむせたりすることがありますか。
・食事は家族の方と同じ物を食べていますか。
・食べ物にトロミをつける等の工夫をしていますか。

特記事項の記入例

記入内容 ➡
○確認できた状態，選択した理由
○体調不良等，何らかの理由で確認できなかった場合は，その理由と状況
○時間，環境や緊張等により，日頃の状況と異なっていると考えられる場合は，調査時と日頃の具体的な状況
○できたり，できなかったりする場合の頻度と状況
○介護の手間
○固形物か，液体かどうか等，食物の状態（普通食，きざみ食，ミキサー食，流動食）によって異なる場合の，具体的状況
○経管栄養や中心静脈栄養（IVH）の場合

記入例 ➡
● 1. できる

▪汁物の時にむせることがときどきあるが，日頃は問題なく飲み込んでいる。
▪リウマチのためスプーン等を自分で持てず，食物を口に入れる介助は必要であるが，咀しゃくして飲み込むことはできる。
▪居宅では普通食のため喉につまらせることがあり見守っていたが，入院・入所後は，トロミ食のみのため，飲み込みに支障がなくなった。

● 2. 見守り等

▪水分（お茶，みそ汁等）摂取の際，誤えんを起こすので，必ずトロミをつける。食事の際は声かけや見守りをしている。
▪過去に誤えん性肺炎のため入院（6カ月以内）しており，主食は全粥，副食はミキサー状にして，常に見守り声かけをする。
▪普通食を食べるが，毎回むせるため，ゆっくり飲み込むよう見守り声かけをしている。
▪食事の際，目を閉じてしまうので，目を開くよう声かけし，ゴックンと意識しながら飲み込むよう声かけする。

- 食物を口の中にためこみ，なかなか飲み込もうとしないので，声かけが必要である。
- もちを詰まらせたことがあり，必ず見守りを行っている。
- 水分の飲み込みは問題ないが，固形物は誤えんすることが多いので，細かく刻み，種類によりゼリー食としている。摂食時に見守りをする。
- ミキサー食の摂取をゆっくり介助する。痰が多く，吸引器で取りながら行っている。
- 強皮症のため，食事後30分は横になれない。逆流してしまうので見守りを行っている。

認知症 重度の認知症のため，ミキサー食を少量ずつスプーンで口に入れ，一口ずつ「ゴックンして」と指示する。それでも吐き出してしまうこともある。しかし，経管栄養にしたくないため，1回の食事に1時間以上かけて見守りしながら食べさせている。

がん 咽頭癌のため飲み込みに支障がある。家族が見守りをしている。

● 3. できない

- 経管栄養。口の乾燥を防ぐため少量の水分は，スプーンにて介助している。
- 口腔からの摂取はなく，中心静脈栄養（IVH）を行っている。
- えん下ができず胃ろうを造設している。1日3回家族の援助で流動食の注入を行う。摂取後30分程度，上体を起こしておき様子を見ている。
- えん下できない。少量の水分でも誤えんして肺炎を起こしやすいので経鼻カテーテルを挿入している。

異なった選択が生じやすい点

調査対象者の状況	誤った選択	正しい選択と留意点等
普通食ではむせるが，毎食時，トロミをつけているため，むせずに自然に飲み込めており，見守りは行っていない。	「3. できない」	「1. できる」を選択。固形物か，液体かどうか等，食物の形状（普通食，きざみ食，ミキサー食，流動食等）によって異なる場合は，日頃の状況で判断。

2-4 食事摂取　　　　　介助の方法

● **食事摂取の介助が行われているかどうか**を評価する項目。

● 食事摂取とは，食物を摂取する一連の行為をいう。

● 通常の経口摂取の場合は，配膳後，食器から口に入れるまでの行為を意味する。

● 食事摂取の介助には，経管栄養の際の注入行為や中心静脈栄養も含まれる。

食事摂取 ▶ 食物を摂取する一連の行為のこと（通常の経口摂取の場合，配膳後の食器から口に入れるまでの行為）

▼
確認
▼
▼

食事摂取の介助が行われているかどうかを評価（経管栄養の際の注入行為や中心静脈栄養も含まれる）

調査上の留意点

● 食事の量，適切さを評価する項目ではなく，食事摂取の介助が行われているかどうかを評価する項目。

● 調理（厨房・台所でのきざみ食，ミキサー食の準備等），配膳，後片づけ，食べこぼしの掃除等は含まれない。

● エプロンをかける，椅子に座らせる等は含まれない。

● 経管栄養，中心静脈栄養のための介助が行われている場合→「4. 全介助」を選択（特別な医療の要件にも該当する場合は，両方に選択を行う）。

①朝昼夜等の時間帯や体調等によって介助の方法が異なる場合

● 一定期間（調査日から過去1週間ぐらい）でより頻回に見られる状況や日頃の様子で判断→**特記事項**に日頃の状況等の具体的な内容を記載。

②福祉用具（補装具や介護用品等）や器具類を使用している場合

● 福祉用具（補装具や介護用品等）や器具類を使用している場合は，使用している状況で判断。

③「実際の介助の方法」が不適切な場合

● 「介助されていない」状態や「実際に行われている介助」が，対象者にとって「不適切」であると認定調査員が判断する場合→**特記事項**に判断理由を記載の上，適切な「介助の方法」を選択し，介護認定審査会の判断を仰ぐことができる。

● 認定調査員が，「実際に行われている介助が不適切」と判断する場合には，対象者が不適切な状況に置かれていると認定調査員が判断する，さまざまな状況が想定される。

・独居や日中独居等による介護者不在のために適切な介助が提供されていない場合

・介護放棄，介護抵抗のために適切な介助が提供されていない場合

・介護者の心身の状態から介助が提供できない場合

・介護者による介助が，むしろ本人の自立を阻害しているような場合

選択肢の判断基準

1. 介助されていない

● 食事摂取の介助が行われていない場合。

2. 見守り等

●食事摂取の介助は行われていないが，見守り等が行われている場合。

●見守り等とは，常に付き添いの必要がある見守りや，行為の「確認」「指示」「声かけ」「皿の置き換え」等のことである。

3. 一部介助

●食事摂取の行為の一部のみに介助が行われている場合。

●食卓で小さく切る，ほぐす，皮をむく，魚の骨をとる等，食べやすくするための介助や，スプーン等に食べ物を乗せる介助が行われている場合も含む。

●「一部」について，時間の長短は問わない。

●「一部」とは，1回ごとの食事における一連の行為中の「一部」のことで，朝昼夜等の時間帯や体調等によって介助の方法が異なる場合は，「調査上の留意点」「特記事項の記入例」に従って判断。

4. 全介助

●食事摂取の介助のすべてが行われている場合。

警告コード

「食事摂取」が「1. 介助されていない」にもかかわらず

「えん下」が「3. できない」

どのように質問するか　　【食事は自分で食べられるかという質問です。】

問いかけの例　　・食事は自分で食べていますか。食べこぼしたりしませんか。

・食事の時，家族の方が手伝っていますか。

・食事の時，何（箸・スプーン等）で食べていますか。

・食事の時間は，いつもどのくらいかかりますか。

【認知症高齢者の着眼点】

・食事の時に指示や見守りが行われている場合は，その理由・状況（遊ぶ，詰め込みすぎ，介護者への暴行・抵抗等）を聞き取る→「特記事項」。

 **特記事項の記入例**

記入内容　→　○介助の有無や，本人の介助の拒否など（介護の手間）の状況と頻度

○時間帯等により介助の方法が異なる場合の，具体的な状況と頻度

○介助が明らかに過剰，または不足していると判断した理由や具体的な状況

○経腸栄養剤を食事として摂取している場合，その時間

○食事の介護と調理の区別の判断に迷った場合，その状況

○経管栄養や中心静脈栄養（IVH）の場合等

記入例 →

● 1. 介助されていない

- 特殊食器を使用して，工夫しながら，自力摂取している。
- 右片麻痺のため箸は使用できず，スプーンを使用して自分で最後まで食べている。
- 食事は介助なしに摂れているが，カロリーが少なく栄養のバランスが悪いため，経腸栄養剤を飲用している。
- 自分で経管栄養の準備・摂取を行っている。
- 通常は介助なしで行っている。朝食では，最初の数口を介助者が口まで運んでいる。頻度から「1. 介助されていない」を選択した。
- 一人で自助具を使用して食べている。
- がん すい臓癌末期と診断されているが，経口摂取を自力で行っている。

● 2. 見守り等

- 摂食動作は可能であるが，食物をむやみに口の中に詰め込み，チアノーゼを起こしたことがあるため，常に見守りながら声かけをしている。
- 右上肢麻痺があり，左手で摂食するが動作がゆっくりしているため，1回の食事に約40分位かけている。声かけや見守りをしている。
- 常時，自分で摂取。頭が常に下方を向いており，視野が狭く手前の皿しかみえず，奥に置いてある皿を介護者が手前にしている。義歯が合わず時間を要し，食べこぼしもあるため，見守りをしている。
- 認知症 一人で食べると，食べ物を持ったままきょろきょろしてしまうため，指示しながら注意が散漫にならないように見守りしている。
- 認知症 自分で箸を使って摂取するが，放っておくと同じ物ばかり食べたり，立ち上がって食べたりするので，見守りや声かけが必要である。

● 3. 一部介助

- 本人の食事ペースに任せると，1回の食事に約1時間を要するので，ときどき声かけし，一部介助を行っている。
- 主食・副食等の固形物は自力にて摂取するが（スプーン使用），お椀は持ち上げられず，介助されている。
- 食事摂取の動作は自力で可能であるが，座位保持時間が20分程度であるため，後半はほとんど介助をされている。
- 視覚障害（全盲）のため，配膳時に，主・副食の内容や位置を説明し，途中で食器を移動する介助を行っている。みそ汁等の器は，家族（介護者）が本人の手にのせている。

- 食事摂取についての介助は行われていないが，手元が不安定なため，スプーンに食べ物をのせる介助をテーブルで付き添って行っているため「3. 一部介助」を選択。

- 不適切　本人の拒否が強く，介助をしようとしても手を払いのけるなどの抵抗がみられる。振戦があるため，うまく口に運べず，食べこぼしが多いため，不適切な状況にあると判断した。本来の適切な介助の方法として「3. 一部介助」が必要な状況と判断した。

- 認知症　テーブルに配膳しても，食物であることが認識できず，遊んでしまうため，最初の数分間は介助し，その後声かけして食べるように促す。

- 認知症　食べることを理解せず，こねてしまったり，遊んでしまうこともあるので，見守りや指示をし，半量くらいは介助する。

4.　全介助

- ゆっくり一口ずつ，声かけしながら食事の全過程を介助している。
- 胃ろう（経管栄養）による栄養摂取を1日に3回家族の介助で行っている。
- 毎食，介助者が経管栄養にて栄養剤を注入している。
- 本人一人で行うと時間がかかるので，介護者である妻がすべて介助している。
- 施設に入所しており，食事の半量程度は自力で接取できると思われるが，施設の都合によりすべて介助している。
- 中心静脈栄養（IVH）が介助で行われており食事摂取の介助は行われない。
- 経口摂取が主治医により禁じられており，中心静脈栄養（IVH）の介助で，口腔からの摂取はまったくない。

- 認知症　全介助にて摂取しているが，認知症のため食事中に突然家族（介護者）の腕をつかんだり，みそ汁等の食器を振り払ったりするので，注意が必要である。

- 認知症　認知症のため目の前の食品に次々に手を出してつかんでしまうので，目を離さず，全介助している。

異なった選択が生じやすい点

調査対象者の状況	誤った選択	正しい選択と留意点等
中心静脈栄養のみで，経口での食事はまったく摂っていない。	「1. 介助されていない」	「4. 全介助」を選択。経口摂取が禁じられており，中心静脈栄養のみを行って，経口摂取をまったく行っていない場合は，介助自体が発生していないため，「4. 全介助」を選択。

2-5 排尿

介助の方法

定義

- 排尿の介助が行われているかどうかを評価する項目。
- 排尿とは,「排尿動作（ズボン・パンツの上げ下げ,トイレ,尿器への排尿)」「陰部の清拭」「トイレの水洗」「トイレやポータブルトイレ,尿器等の排尿直後の掃除」「オムツ,リハビリパンツ,尿とりパッドの交換」「抜去したカテーテルの後始末」の一連の行為をいう。

排尿
▼
▼
▼
▼
確認
▼
▼
▼
▼
▼

「排尿動作（ズボン・パンツの上げ下げ,トイレ,尿器への排尿)」「陰部の清拭」「トイレの水洗」「トイレやポータブルトイレ,尿器等の排尿後の掃除」「オムツ,リハビリパンツ,尿とりパッドの交換」「抜去したカテーテルの後始末」の一連の行為のこと

排尿の介助が行われているかどうかを評価

調査上の留意点

- 尿意の有無は問わない。
- トイレやポータブルトイレ,尿器等の排尿直後の掃除は含まれるが,トイレの日常的な掃除は含まれない。
- 使用したポータブルトイレの後始末を一括して行う場合は,排尿の直後であるかどうかや,その回数にかかわらず「排尿後の後始末」として評価する。
- トイレまでの移動に関する介助→「2-2 移動」で評価。
- トイレ等へ誘導するための「確認」「指示」「声かけ」は,「2. 見守り等」として評価する。
- トイレやポータブルトイレへの移乗に関する介助→「2-1 移乗」で評価。
- 失禁した場合の衣服の着替えに関する介助→「2-10上衣の着脱」「2-11ズボン等の着脱」で評価。

①朝昼夜等の時間帯や体調等によって介助の方法が異なる場合

- 一定期間（調査日から過去1週間ぐらい）でより頻回に見られる状況や日頃の様子で判断→**特記事項**に日頃の状況等の具体的な内容を記載。

②福祉用具（補装具や介護用品等）や器具類を使用している場合

- 福祉用具（補装具や介護用品等）や器具類を使用している場合は,使用している状況で判断。
- オムツや尿カテーテル等を使用していても,自分で準備から後始末まで行っている場合→「1. 介助されていない」を選択。

③調査対象の行為自体が発生しない場合

- 人工透析を行っている等で,排尿がまったくない場合は,介助自体が発生していない→「1. 介助されていない」を選択。

④「実際の介助の方法」が不適切な場合

- 「介助されていない」状態や「実際に行われている介助」が,対象者にとって「不適切」であると認定調査員が判断する場合→**特記事項**に判断理由を記載の上,適切な「介助の方法」

を選択し，介護認定審査会の判断を仰ぐことができる。

● 認定調査員が，「実際に行われている介助が不適切」と判断する場合には，対象者が不適切な状況に置かれていると認定調査員が判断する，さまざまな状況が想定される。

・独居や日中独居等による介護者不在のために適切な介助が提供されていない場合

・介護放棄，介護抵抗のために適切な介助が提供されていない場合

・介護者の心身の状態から介助が提供できない場合

・介護者による介助が，むしろ本人の自立を阻害しているような場合

選択肢の判断基準

1. 介助されていない

● 排尿の介助が行われていない場合。

2. 見守り等

● 排尿の介助は行われていないが，見守り等が行われている場合。

● 見守り等とは，常に付き添いの必要がある「見守り」「確認」「指示」「声かけ」や，認知症高齢者等をトイレ等へ誘導するために必要な行為の「確認」「指示」「声かけ」等のこという。

3. 一部介助

● 排尿の一連の行為に部分的に介助が行われている場合。

4. 全介助

● 調査対象者の排尿の介助のすべてが行われている場合。

警告コード

「排尿」が「1. 介助されていない」にもかかわらず

「視力」が「5. 判断不能」，「聴力」が「5. 判断不能」

どのように質問するか　【排尿の一連の行為はどのようにされているのかという質問です。】

（問いかけの例）

・下着は自分で下ろしますか。

・排尿の後，自分で水を流しますか。

・トイレに行った後で，便器の周りが汚れていて，家族の方が掃除をすることがありますか。

・オムツを使っていますか（尿取りパッドを使っていますか）。

・下着が汚れていることはありますか。

【認知症高齢者の着眼点】

・排尿後に水を流しているかどうかを確認する。

・独居の場合には，居室内の臭気等についても観察する。

・認知症が疑われる場合は，自発的にトイレ（ポータブルトイレ）に行ったり，移動が困難な場合には尿意の訴えがあるかどうか，そしてそれらが実際に排尿につながっているかを確認する。

特記事項の記入例

 ○介助の有無や，本人の介助の拒否など（介護の手間）の状況と頻度
○時間帯等により介助の方法が異なる場合の，具体的な状況と頻度
○介助が明らかに過剰，または不足していると判断した理由や具体的な状況
○頻尿があって，それにより介護の必要性が突出すると判断する場合

記入例

● 1. 介助されていない

- 尿失禁があり，尿取りパッドを使用しているが，交換は自力で行っている。
- 片麻痺があるが，トイレに行き介助なしに排尿をすることができる。
- 膝の拘縮があるが，自分でトイレに行きウォシュレットで陰部を洗うことができる。
- 自己導尿している。
- 尿カテーテルを使用しているが，自分で準備から後始末まで行っているため，「1. 介助されていない」を選択。ただ，月に数日，体調が悪いときなどは介護者である妻が後始末を行っている。
- 人工透析を行っており，排尿がまったくない（排泄介助は行われていない）。

● 2. 見守り等

- トイレで排尿するが，たまに便器の周囲を汚すため，家族（介護者）が見守りながら行っている。
- **不適切** 独居である調査対象者は自分でトイレに行けると言うが，下着への尿失禁がある。尿臭が強く，不適切な状況にあると判断した。身体機能に制限はないことなどから，適切な介助の方法として「2. 見守り等」を選択。
- **認知症** 排尿行為に介助は行われていないが，トイレに行くタイミングがわからない。定期的に声かけを行っていることから，「2. 見守り等」を選択した。
- **認知症** 介助はないが，排尿後に陰部を拭かずにそのまま下着をつけてしまうので，いつも下着が汚れている。1日2回は下着交換をするように声かけしている。

● 3. 一部介助

- ベッドサイドにポータブルトイレを設置し，自力で排尿しているが，処理は排尿の度に家族（介護者）が行っている。
- ベッドサイドに尿器をおき，自分で使用している。処理，洗浄は家族が行

113

っている。

- 尿失禁時のリハビリパンツの交換は介助が必要であるが，定時排尿時は自分で後始末ができる。
- 尿失禁があるため，排尿後の後始末やポータブルトイレの処理は家族（介護者）が行っている。
- 介助なしに行っているが，床に尿が飛び散る量が多く，家族は気づいたときに（1日1回程度）トイレの床を拭いていることから「3. 一部介助」を選択。
- 左片麻痺であるが，排尿動作は全てポータブルトイレで自分で行う。ポータブルトイレの処理は1日1回訪問するヘルパーが行っている。

不適切 本人は自分で行っていると話すが，独居であり，室内の尿臭がひどい状況であり，適切な介助が行われていないため，排尿の介助が必要と判断した。

◉ 4. 全介助

- 寝たきりのため紙オムツを使用し，日に7回交換している。
- バルーンカテーテルが挿入されており，1日2回（8:00, 20:00），家族（介護者）が尿量をチェックし，処理している。
- 紙オムツ（パンツタイプ）と尿取りパッドを使用し，尿取りパッドの交換，陰部の清拭は介助にて行う。
- 排尿後の後始末を自分では行わず，家族（介護者）が介助し，下着の上げ下げも介助している。

認知症 認知症のため，トイレ以外で排尿することが多い。掃除・排尿後の後始末も含め家族が行う。本人が動き出したときは必ず様子をみている。

認知症 認知症のため尿失禁があり，オムツを当ててもいやがり取ってしまう。その都度，身体を清潔にし更衣をするなど，全介助が必要となる。

認知症 場所がわからず放尿することが1日1回以上はあり，そわそわと動き出した時に誘導する。水は流さないため，その都度介護者が流している。

異なった選択が生じやすい点

調査対象者の状況	誤った選択	正しい選択と留意点等
人工透析で，排尿がまったくない。	「4. 全介助」	「1. 介助されていない」を選択。排尿自体がまったくない場合は，介助自体が発生していないため，「1. 介助されていない」を選択。

2-6 排便

介助の方法

定　義

●排便の介助が行われているかどうかを評価する項目。

●排便とは「排便動作（ズボン・パンツの上げ下げ，トイレ，排便器への排便）」「肛門の清拭」「トイレの水洗」「トイレやポータブルトイレ，排便器等の排便直後の掃除」「オムツ，リハビリパンツの交換」「ストーマ（人工肛門）袋の準備，交換，後始末」の一連の行為のことをいう。

排便 ▶ 「排便動作（ズボン・パンツの上げ下げ，トイレ，排便器への排便）」「肛門の清拭」「トイレの水洗」「トイレやポータブルトイレ，排便器等の排便後の掃除」「オムツ，リハビリパンツの交換」「ストーマ（人工肛門）袋の準備，交換，後始末」の一連の行為のこと

確認

排便の介助が行われているかどうかを評価

調査上の留意点

●トイレやポータブルトイレ，排便器等の排便直後の掃除は含まれるが，トイレの日常的な掃除は含まれない。

●使用したポータブルトイレの後始末を一括して行う場合は，排便の直後であるかどうかや，その回数にかかわらず「排便後の後始末」として評価する。

●トイレまでの移動に関する介助→「2-2 移動」で評価。

●トイレ等へ誘導するための「確認」「指示」「声かけ」→「2. 見守り等」として評価。

●トイレやポータブルトイレへの移乗に関する介助→「2-1 移乗」で評価。

●失禁した場合の衣服の着替えに関する介助→「2-10上衣の着脱」「2-11ズボン等の着脱」で評価。

●浣腸や摘便等の行為そのものは含まれないが，これらの行為に付随する排便の一連の行為は含まれる。

①朝昼夜等の時間帯や体調等によって介助の方法が異なる場合

●一定期間（調査日から過去1週間ぐらい）でより頻回に見られる状況や日頃の様子で判断→**特記事項**に日頃の状況等の具体的な内容を記載。

②福祉用具（補装具や介護用品等）や器具類を使用している場合

●福祉用具（補装具や介護用品等）や器具類を使用している場合は，使用している状況で判断。

③「実際の介助の方法」が不適切な場合

●「介助されていない」状態や「実際に行われている介助」が，対象者にとって「不適切」であると認定調査員が判断する場合→**特記事項**に判断理由を記載の上，適切な「介助の方法」を選択し，介護認定審査会の判断を仰ぐことができる。

●認定調査員が，「実際に行われている介助が不適切」と判断する場合には，対象者が不適切な状況に置かれていると認定調査員が判断する，さまざまな状況が想定される。

　・独居や日中独居等による介護者不在のために適切な介助が提供されていない場合

・介護放棄，介護抵抗のために適切な介助が提供されていない場合
・介護者の心身の状態から介助が提供できない場合
・介護者による介助が，むしろ本人の自立を阻害しているような場合

選択肢の判断基準

1. 介助されていない

　排便の介助が行われていない場合。

2. 見守り等

　排便の介助は行われていないが，見守り等が行われている場合をいう。

　見守り等とは，常に付き添いの必要がある「見守り」「確認」「指示」「声かけ」や，認知症高齢者等をトイレ等へ誘導するために必要な行為の「確認」「指示」「声かけ」等のことをいう。

3. 一部介助

　排便の一連の行為に部分的な介助が行われている場合。

4. 全介助

　調査対象者の排便の介助のすべてが行われている場合。

警告コード

「排便」が「1. 介助されていない」にもかかわらず

　「視力」が「5. 判断不能」，「聴力」が「5. 判断不能」

どのように質問するか　　【排便の一連の行為はどのようにされているのかという質問です。】

問いかけの例
・トイレには自分で行きますか。
・下着は自分で下ろしますか。
・排便の後始末は自分でできますか。
・水を流しますか。
・トイレに行った後で，便器や周りが汚れていて，家族の方が掃除をすることがありますか。
・オムツを使っていますか。

【認知症高齢者の着眼点】

・排便後に水を流しているかどうかを確認する。
・独居の場合には，居室内に臭気や汚れ等についても観察する。
・認知症が疑われる場合は，自発的にトイレ（ポータブルトイレ）に行ったり，移動が困難な場合には便意の訴えがあるかどうか，そしてそれらが実際に排便につながっているかを確認する。

✎ 特記事項の記入例

 ○介助の有無や，本人の介助の拒否など（介護の手間）の状況と頻度
○時間帯等により介助の方法が異なる場合の，具体的な状況と頻度
○介助が明らかに過剰，または不足していると判断した理由や具体的な状況
○軟便のため，それにより介護の必要性が突出すると判断する場合

記入例 ➡ **● 1. 介助されていない**

- 片麻痺があるが，健側の手で排便後の後始末を自分で行える。
- トイレまで車いすで行き，排便後の拭きとりも自分でできる。
- 排便後の後始末はウォシュレットで行い，操作も自分でしている。
- 人工肛門のパウチ交換を自分で行っている。
- トイレまでの移動は介助が行われているが，排便行為には介助が行われていない。
- 通常，トイレへの移動以外は介助なしに行っている。下剤を数日毎に服用するため，服用後はポータブルトイレを使用。ズボンの上げ下げの介助が行われている。頻度から勘案し「1. 介助されていない」を選択。
- 人工肛門（ストーマ）を使用しているが，自分でストーマ袋の準備，交換，後始末まで行っている。

● 2. 見守り等

- 排便行為から後始末まで自分で行うが，転倒予防のため，家族が見守りしている。
- 排便後に介護者がペーパーを渡し，自分で拭くよう指示している。
- 認知症 排便後に肛門を拭く行為をせずに，そのまま下着を上げてしまうので，見守りして指示している。
- 認知症 排便行為に介助は行われていないが，トイレに行くタイミングがわからない。定期的に声かけを行っていることから「2. 見守り等」を選択する。

● 3. 一部介助

- 全盲のため，ズボンの上げ下ろし等は行うが，完全には拭けず，最終的には家族（介護者）が拭く。
- 下肢筋力が低下しているため，ポータブルトイレを使用して排便している。

便の処理は1日1回家族が行っている。

▪ ポータブルトイレに自分で移乗し排便しており，汚物処理を家族がその都度行っている。

▪ 便意はあるがトイレまで間に合わず，リハビリパンツを汚してしまうので家族が取り替える。

不適切 調査時に独居の調査対象者のズボンに便が付いていたことを確認した。本人は，一人でトイレで排便しているというが，排便後の始末やズボンの上げ下げの介助が必要と考えた。適切な介助の方法として「3. 一部介助」を選択。

不適切 独居で生活している。動作は緩慢で服からは便臭がひどく，着替えも行っていない。その状況から介助が必要と判断し，「3. 一部介助」を選択した。

認知症 認知症のため，水を流す行為を忘れている。その都度介護者が流している。

4. 全介助

▪ 寝たきりのため紙オムツを使用し，交換は介護者が行う。太っているため横向きで行うが，清潔を保つのに時間がかかる。

▪ 脳性麻痺のため，人工肛門を造設している。パウチの交換は介護者が毎日行っている。

▪ 車いすでトイレまで移動し，介助で便座へ移乗させ排便する。ズボンの上げ下ろしや，排泄後の拭く行為も介助されている。

▪ 差し込み便器を使用しており，ベッド上にセットしたり，排便後の処理は家族（介護者）が行う。

▪ 排便行為は週1回，看護師が摘便を行う。ズボンの上げ下げ，肛門の清拭に介助が行われている。

▪ 入所中で，関節リウマチである。拭き取りやズボンの上げ下げに時間がかかるため，職員がすべての介助を行っている。

認知症 トイレに一人で入るが排便行為が理解できないため，トイレ内を便だらけにする。家族がつききりで介助し，その都度後始末も行う。

異なった選択が生じやすい点

調査対象者の状況	誤った選択	正しい選択と留意点等
人工肛門で，ストーマ袋の準備，片付けは介護者がしているが，ストーマ袋の交換は一人でできる。	「1. 介助されていない」	「3. 一部介助」を選択。人工肛門（ストーマ）の場合は，ストーマ袋の準備，ストーマ袋の交換，片付けも含む。

2-7 口腔清潔 介助の方法

定　義

●口腔清潔の介助が行われているかどうかを評価する項目。

●口腔清潔とは，歯磨き等の一連の行為のことで，「歯ブラシやうがい用の水を用意する」「歯磨き粉を歯ブラシにつける等の準備」「義歯をはずす」「うがいをする」等のことをいう。

口腔清潔 ▶

▼
▼
確認
▼
▼

歯磨き等の一連の行為で，「歯ブラシやうがい用の水を用意する」「歯磨き粉を歯ブラシにつける等の準備」「義歯をはずす」「うがいをする」等のこと

口腔清潔の介助が行われているかどうかを評価

調査上の留意点

●洗面所への誘導，移動は含まれない。

●洗面所周辺の掃除等は含まれない。

●義歯の場合は，義歯の清潔保持に関する行為で選択。

●歯磨き粉を歯ブラシにつけない，口腔清浄剤を使用している等の場合も「口腔清潔」に含む。

①朝昼夜等の時間帯や体調等によって介助の方法が異なる場合

●一定期間（調査日から過去1週間ぐらい）でより頻回に見られる状況や日頃の様子で判断→**特記事項**に日頃の状況等の具体的な内容を記載。

②福祉用具（補装具や介護用品等）や器具類を使用している場合

●福祉用具（補装具や介護用品等）や器具類を使用している場合は，使用している状況で判断。

③「実際の介助の方法」が不適切な場合

●「介助されていない」状態や「実際に行われている介助」が，対象者にとって「不適切」であると認定調査員が判断する場合→**特記事項**に判断理由を記載の上，適切な「介助の方法」を選択し，介護認定審査会の判断を仰ぐことができる。

●認定調査員が，「実際に行われている介助が不適切」と判断する場合には，対象者が不適切な状況に置かれていると認定調査員が判断する，さまざまな状況が想定される。

　・独居や日中独居等による介護者不在のために適切な介助が提供されていない場合

　・介護放棄，介護抵抗のために適切な介助が提供されていない場合

　・介護者の心身の状態から介助が提供できない場合

　・介護者による介助が，むしろ本人の自立を阻害しているような場合

選択肢の判断基準

1．介助されていない

●口腔清潔の介助が行われていない場合。

2．一部介助

●一連の行為に部分的に介助が行われている場合をいう。

●見守り等（確認，指示，声かけ）が行われている場合も含まれる。

●歯磨き中の指示や見守り，磨き残しの確認が必要な場合を含む。

●義歯の出し入れはできるが，義歯を磨く動作は介護者が行っている場合も含む。

3. 全介助

●口腔清潔すべてに介助が行われている場合をいう。

●介護者が，本人が行った個所を含めてすべてをやりなおす場合も含む。

●介護者が歯を磨いて，口元までコップを運び，本人は口をすすいで吐き出す行為だけができる場合→「3. 全介助」を選択。

（どのように質問するか）　【毎日の身だしなみを，どのようにしているかという質問です。】

（問いかけの例）
・歯磨きは自分でしますか。

・入れ歯の手入れはどのようにしていますか。

・食事の後，口をすすぎますか（歯のない方には）。

・歯磨きはどのようにしていますか。

【認知症高齢者の着眼点】

・機能的な能力があっても清潔にする意欲や理解がなく，行っていない場合は，介助の状況に基づいて判断する。

・身だしなみ等の状況により，聞き取りを補充する。

特記事項の記入例

（記入内容）→　○介助の有無や，本人の介助の拒否など（介護の手間）の状況と頻度
　　　　　　　○時間帯等により介助の方法が異なる場合の，具体的な状況と頻度
　　　　　　　○介助が明らかに過剰，または不足していると判断した理由や具体的な状況

（記入例）→　● 1. 介助されていない

▪歯磨きの習慣はないが，うがいを行っている。

▪歯磨きは嫌いで，1週間に1回程度しか行わないが自分で行っている。

▪義歯の手入れは洗浄液につけているが，歯ブラシは使わず自分で行っている。

▪自歯も義歯もなく，食後にお茶を飲むことですませている。

▪自助具の歯ブラシと，持ちやすいコップを使用して介助なしで行っている。

- 歯磨き粉を歯ブラシにつけて歯を磨くことはせず，口腔清浄剤を使用しているが，介助は行われていない。
- 以前からの生活習慣で，歯磨き等をまったく行っていない。

2. 一部介助

- 上は義歯，下は部分義歯。介護者が指示すれば，残歯の歯磨きは行えるが，義歯の手入れは介護者が行う。
- 入れ歯は自分で取り外し，妻がそばでつきっきりで声かけをすると自分で洗う。
- 寝たきりのためベッド上で行う。介護者が歯ブラシ，歯磨き粉，コップを準備，片づけ等をする。
- 歯ブラシに歯磨き粉をつけて渡すと自分で磨くことができるが，声かけをしている。
- 右片麻痺がある。左手で磨くが利き手でないため，家族が磨き残しの確認をしている。
- 身体的な支障，認知症もないが，施設の方針で物品の準備は介助する。
  - 認知症 認知症のため，自ら行うことはなく物品を用意して声かけを要する。
  - 認知症 認知症のため，手に歯ブラシを持たせ，声かけをして，家族が同じ動作をするとできる。
  - がん 身体的な支障はないが，末期がんのため動作が辛く，介護者が物品の準備と動作を促すなどの介助を行う。

3. 全介助

- 寝たきりのため，妻（夫）が口腔清潔に関する介護を行っている。
- 植物状態のため，介護者が口腔用綿棒とガーゼで，口の中を拭き取り，残った水分を吸引している。
- 自分で歯を磨くことはできるが，日頃は時間がかかるため家族が全介助している。
- リウマチで手指の変形があり，歯ブラシを持つことができず，義歯の洗浄は家族が行っている。
- 一人で口腔清潔を行うことは可能だと思われるが，現在は入所中で，施設での介護業務の関係から，義歯の着脱と洗浄等の介助が行われている。
  - 不適切 認知症 以前は歯磨きを行っていたが，妻が亡くなってから習慣がなくなったという。現在，独居のため介助が行われていないが，口臭も強く，不適切な状況にあると判断し，適切な介助の方法を選択。初期の認知症の

周辺症状も見られることから「3. 全介助」が適切と判断した。

不適切 認知症 1週間以上にわたり歯磨きなどの口腔のケアが行われていないが，歯ぐきが腫れており，不適切な状況にあると判断される。上肢拘縮の状況から「2. 一部介助」では困難と判断し，適切な介助の方法として「3. 全介助」を選択した。

認知症 歯磨き行為が理解できず，歯ブラシを拒否し口を開かないため，シャワー状に水が出る器具を使用し，家族二人がかりで介助している。

認知症 認知症のため自ら歯磨きを行うことはなく，家族（介護者）が全介助している。

異なった選択が生じやすい点

調査対象者の状況	誤った選択	正しい選択と留意点等
介護者が歯を磨き，口元までコップを運び，本人は口をすすいで吐き出す行為のみできる。	「2. 一部介助」	「3. 全介助」を選択。 介護者が歯を磨き，口元までコップを運び，本人は口をすすいで吐き出す行為のみできる場合は「3. 全介助」を選択。

2-8 洗顔

定　義

- 洗顔の介助が行われているかどうかを評価する項目。
- 洗顔とは，洗顔の一連の行為のこという。
- 一連の行為とは，「タオルの準備」「蛇口をひねる」「顔を洗う」「タオルで拭く」「衣服の濡れの確認」等の行為をいう。
- 「蒸しタオルで顔を拭く」ことも含む。

洗顔 ▶

▼

▼

確認

▼

▼

洗顔の一連の行為で，「タオルの準備」「蛇口をひねる」「顔を洗う」「タオルで拭く」「衣服の濡れの確認」等の行為をいう。また，「蒸しタオルで顔を拭く」ことを含む

洗顔の介助が行われているかどうかを評価

調査上の留意点

- 洗面所への誘導，移動は含まれない。
- 洗面所周辺の掃除等は含まれない。

①朝昼夜等の時間帯や体調等によって介助の方法が異なる場合

- 一定期間（調査日から過去1週間ぐらい）でより頻回に見られる状況や日頃の様子で判断→**特記事項**に日頃の状況等の具体的な内容を記載。

②福祉用具（補装具や介護用品等）や器具類を使用している場合

- 福祉用具（補装具や介護用品等）や器具類を使用している場合は，使用している状況で判断。

③調査対象の行為自体が発生しない場合

- 洗顔を行う習慣がない等の場合は，入浴後に顔をタオル等で拭く介助や，ベッド上で顔を拭く行為などの類似行為で代替して評価する。
- 通常の洗顔行為がある場合は，これらの行為を評価対象には含まない。

④「実際の介助の方法」が不適切な場合

- 「介助されていない」状態や「実際に行われている介助」が，対象者にとって「不適切」であると認定調査員が判断する場合→**特記事項**に判断理由を記載の上，適切な「介助の方法」を選択し，介護認定審査会の判断を仰ぐことができる。
- 認定調査員が，「実際に行われている介助が不適切」と判断する場合には，対象者が不適切な状況に置かれていると認定調査員が判断する，さまざまな状況が想定される。
  - ・独居や日中独居等による介護者不在のために適切な介助が提供されていない場合
  - ・介護放棄，介護抵抗のために適切な介助が提供されていない場合
  - ・介護者の心身の状態から介助が提供できない場合
  - ・介護者による介助が，むしろ本人の自立を阻害しているような場合

選択肢の判断基準

1. 介助されていない
   - 洗顔の介助が行われていない場合。
2. 一部介助

- 一連の行為に部分的に介助が行われている場合をいう。
- 見守り等（確認，指示，声かけ）が行われている場合も含まれる。
- 洗顔中の見守り等，衣服が濡れていないかの確認等が行われている場合を含む。
- 蒸しタオルで顔を拭くことはできるが，蒸しタオルを準備してもらうなどの介助が発生している場合も含まれる。

3. 全介助
- 洗顔のすべての介助が行われている場合をいう。
- 介護者が，本人が行った個所を含めてすべてをやりなおす場合も含む。

警告コード
「洗顔」が「3. 全介助」にもかかわらず
「つめ切り」が「1. 介助されていない」，「洗身」が「1. 介助されていない」，「簡単な調理」が「1. 介助されていない」

どのように質問するか　【毎日の身だしなみを，どのようにしているかという質問です。】

問いかけの例
・洗顔は洗面所でしていますか。
・朝起きて自分で顔を洗っていますか。
・顔は，蒸しタオルを使って拭いていますか。
・顔を洗う時は，（家族に）手伝ってもらいますか。

【認知症高齢者の着眼点】
・機能的な能力があっても清潔にする意欲や理解がなく，行っていない場合は，介助の状況に基づいて判断する。
・身だしなみ等の状況により，聞き取りを補充する。

 特記事項の記入例

記入内容 →
○介助の有無や，本人の介助の拒否など（介護の手間）の状況と頻度
○時間帯等により介助の方法が異なる場合の，具体的な状況と頻度
○介助が明らかに過剰，または不足していると判断した理由や具体的な状況

記入例 → ● 1. 介助されていない
- 普段は洗顔をしないが，1週間に1回程度入浴時に自分で行う。
- 手指に麻痺等があり，自助具のタオル（洗い用と拭き用）を使用し，介助

なしで行っている。
- 以前からの生活習慣で，洗顔をまったく行っていない。
- 認知症 まだらな高次脳機能低下のため洗顔はしないが，化粧水を自分でつけて洗顔の代りにしている。

2. 一部介助

- 家族が声かけをすると2日に1回は自分で行うが，不完全なためタオルで拭く介助を行っている。
- 片麻痺があり自分で行っているが，洗い残しの部分を家族が介助している。
- 声かけをすると洗顔自体は行えるが，衣類の袖を濡らしてしまうことがあるので，家族が必ず確認をしている。
- ベッド上での生活のため，妻が蒸しタオルを手渡せば，自分で拭ける。
- 不適切 独居のため介護者がいないが，調査時，目やにが付着している状況であり，不適切な状況であると考えられ，蒸しタオルを手渡す介助が必要と判断した。
- 不適切 独居で過去1週間にわたり，洗顔していないとのことだが，目脂がたまっており，不適切な状況にあると考えられる。洗濯物の片付けは週に数回訪問する娘の介助を受けているため，適切な介助の方法として，タオルの準備などの「2. 一部介助」が必要と判断した。
- 認知症 認知症のため自ら行うことはなく，物品の準備，声かけ見守りをしている。
- 認知症 認知症のため何回も洗い続けるので，家族がタオルを渡し，拭くように声かけをする。
- がん 身体的な支障はないが，末期がんのため動作が辛く，介護者が物品の準備と動作を促すなどの介助を行う。

3. 全介助

- 植物状態のため全介助で行っている。
- 身体的な支障や認知症もないが，高齢で妻がおしぼりで顔を拭いている。
- リウマチで両手指の変形があり，握力も弱いため，全介助している。
- 寝たきりのためベッドで行うが，清潔への意欲がなく全介助している。
- 介助者が高齢であり，洗顔に関する介護は行っていない。本人は植物状態のため2/w訪問入浴介護を受け，その時に顔を拭いているため，全介助とした。
- 蒸しタオルで顔を拭く等，洗顔の介助が介護職員によって行われる。

- 1週間以上にわたり洗面所での洗顔は行われていない。ベッド上で，蒸しタオルで顔を拭く介助が毎日行われていることから，類似の行為で代替して評価し，「3．全介助」を選択する。
- 上肢に支障がなく，本人は顔を洗えると思われるが，洗面所や衣服を汚されることを嫌って家族が全介助している。

  認知症 認知症のため，顔に水がかかることを嫌い，指先を濡らし頬に水をつける行為を洗顔としている。その後，職員がタオルで拭いている。

  認知症 顔を洗うということが理解できず，蒸しタオルを渡しても遊んでしまうので全介助している。

  がん 身体的な支障はないが，末期がんのため動作が辛く，介護者が物品の準備をして拭くなどの介助を行う。

異なった選択が生じやすい点

調査対象者の状況	誤った選択	正しい選択と留意点等
自分で顔を拭くことはできると思えるが，十分な清潔保持のため，介護職員が蒸しタオルで顔を拭く介助が行われている。	「2．一部介助」	「3．全介助」を選択。自分で蒸しタオルを使って顔を拭くことはできると思えても，実際には，十分な清潔保持等の理由から，蒸しタオルで顔を拭く等，洗顔の介助が介護職員によって行われている場合には，「3．全介助」を選択。

2-9　整髪　　介助の方法

定　義

- 整髪の介助が行われているかどうかを評価する項目。
- 整髪とは，「ブラシの準備」「整髪料の準備」「髪をとかす」「ブラッシングする」等の整髪の一連の行為をいう。

移動 ▶ 「ブラシの準備」「整髪料の準備」「髪をとかす」「ブラッシングする」等の「整髪」の一連の行為

確認

整髪の介助が行われているかどうかを評価

調査上の留意点

- 洗面所等，鏡がある場所への誘導，移動は含まれない。
- 洗面所周辺の掃除等は含まれない。

①朝昼夜等の時間帯や体調等によって介助の方法が異なる場合

- 一定期間（調査日から過去1週間ぐらい）でより頻回に見られる状況や日頃の様子で判断→**特記事項**に日頃の状況等の具体的な内容を記載。

②福祉用具（補装具や介護用品等）や器具類を使用している場合

- 福祉用具（補装具や介護用品等）や器具類を使用している場合は，使用している状況で判断。

③調査対象の行為自体が発生しない場合

- 頭髪がない場合，または，短髪で整髪の必要がない場合，入浴後に頭部をタオル等で拭く介助や，ベッド上で頭を拭く行為などで代替して評価する。
- 通常の整髪行為がある場合は，これらの行為を評価対象には含まない。

④「実際の介助の方法」が不適切な場合

- 「介助されていない」状態や「実際に行われている介助」が，対象者にとって「不適切」であると認定調査員が判断する場合→**特記事項**に判断理由を記載の上，適切な「介助の方法」を選択し，介護認定審査会の判断を仰ぐことができる。
- 認定調査員が，「実際に行われている介助が不適切」と判断する場合には，対象者が不適切な状況に置かれていると認定調査員が判断する，さまざまな状況が想定される。
  - ・独居や日中独居等による介護者不在のために適切な介助が提供されていない場合
  - ・介護放棄，介護抵抗のために適切な介助が提供されていない場合
  - ・介護者の心身の状態から介助が提供できない場合
  - ・介護者による介助が，むしろ本人の自立を阻害しているような場合

選択肢の判断基準

1. 介助されていない

- 整髪の介助が行われていない場合。

2. 一部介助

- 一連の行為に部分的に介助が行われている場合をいう。
- 見守り等（確認，指示，声かけ）が行われている場合も含まれる。

3. 全介助
- 整髪のすべての介助が行われている場合をいう。
- 本人が行った個所を含め，介護者がすべてやりなおす場合も含まれる。

警告コード
「整髪」が「3. 全介助」にもかかわらず
「簡単な調理」が「1. 介助されていない」

どのように質問するか　【毎日の身だしなみを，どのようにしているかという質問です。】

問いかけの例
・くしやヘアブラシは使っていますか。
・自分で髪をとかしますか。
・今日は髪をとかしましたか。

【認知症高齢者の着眼点】
・機能的な能力があっても清潔にする意欲や理解がなく，行っていない場合は，介助の状況に基づいて判断する。
・身だしなみ等の状況により，聞き取りを補充する。

特記事項の記入例

記入内容
○介助の有無や，本人の介助の拒否など（介護の手間）の状況と頻度
○時間帯等により介助の方法が異なる場合の，具体的な状況と頻度
○介助が明らかに過剰，または不足していると判断した理由や具体的な状況

記入例　◉ 1. 介助されていない
- 右片麻痺があるが左手を使い，ブラシで髪を整えることができる。
- 視力障害があるが，毎日1回はくしで髪を整えている。
- 髪の毛がないため，タオルで頭を拭く行為を整髪とした。
- 整髪に関心がなく，1週間に1回の入浴時のみ自ら行う。
- 通常のブラシでは，一人で行うことはできないが，とかしやすい整髪ブラシの自助具を使用しており，一人で介助なしで行っている。
- 頭髪がなく，整髪をまったく行っていない。身体的にも問題がない。

2.　一部介助

- 寝たきりでベッド上で行うため，ブラシ・鏡を準備，片づけをする。
- 視力障害があり，ブラシを手に持たせると使うことができるが，形が整ってないため家族が確認している。
- リウマチで手指変形があり，握力が弱いが，「改良くし」を家族が準備して持たせると自分で髪を整える。
- 認知症　認知症のため，ブラシを手に持たせて声かけをすると自分で行う。
- 認知症　認知症で整髪の理解なく，声かけし見守りで行う。
- がん　身体的な支障はないが，末期がんのため動作が辛く，介護者が物品の準備と動作を促すなどの介助を行う。

3.　全介助

- 植物状態のため，自分ではブラシを握ることもできない。介護職員が全介助で行っている。
- 両上肢に麻痺があり，ブラシを持つことができない。
- 肩関節に支障があり，手が十分上がらないため，家族が介助している。
- 寝たきりで意欲・関心がなく，自分から行うことはないため，入浴サービス利用時に介助で整えている。
- 一人で整髪を行うことは可能だと思えるが，入所中で，施設での介護業務の関係から，整髪の介助が行われている。
- 上肢に支障もなく自分でブラシを使えるが，朝は家族も多忙なため，全て介助している。
- 頭髪がなく，「整髪」をまったく行っていないが，寝たきり状態で，毎日頭部の汗を拭き取るなどの介助が行われている。類似の行為で代替して評価し，「3. 全介助」を選択した。
- 不適切　ベッド上での生活となっているが，耳の後ろなどにあせもができており，不適切な状況にあると判断。寝たきりの生活で，上肢にも可動域制限があること，食事摂取などもすべて介助されていることから，適切な介助の方法として「3. 全介助」を選択した。
- 認知症　認知症が重度のため行為が理解できず，家族が行っている。
- がん　身体的な支障はないが，末期がんのため動作が辛く，介護者が全介助で行っている。

異なった選択が生じやすい点

調査対象者の状況	誤った選択	正しい選択と留意点等
頭髪がなく，整髪をまったく行っていない。入浴後に頭を拭く介助は全介助にて行われている。	「1. 介助されていない」	「3. 全介助」を選択。頭髪がない場合は，入浴後に頭部をタオル等で拭く介助や，ベッド上で，頭を拭く行為などで代替して評価する。

第2群　生活機能

2-10　上衣の着脱　　介助の方法

定　義

- 上衣の着脱の介助が行われているかどうかを評価する項目。
- 上衣の着脱とは，普段使用している上衣等の着脱のことをいう。

上衣の着脱 ▶ 普段使用している上衣等の着脱のこと

▼
確認
▼

上衣の着脱の介助が行われているかどうかを評価

調査上の留意点

- 時候にあった衣服の選択，衣服の準備，手渡し等，着脱までの行為は含まれない。
- 服を身体にあてがう行為や袖通しなど一連の行為すべてが介護者によって行われていれば，首や体幹を揺り動かすなどの行為は，介護者の介助の方法や負担に大きな影響を与えていないことから，選択肢の選択には影響を及ぼさないと判断し，一連の行為全体に対してすべて介助されていると考える。→「4. 全介助」を選択。
- 介護者が構えている服に「自ら袖に腕を通す」場合は，服を構える介助は行われているものの，袖通しは自ら行っていることから，一連の行為の一部に介助があると判断→「3. 一部介助」を選択。

①朝昼夜等の時間帯や体調等によって介助の方法が異なる場合

- 一定期間（調査日から過去１週間ぐらい）でより頻回に見られる状況や日頃の様子で判断→**特記事項**に日頃の状況等の具体的な内容を記載。

②福祉用具（補装具や介護用品等）や器具類を使用している場合

- 福祉用具（補装具や介護用品等）や器具類を使用している場合は，使用している状況で判断。

③「実際の介助の方法」が不適切な場合

- 「介助されていない」状態や「実際に行われている介助」が，対象者にとって「不適切」であると認定調査員が判断する場合→**特記事項**に判断理由を記載の上，適切な「介助の方法」を選択し，介護認定審査会の判断を仰ぐことができる。
- 認定調査員が，「実際に行われている介助が不適切」と判断する場合には，対象者が不適切な状況に置かれていると認定調査員が判断する，さまざまな状況が想定される。
  - ・独居や日中独居等による介護者不在のために適切な介助が提供されていない場合
  - ・介護放棄，介護抵抗のために適切な介助が提供されていない場合
  - ・介護者の心身の状態から介助が提供できない場合
  - ・介護者による介助が，むしろ本人の自立を阻害しているような場合

選択肢の判断基準

1. 介助されていない
   - 上衣の着脱の介助が行われていない場合。
2. 見守り等
   - 上衣の着脱の介助は行われていないが，見守り等が行われている場合をいう。

133

●見守り等とは，常に付き添いの必要がある見守りや，認知症高齢者等の場合に必要な行為の「確認」「指示」「声かけ」等のことをいう。

3. 一部介助

●上衣の着脱の際に介助が行われている場合であり，「見守り等」「全介助」のいずれにも含まれない場合をいう。

4. 全介助

●上衣の着脱の一連の行為すべてに，介助が行われている場合。

警告コード

「上衣の着脱」が「4. 全介助」にもかかわらず

「洗身」が「1. 介助されていない」，「ズボン等の着脱」が「1. 介助されていない」

どのように質問するか　【着替えをどのようにしているかという質問です。】

●「着る」「脱ぐ」に分けて確認する

（問いかけの例）

・上衣（シャツ，セーター，ブラウス）を，一人で着たり脱いだりできますか。

・上衣を脱いだりする時，困ったことはありませんか。

・上衣を着る時，どのようにしていますか。

【認知症高齢者の着眼点】

・ボタンのかけ違い，着るものの順番（下衣に手を通したり，表裏になっていないか）を間違えないか確認する。

・着脱ができても，声かけや見守りが必要な場合は見守りとなる。

✏️ 特記事項の記入例

記入内容 ➡️ ○介助の有無や，本人の介助の拒否など（介護の手間）の状況と頻度
○時間帯等により介助の方法が異なる場合の，具体的な状況と頻度
○介助が明らかに過剰，または不足していると判断した理由や具体的な状況

 記入例 ➡️ ◉ **1. 介助されていない**

▪️肘関節の痛みがあり時間はかかるが，大きめの服を自力で着ている。

▪️伸縮性のある衣類を着ているので，自力で行える。

▪️外出着等の上衣の着脱を一人で行うことはできないが，日常用の衣類は着脱しやすい上衣を使用して，一人で介助なしで行っている。

◉ 2. 見守り等

不適切 **認知症** 自分で脱ぎ着しているが, ヘルパー訪問時には, 裏返しのまま着るなど, 適切な着衣ができていないため, 不適切な状況にあると判断した。着脱行為には介助は必要ないが, 見守りを行うのが適切と考え, 適切な介助の方法として「2. 見守り等」を選択した。

認知症 着る順番がわからず上衣の上に下着（シャツ等）を着てしまうため, 順番通りに置いておく等の準備, 指示や声かけがいつも必要である。

認知症 認知症のため, 自分からは何もしないが, 声かけ見守りをすると着たり脱いだりできる。

認知症 認知症があるが, 上衣を介護者が準備し, 声かけすると着ることができる。

認知症 認知症のため, 着衣が裏返しになったりボタンがずれていたり, 側で声かけ見守りをする（「2. 見守り等」を選択）。

認知症 季節にかかわらず, 何枚も重ね着をしてしまうので, 家族が側で必要な声かけを行っている。

◉ 3. 一部介助

- 身体的な障害がなく, 認知症もないが, 家族が一部介助している。
- 左（右）片麻痺があるため, 上衣の左側（右側）は介助をしている。
- 片麻痺があり上衣を着るのに 10 分以上かかるため, 家族が一部介助している。
- 途中までは自分で行うが, 後ろに手が届かないため介助している。
- 脱ぐ動作は介助なく行えるが, 着る動作は介助している。
- 片麻痺があるため, スムーズに着られるように袖を持つ介助をしている。
- 介護者が上衣を着やすいように持つと, 自分で袖に腕を通す。
- 一人で上衣の着脱を行うことは可能だと思えるが, 現在は入所中で, 身だしなみ（整容）の介助として, 着替え後の着衣の乱れを整えるという上衣の着脱の介助が介護職員によって行われている。
- 片麻痺があるが, 健側の動きに問題はなく, 着脱の訓練もすんでおり, 一部介助で行える。

認知症 認知症のため途中までは介助し, 声かけをすると着ることができる。

認知症 パンツを頭からかぶったり, ズボンのすそに手を通したりするので, 声かけや誘導しながら行っている。

がん 概ね自力で行えるが, 肺癌のため息切れがあり疲れやすい。「直し」の介助を妻が行っている。

 がん 身体的な支障はないが，末期がんのため動作が辛く，介護者が物品の
準備と促すなどの介助を行う。

● 4. 全介助

- 脳梗塞後遺症により四肢の拘縮があり，着脱は熟練した介護者でないとス
ムーズに行えない。すべて介助されている。
- リウマチのため，変形した手指の力が弱く痛みがあるので，家族が時間を
かけて行う。
- 脳梗塞後，寝たきりで筋肉の廃用性萎縮があり，上肢の動きが悪く着脱に
工夫が必要なので，家族が介助している。
- 両上肢が屈曲し拘縮しているので着替えの介助を行っている。
- 肘関節の可動域が狭く，上肢をまっすぐ伸ばせないので，着替えの時に関
節を痛めないように気をつけながら介助している。
- 両上肢に支障がなく，着脱は可能と思えるが，施設の介護体制の事情によ
りすべて介助されている。
- 袖を通す際に首や身体を揺するようにして動かすことがあるが，介護者が
着脱全体の介助を行っている。

 認知症 身体的に問題はないが，認知症のため着脱行為が理解できないので家
族が全介助している。

 認知症 認知症重度のため，衣服着脱の指示が理解できないため，全介助して
いる。

 認知症 認知症のため，衣服の着方・脱ぎ方が理解できないため，介護者が全
介助している。

 認知症 認知症のため本人の意欲がなく，着る順番の理解もできないのですべ
て介助している。

異なった選択が生じやすい点

調査対象者の状況	誤った選択	正しい選択と留意点等
上衣の着脱は，一人で介助なしで行っているが，着る順番がわからないので，一枚ずつ声かけしながら衣服を用意して手渡している。	「3. 一部介助」	「2. 見守り等」を選択。声かけを行っているので，「2. 見守り等」を選択。なお，衣服の手渡しは一連の行為に含まない。

2-11 ズボン等の着脱 介助の方法

定　義

- ズボン等の着脱の介助が行われているかどうかを評価する項目。
- ズボン等の着脱とは，普段使用しているズボン，パンツ等の着脱をいう。

ズボン等の着脱
▼
確認

→ 普段使用しているズボン，パンツ等の着脱のこと

ズボン等の着脱の介助が行われているかどうかを評価

調査上の留意点

- 時候にあった衣服の選択，衣服の準備，手渡し等，着脱までの行為は含まれない。
- 服を身体にあてがう行為やズボンに足を通すなど一連の行為すべてが介護者によって行われていれば，足や腰，体幹を揺り動かすなどの行為は，介護者の介助の方法や負担に大きな影響を与えていないことから，選択肢の選択には影響を及ぼさないと判断し，一連の行為全体に対してすべて介助されていると考える→「4．全介助」を選択。
- 介護者が構えているズボンに「自ら足を通す」場合は，服を構える介助は行われているものの，ズボンに足を通す行為は自ら行っていることから，一連の行為の一部に介助があると判断する。→「3．一部介助」を選択。

①朝昼夜等の時間帯や体調等によって介助の方法が異なる場合

- 一定期間（調査日から過去1週間ぐらい）でより頻回に見られる状況や日頃の様子で判断→**特記事項**に日頃の状況等の具体的な内容を記載。

②福祉用具（補装具や介護用品等）や器具類を使用している場合

- 福祉用具（補装具や介護用品等）や器具類を使用している場合は，使用している状況で判断。

③調査対象の行為自体が発生しない場合

- 日頃，ズボンをはかない場合（浴衣形式の寝巻きなど）は，パンツやオムツの着脱の行為で代替して評価する。
- 通常のズボンの着脱行為がある場合は，これらの行為を評価対象には含まない。

④「実際の介助の方法」が不適切な場合

- 「介助されていない」状態や「実際に行われている介助」が，対象者にとって「不適切」であると認定調査員が判断する場合→**特記事項**に判断理由を記載の上，適切な「介助の方法」を選択し，介護認定審査会の判断を仰ぐことができる。
- 認定調査員が，「実際に行われている介助が不適切」と判断する場合には，対象者が不適切な状況に置かれていると認定調査員が判断する，さまざまな状況が想定される。
  - ・独居や日中独居等による介護者不在のために適切な介助が提供されていない場合
  - ・介護放棄，介護抵抗のために適切な介助が提供されていない場合
  - ・介護者の心身の状態から介助が提供できない場合
  - ・介護者による介助が，むしろ本人の自立を阻害しているような場合

1. 介助されていない
   - ●ズボン等の着脱の介助が行われていない場合。
2. 見守り等
   - ●ズボン等の着脱の介助は行われていないが，見守り等が行われている場合をいう。
   - ●見守り等とは，常に付き添いの必要がある見守りや，認知症高齢者等の場合に必要な行為の「確認」「指示」「声かけ」等のことをいう。
3. 一部介助
   - ●ズボン等の着脱の際に介助が行われている場合であり，「見守り等」「全介助」のいずれにも含まれない場合をいう。
4. 全介助
   - ●ズボンの着脱の一連の行為すべてに，介助が行われている場合。

警告コード

1. 「ズボン等の着脱」が「1．介助されていない」にもかかわらず
   「上衣の着脱」が「4．全介助」
2. 「ズボン等の着脱」が「4．全介助」にもかかわらず
   「洗身」が「1．介助されていない」

どのように質問するか　　【着替えをどのようにしているかという質問です。】

● 「着る」「脱ぐ」に分けて確認する

問いかけの例
- ・ズボン，パンツの着がえはどのようにしていますか。
- ・ズボン（スカート）は一人ではいていますか。脱ぐ時は，どのようにしていますか。
- ・寝巻き（パジャマ）の着がえは，どのようにしていますか。

【認知症高齢者の着眼点】
- ・ボタンのかけ違い，着るものの順番（下衣に手を通したり，表裏になっていないか）を間違えないか確認する。
- ・着脱ができても，声かけや見守りが必要な場合は見守りとなる。

特記事項の記入例

記入内容 ➡ ○介助の有無や，本人の介助の拒否など（介護の手間）の状況と頻度
○時間帯等により介助の方法が異なる場合の，具体的な状況と頻度
○介助が明らかに過剰，または不足していると判断した理由や具体的な状況

1. 介助されていない

- 独居で軽度の片麻痺があり15分以上かかるが，自力で行っている。
- ズボンをはく習慣がないが，スカートを自分ではいている。介助は行われていない。
- 着脱しやすいズボンを使用しており，一人で介助なしで行っている。
- 浴衣タイプの寝巻きを着ているため，ズボンを着脱する機会がないことから，パンツの着脱の行為で代替して評価する。トイレ時も入浴時も介助されていないことから，「1. 介助されていない」を選択する。
- 認知症 軽度の認知症があるが，家族が準備しておくと自力で行う。

2. 見守り等

- 自立意欲が高く，バランスの悪いままズボンをはこうとするため，転倒の危険があり，声かけや見守りをしている。
- 認知症 認知症のため，上衣とズボンを間違えて着ることがあるので，声かけ見守りをしている。
- 認知症 認知症があり，ズボン・パンツを1日に何回も脱いでしまうので，その都度着るように声かけと見守りをしている。
- 認知症 認知症のため，ズボン等が裏返しになったり，上着の場合ボタンがずれていることがあるので，側で声かけ・見守りをしている。
- 認知症 季節にかかわらず，何枚も重ね着をしてしまうので，家族が衣類を用意し側で必要な声かけを行っている。

3. 一部介助

- 途中までは自分で行うが，後ろに手が届かないため，介護者が最後にズボンを上げている。
- 関節リウマチのため，手指に変形があるが足先から大腿部まで介助すると着ることができる。最後に介助者が整える。
- 片麻痺があるが，健側の動きに問題はなく，着脱の訓練もすんでおり，一部介助で行える。
- 介護者がズボンを構えると自分で脚を通すが，引き上げとボタンを留める動作は介助を行っている。
- 自力でズボンの着脱を行うことは可能だが，現在は入所中であり，着替え後の着衣の乱れを整える介助が介護職員によって行われている。
- 不適切 日中独居のため介護者がいないが，調査時にズボンを腰まで引き上げることができていない状態であったため，「3. 一部介助」とした。

不適切 自力でズボンの着脱をしているが，ヘルパー訪問時には，完全にズボンがあがっておらず，ずり落ちていることがあることから，不適切な状況にあると判断した。ズボンに足を通す行為に介助は必要ないが，指先の動きが悪く，ズボンを最後まであげる行為ができないため，適切な介助の方法として「3. 一部介助」を選択する。

不適切 自力でズボンをはくことができるが，時間を要するため職員が全介助で行っている。動きは緩慢であるが，ズボンを引き上げるなどの行為は自分で行うこともできるとのことであり，身体機能の維持の観点から，不適切な状況にあると判断した。指先の動きが悪くボタンには介助を行うことが適切と考え，適切な介助の方法として「3. 一部介助」を選択する。

認知症 認知症があり，脱ぐことは自分で行うが，着る時は時間をかけ，介助している。

がん 身体的な支障はないが，末期がんのため動作が辛く，介護者が衣類の準備と動作を促すなどの介助を行う。

● 4. 全介助

- 脳梗塞後の寝たきりで，四肢の拘縮があり，全介助となっている。腰を浮かせることができない。

- ズボンを引き上げようとする際に，足をもぞもぞと動かすことがあるが，足を通す，引き上げるなどの一連の行為すべてに介助が行われている。

- 寝たきりで，浴衣・紙オムツ使用のため，ズボン等の上げ下ろしの介助をすることがないが，全介助で紙オムツの交換をしているため「4. 全介助」を選択した。

認知症 認知症重度で，衣服着脱に関する言葉が理解できず，動作も協力的でないため，全介助している。

認知症 認知症のため，衣服の着方・脱ぎ方が理解できないため，介護者が全介助している。

認知症 認知症のため本人の意欲がなく，順番の理解もできないので全介助している。

異なった選択が生じやすい点

調査対象者の状況	誤った選択	正しい選択と留意点等
ズボンの着脱は，一人で介助なしで行っているが，着る順番がわからないので，1枚ずつ声かけしながら衣服を用意して手渡している。	「3. 一部介助」	「2. 見守り等」を選択。声かけを行っているので「2. 見守り等」を選択。衣服の手渡しは一連の行為に含まない。

2-12 外出頻度 有無

定　義

- 外出頻度を評価する項目。
- 外出頻度とは，1回約30分以上の外出をいう。
- 一定期間（調査日から過去1カ月ぐらい）で，外出の頻度を判断。

 外出頻度 ▶ 1回概ね30分以上，居住地の敷地外へ出る頻度

▼ 確認 ▼

一定期間（調査日より概ね過去1か月）の状況で，外出の頻度を評価

調査上の留意点

- 外出の目的や，同行者の有無，目的地等は問わない。
- 徘徊や救急搬送は外出とは考えない。
- 同一施設・敷地内のデイサービス，診療所等への移動することは外出とは考えない。
- 過去1カ月の間に状態が大きく変化した場合は，変化した後の状況で選択を行う。

選択肢の判断基準

1. 週1回以上
   - 週1回以上，外出している場合。
2. 月1回以上
   - 月1回から3回，外出している場合。
3. 月1回未満
   - 月1回未満の頻度で外出している場合。

どのように質問するか　【外出することがあるかという質問です。】

問いかけの例
- 通院されますか。それはどの位の頻度ですか。
- 定期的に行かれる場所がありますか。外出されるときは車いすですか。
- デパートやスーパーに買い物に行きますか。

特記事項の記入例

記入内容 ▶ ○確認できた状態と介護の手間，選択した理由
○何らかの理由で確認できなかった場合は，その理由と状況
○日頃の状況と異なっていると考えられる場合は，調査時の状況と日頃の具体的な状況

○乗り物に乗っての30分以上の通院で，移動している時間を除き外出時
　間が30分以上であれば，その具体的な内容
○入所施設等の指示により活動が制限されている場合，具体的な状況

● **1．週1回以上**

- 通院は月に1回，買い物は週に1回ヘルパーと行っている。
- バスなどを使いデパートへの買い物や，お茶のサークルへ自由に外出している。
- 人工透析のため週3回，自分で通院している。
- 週2～3回，日常的に買い物に出かけている。
- 電動車いすで自由に外出し，図書館や美術館へ週に1回以上出かける。
- 通所介護に週3回，行っている。
- 冬季（12月～3月）は積雪のため病院受診は月に1回のみであるが，今の季節は買物に週1回，病院受診は月に1回である。
- 病院で週1回受診（内科・整形外科）し，近所のスーパーに週1回買い物に行く。

　認知症　外出すると戻れないため，週に2回くらいは介護者が付き添い散歩に出かけている。

　認知症　重度の認知症があり，介護者の負担軽減のため週5回通所介護を利用している。

● **2．月1回以上**

- 月に1回受診のため，家族の車で介助により行くが，それ以外の外出はできない。
- 補装具を使用し車いすで月に3回程度外出する。
- 施設に入所しており，2週間に1回の頻度で散歩に出かける（1回あたり40分位）。
- 施設に入所中であるが，家族が月に2～3回面会に訪問し，一緒に近くの公園に出かけている。
- 膝の痛みがあり外出の機会が少ないが，天気のよいときに月2回位はヘルパーと一緒に買い物に行っている。
- 月に2回の受診以外は近くのコンビニに買い物に行く（10分程度）のみである。

　認知症　外に出たがるが，介護者も高齢で付き添うには負担があり，月に1回の病院の受診時に外出をしている。

● 3. 月1回未満

- 毎日30分以上自宅の花壇の手入れをしているが，外出はしていない。
- 介助されれば外出できるが，施設に入所しているため半年に1回位しか外出していない。
- 2カ月に1回受診のため，家族の車で介助により行くが，それ以外の外出はできない。
- 寝たきり状態のためほとんど外出の機会がない。医療は訪問診療を受けている。
- 心疾患で病院入院中。主治医から外出は許可されていない。
- 病院に入院中（経管栄養，バルーンカテーテル挿入）のため，外出することはない。
- エレベーターのない集合住宅に居住し，介助されても階段を降りることができず，3年位外出していない。
- 施設に入所中，寝たきり状態のため外出するのは2月に1回程度である。
- 自宅の庭で30分以上，花の手入れをすることが週1回あるが，外出するのは，2月に1回の通院だけである。
- 認知症 施設入所中。起きているときは徘徊していることが多く，外に出ると帰れないため施設内を歩いている。
- 認知症 認知症で毎日のように徘徊している。家族は目を離せない。通院は2ヶ月に1回している。
- がん がん末期のため，外出はすることは難しい。全く外出していない。

認知機能

		評価軸				調査内容			
		①能力	②介助	③有無	①ADL・起居動作	②認知	③行動	④社会生活	⑤医療
3-1	意思の伝達	●				●			
3-2	毎日の日課を理解	●				●			
3-3	生年月日を言う	●				●			
3-4	短期記憶	●				●			
3-5	自分の名前を言う	●				●			
3-6	今の季節を理解	●				●			
3-7	場所の理解	●				●			
3-8	徘徊			●		●			
3-9	外出して戻れない			●		●			

質問のための留意点

これらの項目の聞き取りには，十分な配慮が必要である。調査開始時より本人の状況を観察し，最終的に家族（介護者）から介護の困難性について聞き取りを行うほうがよいと思われる。独居で，認知症がないと思われる場合，調査項目にこのような項目があることを示し（本人に視力の障害があれば，読み上げる），要介護認定の項目であることを伝える。

3-1 意思の伝達 〔能力〕

定　義

● **意思の伝達能力**を評価する項目。
● 意思の伝達とは，調査対象者が意思を伝達できるかどうかの能力をいう。

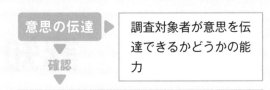

調査上の留意点

● 意思の伝達は，その手段を問わず，調査対象者が意思を伝達できるかどうかを評価。
● 失語症が原因で会話が成立しなくとも，本人の意思が伝達できる場合は，それが会話によるものか，身振り等によるものかは問わない。
● 伝達する意思の内容の合理性は問わない。
● 伝達手段について特記することがある場合→**特記事項**に具体的な内容を記載。
● 本人が自発的に伝達しなくても，問いかけに対して意思を伝えることができる場合は，その状況を評価。
● 「意思の伝達」は，能力を問うとともに，申請者の日常的な状態を頻度の観点から把握するための項目であるため，調査日の状況に加え，調査対象者と介護者等から聞き取りした日頃の状況で判断する→**特記事項**に，調査日の状況と日頃の状況の両方を記載。

選択肢の判断基準

1. 調査対象者が意思を他者に伝達できる
   ● 手段を問わず，常時，誰にでも意思の伝達ができる状況をいう。
2. ときどき伝達できる
   ● 通常は，調査対象者が家族等の介護者に対して意思の伝達ができるが，その内容や状況等によっては，できる時とできない時がある場合。
3. ほとんど伝達できない
   ● 通常は，調査対象者が家族等の介護者に対しても意思の伝達ができないが，ある事柄や特定の人（例えば認定調査員等）に対してであれば，まれに意思の伝達ができる場合。
   ● 認知症等があり，「痛い」「腹が減った」「何か食べたい」等，限定された内容のみ意思の伝達ができる場合→「3. ほとんど伝達できない」を選択。
4. できない
   ● 重度の認知症や意識障害等によって，意思の伝達がまったくできない，あるいは，意思の伝達ができるかどうか判断できない場合等。

警告コード

1. 「意思の伝達」が「1. できる」にもかかわらず
   「視力」が「5. 判断不能」，「聴力」が「5. 判断不能」
2. 「意思の伝達」が「4. できない」にもかかわらず

▌「買い物」が「1. 介助されていない」,「日常の意思決定」が「1. できる」

（どのように質問するか）　【やって欲しいこと等, 自分の意思をご家族に伝えることができるかどうかの質問です。】

（問いかけの例）
・お腹が痛いとか, お腹がすいた等と言えますか。
・どのような手段で話をしていますか。
・内容は何でもよいですが, 家族にして欲しいことが伝えられますか。

【認知症高齢者の着眼点】
・周囲から見て"つじつまが合わない内容"で特定のことがらだけを伝えているのであれば,「3. ほとんど伝達できない」と判断する。
・特定の人にのみ伝えられる場合は,「3. ほとんど伝達できない」になる。

 特記事項の記入例

（記入内容） ○伝達手段について特記すべきことがある場合, 頻度等その要点
　　　　　　○「2. ときどき伝達できる」の頻度

（記入例）　● 1. 調査対象者が意思を他者に伝達できる
▪脳梗塞後遺症により, 発語までに非常に時間がかかるが,「お茶を出しなさい」等と家族に言える。
▪神経難病による構音障害があるので, 意思の伝達はパソコンで行う。
▪喉頭がんにて声帯摘出しているが食道発声にて意思を伝えることが可能である。
認知症 失語症があり, 手指機能の障害により文字を書くこともできないが, 身振りから意思の伝達ができていることを確認できた。

● 2. ときどき伝達できる
▪筋萎縮性側索硬化症（ALS）で文字板を使って会話している。妻には理解できるが, 複雑な内容になると分からないことも多い。
▪失語症があり, 要求は言葉で伝達できない。物を見て指で示すことはできる。
▪日常的な痛みや空腹時は伝えられるが細かな感情面の話になると, 半分は伝わらない。

- 手話で特定の人に伝達できる。その人が不在の場合は伝えることができない。
- 先天性の聴覚障害者のためジェスチャーによることが多いが，複雑な内容になると伝達できない。家族の話によると伝わる時と伝わらない時の頻度は半々であるという。

● 3. ほとんど伝達できない

- 呼びかけに対して手を握り返す反応はあるが，言葉で伝えることはできない。
- 本人が気に入っているところへ行こうと言うと，ニコニコするが，本人から意思を伝えることはない。
- 排尿・排便時にウーと声を出すことと，毛布を手で払いのける動作で，家族（介護者）が理解できるが，それ以外は伝えられない。
- 何かを訴えようとするが，明瞭な言葉になっておらず，家族でも意思をくみ取るのは難しい。
- 認知症のため痛みがある時だけ「痛い」と訴える。他の意思は伝えることができない。
- 認知症のため，食事の直後に「何か食べたい」と言ったり，自分の家にもかかわらず「家に帰る」など言って，つじつまは合わないが，自分の意思を伝えている。

● 4. できない

- 寝たきりで訪問時，ずっと寝ていた。日頃から「話しかけてもまったく反応がない」と家族は言う。
- 重度の認知症があり，身体的意識レベルの低下もあり，自ら訴えることはない。
- 意識障害があり植物状態で寝たきりである。

異なった選択が生じやすい点

調査対象者の状況	誤った選択	正しい選択と留意点等
重度の認知症があり，「痛い」「腹が減った」「何か食べたい」等，限定された内容のみ意思の伝達ができる。	「2. ときどき伝達できる」	「3. ほとんど伝達できない」を選択。 認知症等があり，「痛い」「腹が減った」「何か食べたい」等，限定された内容だけ意思の伝達ができる場合は，「3. ほとんど伝達できない」を選択。

第3群　認知機能

3-2　毎日の日課を理解　能力

定　義

- 毎日の日課を理解する能力を評価する項目。
- 毎日の日課を理解とは，起床，就寝，食事等のおおまかな内容について，理解する能力をいう。
- 厳密な時間，曜日ごとのスケジュール等の複雑な内容まで理解する必要はない。

毎日の日課を理解 ▶ 起床，就寝，食事等のおおまかな内容について，理解していること

確認 ▼

毎日の日課を理解する能力を評価。厳密な時間，曜日ごとのスケジュール等の複雑な内容まで理解している必要はない

調査上の留意点

- 起床や就寝，食事の時間等を質問して判断してもよい。
- 調査日の状況と調査対象者や介護者から聞き取りした日頃の状況とが異なる場合は，一定期間（調査日から過去1週間ぐらい）でより頻回に見られる状況で判断→**特記事項**に，調査日の状況と日頃の状況とで異なる点，判断した根拠等について，具体的な内容を記載。

選択肢の判断基準

1. できる
   - 質問されたことについて，ほぼ正確な回答ができる場合をいう。
2. できない
   - 質問されたことについて正しく回答できない場合。
   - まったく回答できない場合。
   - 回答の正誤が確認できない場合も含む。

警告コード

第3群：2〜7の6項目がいずれも「1．できる」にもかかわらず
「視力」が「5．判断不能」，「聴力」が「5．判断不能」

どのように質問するか　【日課を理解しているかどうかという質問です。】

問いかけの例
- ・毎日散歩に行きますか。何時頃行きますか。
- ・息子さん（娘さん・ご主人）は何時頃出勤しますか。
- ・テレビは毎日見るのですか。決まった番組を見ますか。
- ・1日どのようにお過ごしですか。
- ・朝食は何時頃食べますか。

【認知症高齢者の着眼点】

・質問の答えについて，家族に同意を求めたり，助けてほしいという視線や態度がないか。

・他の話にすりかえる場面はないか。

・日常生活についての理解ができるかどうかを判断する。

 特記事項の記入例

記入内容 ➡ ○やむを得ない事情で2回目の調査を行った場合，必ずその状況等

○調査当日の状況と日頃の状況が異なる場合の判断根拠など，具体的な状況

注 認知症高齢者の記入例（ 認知症 ）は区別していない。

記入例 ➡ ● 1. できる

▪毎日，自宅から徒歩で10分の公園に行って体操をしていると答えた。

▪朝起きると仏壇にお茶をあげるのが日課であると答えた。

▪調査当日「これからいつものように友達の家に行くの」と答えた。

● 2. できない

▪日課を聞いたが，「朝ご飯を食べていない」と答える。

▪寝たきり状態であり，意思表示もできないので，質問に対する回答はできない。

▪重度の認知症のため，会話自体が成立しないので答えることができない。

▪独居の認知症であり，本人は毎日近くのお店に買い物に行くと答えるが，事実か否かの確認がとれない。

▪本人は起床や就寝時間を答えたが，家族によると不規則な生活なのでそのような実態はなく，日課もない好きな時に起きて好きな時に寝る生活であるという。

異なった選択が生じやすい点

調査対象者の状況	誤った選択	正しい選択と留意点等
何曜日にデイサービスがあるかは答えられなかったが，毎日の起床，就寝，食事等のおおまかな内容は答えることができた。	「2. できない」	「1. できる」を選択。 起床，就寝，食事等のおおまかな内容について理解しているかを評価する項目であって，厳密な時間，曜日ごとのスケジュール等の複雑な内容まで理解している必要はない。

3-3 生年月日や年齢を言う　　能力

定　義

● 生年月日や年齢を言う能力を評価する項目。
● 生年月日や年齢を言うとは，生年月日か年齢かの，いずれか一方を答えることができる能力をいう。

生年月日や年齢を言う　▶　生年月日，年齢，いずれか一方を答えることができること

確認
▼

「生年月日や年齢を言う」能力を評価する

調査上の留意点

● 実際の生年月日と数日間のずれがある場合→「1．できる」を選択。
● 調査日の状況と調査対象者や介護者から聞き取りした日頃の状況とが異なる場合は，一定期間（調査日から過去1週間ぐらい）でより頻回に見られる状況で判断→**特記事項**に，調査日の状況と日頃の状況とで異なる点，判断した根拠等について，具体的な内容を記載。
● 年齢に対する回答の誤差が2歳まで→「1．できる」を選択。

選択肢の判断基準

1．できる
● 質問されたことについて，ほぼ正確な回答ができる場合をいう。
2．できない
● 質問されたことについて正しく回答できない場合。
● まったく回答できない場合。

警告コード

第3群：2〜7の6項目がいずれも「1．できる」にもかかわらず
「視力」が「5．判断不能」，「聴力」が「5．判断不能」

（どのように質問するか）　【生年月日や年齢を答えられるかどうかという質問です。】

● （元号や年号の一部を問いかけて，理解しやすいように質問する。）

（問いかけの例）
・お歳は何歳ですか。
・生まれは，明治（大正，昭和）ですか。何年生まれですか。
・お誕生日はいつですか。
・ご本人確認のためにうかがいます。生年月日を教えてください。

【認知症高齢者の着眼点】
・質問の答えについて，家族に同意を求めたり，助けてほしいという視線や態度がないか。

・他の話にすりかえる場面はないか。

・認知症の方でも自分の生年月日を概ね答えられる人は多い。

✎ 特記事項の記入例

 ○やむを得ない事情で 2 回目の調査を行った場合，必ずその状況等

○判断根拠など，具体的な状況

 認知症高齢者の記入例（ 認知症 ）は区別していない。

記入例 ➡ ● 1．できる

▪ 年齢は答えられなかったが，生年月日は正しく回答した。

▪ 83 歳と答えた。実年齢は 81 歳で誤差は 2 歳以内のため「1．できる」を選択。

▪ 生年月日は正しく回答できたが，年齢を 66 歳（実年齢 82 歳）と答えた。

● 2．できない

▪ 誕生日を聞いても，年齢を聞いても，「今日は，友達の家に行くの」と答えた。

▪ 年齢を 98 歳と言ったり 25 歳と言ったりした。

▪ 介護者の話ではいつも 20 代の年齢を答えるという。

▪ 年齢を聞いても，「申年」と答えるが，年齢は答えられなかった。

▪ 干支と誕生月だけは答えることができたが，年齢や生年月日が答えられなかった。

▪ 調査当日は生年月日を正確に回答できたが，家族によるといつもは聞いても答えられないことが多いという。日頃の状況より「2．できない」と判断した。

異なった選択が生じやすい点

調査対象者の状況	誤った選択	正しい選択と留意点等
生年月日は答えられず，数えの年齢しか答えられなかった。	「2. できない」	「1. できる」を選択。 生年月日か年齢かのいずれか一方を答えることができれば「1. できる」を選択。 また，満年齢や数えの年齢であっても，答えることができれば「1. できる」を選択。

3-4 短期記憶 能力

定　義

● 短期記憶とは，面接調査の直前に何をしていたかを思い出す能力を評価する。

短期記憶 ▶ 面接調査日の調査直前にしていたことについて，把握しているかどうかのこと

確認

短期記憶（面接調査の直前に何をしていたか思い出す）能力を評価

調査上の留意点

● 面接調査の直前に何をしていたか思い出すこととは，短期記憶であって，面接調査直前または当日の行動を具体的に答えることができた場合→「1．できる」を選択。

● 下記の質問で確認が難しい場合は，「ペン」「時計」「視力確認表（調査対象者に対しては，「紙」または「手の絵」など，平易な言い方をする）」を見せて，何があるか復唱してもらう。3つの物を見えないところに隠し，「何がなくなったかを質問するので覚えてください」と指示する。5分以上経過したら，2つを提示し，提示されなかったものを答えられたかどうかで判断。

● 視覚的に把握できない場合は，3つを口頭で説明する等，調査対象者に質問の内容を理解してもらうよう工夫する。

● 調査日の状況と調査対象者や介護者から聞き取りした日頃の状況とが異なる場合は，一定期間（調査日から過去1週間ぐらい）でより頻回に見られる状況で判断→**特記事項**に，調査日の状況と日頃の状況とで異なる点，判断した根拠等について，具体的な内容を記載。

選択肢の判断基準

1．できる
　● 質問されたことについて，ほぼ正確な回答ができる場合をいう。

2．できない
　● 質問されたことについて正しく回答できない場合。
　● まったく回答できない場合。
　● 回答の正誤が確認できない場合も含む。

警告コード

第3群：2〜7の6項目がいずれも「1．できる」にもかかわらず
「視力」が「5．判断不能」，「聴力」が「5．判断不能」

【面接調査の直前に何をしていたかを思い出すかという質問です。】

どのように質問するか

問いかけの例

・朝（昼）ご飯は，何を食べましたか。

・今日はどこに行って来ましたか。

・私（調査員）が伺った時，テレビで何を見ていましたか。

【認知症高齢者の着眼点】

・質問の答えについて，家族に同意を求めたり，助けてほしいという視線や態度がないか。

・他の話にすりかえる場面はないか。

・面接調査の直前の状況を観察し，本人に質問してみる。

特記事項の記入例

記入内容

○やむを得ない事情で２回目の調査を行った場合，必ずその状況等

○判断根拠など，具体的な状況

注 認知症高齢者の記入例（ 認知症 ）は区別していない。

記入例

● 1. できる

▪ 訪問時にテレビを見ていたので，調査終了時に番組名を聞いたら正しく「水戸黄門」と答えた。

▪ 調査日の昼食の内容を聞いたら「うどんを食べた」という。適切な回答であることを家族に確認。

● 2. できない

▪ 記憶力があいまいであり，失語症なので答えられない。

▪ 朝食のメニューを尋ねたが，答えられなかった（訪問が午前中の場合）。

▪ 家族から「午前中は病院に行って来た」と聞いたが，本人に尋ねると「友達の所に行った」と答えた。

▪ 通所介護から帰宅後に調査を実施した。何をしてきたのか尋ねると「習字とカラオケ」と答えたが，連絡ノートで確認すると「クッキー作りとゲーム」と記載されていたため「2. できない」と判断した。

▪ 午前中に何をしていたのか尋ねると，「買物に行った」と正しく回答できた。しかし家族によると日頃は少し前のことも覚えていないことが多いと

いう。日頃の状況より判断した。

異なった選択が生じやすい点

調査対象者の状況	誤った選択	正しい選択と留意点等
調査当日の昼食に何を食べたかを回答したが，家族の話によると，日頃は物忘れがひどく，直前のことも覚えていない場合が多いという。	「1.　できる」	「2.　できない」を選択。 調査日の状況と日頃の状況が異なる場合は，より頻回に見られる状況で判断する。

3-5 自分の名前を言う 能力

定　義

● 自分の名前を言う能力を評価する項目。
● 自分の名前を言うとは，自分の姓もしくは名前のどちらかを答えることができる能力をいう。

```
自分の名前を言う ▶  自分の姓もしく
      ▼              は名前のどちら
     確認            かを答えること
      ▼
自分の名前を言う能力を評価
```

調査上の留意点

● 調査日の状況と調査対象者や介護者から聞き取りした日頃の状況とが異なる場合は，一定期間（調査日から過去1週間ぐらい）でより頻回に見られる状況で判断→**特記事項**に，調査日の状況と日頃の状況とで異なる点，判断した根拠等について，具体的な内容を記載。
● 旧姓でも，自分の名前を言うことができた場合→「1. できる」を選択。

選択肢の判断基準

1. できる
　● 質問されたことについて，ほぼ正確な回答ができる場合をいう。
2. できない
　● 質問されたことについて正しく回答できない場合。
　● まったく回答できない場合。

警告コード

1. 「自分の名前を言う」が「できない」にもかかわらず
　「日常の意思決定」が「1. できる」
2. 第3群：2～7の6項目がいずれも「1. できる」にもかかわらず
　「視力」が「5. 判断不能」，「聴力」が「5. 判断不能」

どのように質問するか　【自分の名前を理解しているかどうかという質問です。】

問いかけの例
・名前はどう読むのですか。
・確認のため，お名前を教えてください。
・お名前を確認したいので姓名をお願いします。

【認知症高齢者の着眼点】

・質問の答えについて，家族に同意を求めたり，助けてほしいという視線や態度がないか。
・他の話にすりかえる場面はないか。
・重い認知症の方でも自分の名前を答えられる人は多い。

・旧姓でもよい。

 特記事項の記入例

 ○やむを得ない事情で2回目の調査を行った場合，必ずその状況等
○判断根拠など，具体的な状況
㊟認知症高齢者の記入例（ 認知症 ）は区別していない。

記入例

● **1. できる**

▪ 旧姓を答えたので，「1. できる」とした。
▪ 失語症で，手指機能の障害によって文字を書くこともできないが，うなず
く等の身振りから，自分の名前であるということを確実に理解していると
確認できた。
▪ 姓は旧姓であったが，名は正しく回答できた。

● **2. できない**

▪ 答えられるように誘導したが，「私はこれからセンターに行くの」と関係
のない答えが返ってきた。
▪ 意識障害があり，氏名の確認はできない。
▪「お名前を教えてください」と尋ねたが「今日は病院に行くの」と答えた。
▪ 調査時は姓名共に正答できたが，家族によると日頃は「えーと……」と返
事することが多いとの説明があったため「2. できない」を選択。

異なった選択が生じやすい点

調査対象者の状況	誤った選択	正しい選択と留意点等
名字だけしか答えられず，その名字は旧姓だった。	「2. できない」	「1. できる」を選択。旧姓でも自分の名前を答えることができれば「1. できる」を選択。

3-6 今の季節を理解する 能力

定義

● 今の季節を理解する能力を評価する項目。
● 今の季節を理解するとは，面接調査日の季節を答えることができる能力をいう。

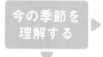 今の季節を理解する ▶ 面接調査日の季節を答えること

 確認

今の季節を理解する能力を評価

調査上の留意点

● 旧暦の季節でも，今の季節を理解することができた場合→「1．できる」を選択。
● 季節に多少のずれがあってもよい（例：1月であれば「冬」あるいは「春の初め」など）。
● 調査日の状況と調査対象者や介護者から聞き取りした日頃の状況とが異なる場合は，一定期間（調査日から過去1週間ぐらい）でより頻回に見られる状況で判断→**特記事項**に，調査日の状況と日頃の状況とで異なる点，判断した根拠等について，具体的な内容を記載。

選択肢の判断基準

1．できる
● 質問されたことについて，ほぼ正確な回答ができる場合をいう。
2．できない
● 質問されたことについて正しく回答できない場合。
● まったく回答できない場合。

警告コード

第3群：2～7の6項目がいずれも「1．できる」にもかかわらず
「視力」が「5．判断不能」，「聴力」が「5．判断不能」

どのように質問するか 　**【今の季節を理解しているかどうかという質問です。】**

問いかけの例 　**季節は春・夏・秋・冬のいつですか。**

【認知症高齢者の着眼点】

・質問の答えについて，家族に同意を求めたり，助けてほしいという視線や態度がないか。
・他の話にすりかえる場面はないか。
・オウム返しのように質問した内容を答える認知症の方もいるので，注意する。

特記事項の記入例

 ○やむを得ない事情で2回目の調査を行った場合，必ずその状況等
○判断根拠など，具体的な状況
⊛ 認知症高齢者の記入例（ 認知症 ）は区別していない。

記入例 **1．できる**

▪家から出ないので季節感にうといが，「梅が咲き始めましたよ」というと，「もう春か」と答えたので，「1．できる」とした。
▪月日，季節共に正しく答えられた。

2．できない

▪調査日は8月であるが冬と答えた。
▪調査は10月だが，「春」と答えた。
▪真冬でストーブを点け，本人は厚着をしていたが，「夏かしら……」と答えた。
▪調査当日を3月10日と答えられたが，今の季節を答えることができない。
▪調査時は今の季節を答えることができたが，家族によるといつもは季節も月日も理解していないことが多いとのこと。

異なった選択が生じやすい点

調査対象者の状況	誤った選択	正しい選択と留意点等
今の季節を答えることはできないが，調査当日の月日は答えることができた。	「1．できる」	「2．できない」を選択。今の季節の理解とは，面接調査日の季節を答えることであり，月日を答えることではない。

3-7 場所の理解　　能力

定義

● 場所の理解（自分がいる場所を答える）に関する能力を評価する項目。

● 場所の理解とは，「ここはどこですか」という質問に答えることができる能力をいう。

場所の理解 ▶

▼

確認

▼

「ここはどこですか」という質問に答えること

場所の理解（自分がいる場所を答える）に関する能力を評価。
所在地や施設名をたずねる質問ではない

調査上の留意点

● 所在地や施設名を尋ねる質問ではない。

● 質問に対して「施設」「自宅」などの区別がつく場合→「1. できる」を選択。

● 調査日の状況と調査対象者や介護者から聞き取りした日頃の状況とが異なる場合は，一定期間（調査日から過去1週間ぐらい）でより頻回に見られる状況で判断→**特記事項**に，調査日の状況と日頃の状況とで異なる点，判断した根拠等について，具体的な内容を記載。

選択肢の判断基準

1. できる
   ● 質問されたことについて，適切に回答ができる場合をいう。
2. できない
   ● 質問されたことについて適切に回答できない場合。
   ● まったく回答できない場合。

警告コード

第3群：2〜7の6項目がいずれも「1. できる」にもかかわらず

「視力」が「5. 判断不能」，「聴力」が「5. 判断不能」

どのように質問するか　【自分がいる場所を答えられるかどうかという質問です。】

問いかけの例
・ここはどこですか。
・ここは施設（病院）ですか。
・ここはどなたの家ですか。

【認知症高齢者の着眼点】

・質問の答えについて，家族に同意を求めたり，助けてほしいという視線や態度がないか。

・他の話にすりかえる場面はないか。

・自分がいる場所をどこだと思っているのかを，本人が理解できるような言葉を選んで問いかけ，その反応で判断する。

 特記事項の記入例

 ○やむを得ない事情で２回目の調査を行った場合，必ずその状況等
○判断根拠など，具体的な状況
🔾認知症高齢者の記入例（ 認知症 ）は区別していない。

 ⚫ 1. できる

▪独立した息子が，まだ２階の部屋にいると思い込んでいるが，自分の家にいる認識はあるので，「1. できる」と判断した。
▪老人保健施設に入所中であり，施設名は答えられなかったが，「ここは病院だよ」と答える。

⚫ 2. できない

▪何十年も現在の居住地に住んでいるが，自分がいる所を病院だと思っている（調査は自宅で実施）。
▪1年ぐらい入院しているが，自分がいる場所を自宅と答えた。
▪現在は施設に入所中だが，施設に入所していること自体を理解していない。
▪特別養護老人ホームに入居しており，「ここは自分の家です」と答えた。

異なった選択が生じやすい点

調査対象者の状況	誤った選択	正しい選択と留意点等
現在，施設に入所していることは理解しているが，施設の所在地や施設名について答えられなかった。	「2. できない」	「1. できる」を選択。施設にいることが理解できていれば「1. できる」を選択。施設の所在地や施設名を答えてもらう質問ではない。

3-8 徘徊

有無

定義

● 徘徊の頻度を評価する項目。

● 徘徊とは，歩き回る，車いすで動き回る，床やベッドの上で這い回る等，目的もなく動き回ることをいう。

徘徊
▼
確認
▼
▼

歩き回る，車いすで動き回る，床やベッドの上で這い回る等，目的もなく動き回る行動のこと

歩き回る，車いすで動き回る，床やベッドの上で這い回る等，目的もなく動き回る行動のこと

調査上の留意点

● 重度の寝たきり状態でも，ベッドの上で這い回るなど，目的もなく動き回る行動も含まれる。

選択肢の判断基準

1. ない

● 徘徊が過去１カ月間に一度も現れたことがない場合。

● 月１回以上の頻度ではほとんど現れない場合。

● 意識障害，寝たきり等の理由により，徘徊等が起こりえない場合も含む。

2. ときどきある

● 少なくとも，１カ月間に１回以上，１週間に１回未満の頻度で現れる場合。

● 定義に示した行動のうち，１つでもある場合も含む。

3. ある

● 少なくとも１週間に１回以上の頻度で現れる場合。

● 定義に示した行動の，いずれか１つでもある場合も含む。

警告コード

1.「徘徊」が「3．ある」にもかかわらず

「金銭の管理」が「1．介助されていない」

どのように質問するか

問いかけの例

・歩きまわって，困ることがありますか。

・本人へ：じっとしていられなく動いてしまい，止められるようなことはありますか。

【認知症高齢者の着眼点】

・どのような行動により介護者や家族がどのように対応しているか，またその頻度等を聞き取る→「特記事項」

・予防を行っているので「ない」場合はその予防策。

・本人や家族からよく話を聞くことが重要である。初めから否定したりせず，訴えていることを聞き取る。

・同じ状況でも，支障の感じ方は家族により差がある場合もあり得る。

・本人にとって目的があるかないかに注目する。目的がある場合は「4-8 落ち着きなし」の項目となる。

・調査中にも目的もなく動きまわることがあるかを観察する。

特記事項の記入例

 ○確認できた状態と介護の手間，選択した理由

○何らかの理由で確認できなかった場合は，その理由と状況

○日頃の状況と異なっていると考えられる場合は，調査時の状況と日頃の具体的な状況

注 認知症高齢者の記入例（ 認知症 ）は区別していない。

記入例

1. ない

- 出入口の鍵を二重にして外に出て行かないように予防している。

- 常に家族（介護者）が見守っており，徘徊できないので，「1. ない」と判断した。

- 3カ月前までは徘徊が激しく近くの交番で保護されたことがあったが，1カ月以内は無かった。

- 寝たきり状態であり，体を動かすこともできないので「1. ない」を選択。

2. ときどきある

- 月に1〜2回，目的もなく部屋の中をウロウロ歩きまわる。転倒の危険があるので見守りをしている。

- 月に1〜2回，「帰ります」と挨拶に来るので，付き添って外に出るが，なかなか戻ろうとしないため，かなりの時間がかかり，家族はその対応に困っている。

- 月に2～3回，昼夜を問わずフロアを這いまわるため，職員が探しまわる。
- 妻が目を離したすきに出て行ってしまい，自宅近くの公園を歩き回ることが月に1～2回ある。

3．ある

- 常時の徘徊があるので，センサーを衣服につけている。
- 夜になると仕事に行くと言い出し，外に出てしまう。鍵をあちらこちらにつけるが，開けてしまうため，役に立たない。家族は本人の動静を常に見守らなければならず疲労している。
- 徘徊の動きが速いため，ナースステーション（ケアステーション）から近い部屋で，常に見守りを行っている。
- 毎日のように朝，介護者が忙しい時に外へ出ていくため，見守りが必要で，その対応に苦慮している。
- 毎日施設内の外廊下を歩いており，疲れると所かまわず横になって寝てしまう。職員が本人の行動を観察しながら他の業務を行っている。
- ベッド上の生活だが，毎日ベッド上を這い回っているため「3．ある」を選択。そのため，ベッドから転倒する危険性が高く，介護者である娘は常にベッド近くにいるように気を使っている。

異なった選択が生じやすい点

調査対象者の状況	誤った選択	正しい選択と留意点等
毎日，ベッド上を這い回っているが，ベッドから下に降りて，部屋を這って動き回ることはない。	「1．ない」	「3．ある」を選択。 徘徊（目的もなく動き回る）行動とは，歩き回る，車いすで動き回る，床やベッドの上で這い回る等，目的もなく動き回る行動をいう。

3-9 外出すると戻れない 有無

定　義

外出すると戻れない行動の頻度を評価する項目。

外出すると戻れない → 外出だけでなく，居室や居住棟から出て自室や自宅に戻れなくなる行動も含む

確認 ▼

外出すると戻れない行動の頻度を評価

調査上の留意点

外出すると戻れない行動とは，外出だけでなく，居室や居住棟から出て自室や自宅に戻れなくなる行動も含まれる。

選択肢の判断基準

1. ない

外出して一人で戻れないことが，過去1カ月間に一度も現れたことがない場合。

月1回以上の頻度ではほとんど現れない場合。

意識障害，寝たきり等の理由により，外出が起こりえない場合も含む。

2. ときどきある

少なくとも，1カ月間に1回以上，1週間に1回未満の頻度で現れる場合。

3. ある

少なくとも1週間に1回以上の頻度で現れる場合。

どのように質問するか

問いかけの例

・一人で出かけて，戻れなくなるようなことがありますか。

・一人で出かけ，戻れなくなり，誰かに保護されたようなことがありますか。

【認知症高齢者の着眼点】

・どのような問題行動により介護者や家族がどのように対応しているか，またその頻度等を聞き取る→「特記事項」

・常に1対1の対応が必要な場合は，介護の状況。

・予防を行っているので「ない」場合は予防策。

・本人や家族からよく話を聞くことが重要である。初めから否定したりせず，訴えていることを聞き取る。

・同じ状況でも，支障の感じ方は家族により差がある場合もあり得る。
・入所中で，自分の居室に戻れないことも含まれる。在宅でトイレの場所等がわからないことも含まれる。

特記事項の記入例

記入内容 ⟶ ○確認できた状態と介護の手間，選択した理由
○何らかの理由で確認できなかった場合は，その理由と状況
○日頃の状況と異なっていると考えられる場合は，調査時の状況と日頃の具体的な状況
注 認知症高齢者の記入例（ 認知症 ）は区別していない。

記入例 ⟶

1．ない

- 過去に何度も迷子になったため，今は目を離さず見守っている。外出の際は介護者が必ず一緒に行くので，迷子になるようなことはない。
- 通所リハビリテーション利用中，自宅へ戻ろうとして迷子になったことが2〜3回あった。現在は職員がマンツーマンの対応をしているので無くなった。
- 外に出ると帰れなくなることが過去にあったため，食堂を経営している家族が店に連れて行き，常に見守っている。

2．ときどきある

- 月に1回くらい外出し，警察に保護されることがある。そのために，家族（介護者）は常時目を離せない。
- 自宅がオートロックのマンションなので，一人で外へ出ると戻れなくなり，管理人から連絡を受け家族が対応することが，月に1〜2回ある。
- 散歩に出かけて戻れなくなり，公園等に座っているところを近所の人が見つけ，連れ帰ってもらうことが，月に2回くらいある。
- ほぼ毎日，近所に散歩に出かけるが，月に1回くらいは，家に帰ってくることができず，近所の人に家まで送り届けてもらうことがある。

3．ある

- ウロウロしているところを近所の人に見つけられ自宅に戻る。本人は買い物に行ったと言うことが，ほぼ毎日このようなことが起きる。

- 同じ敷地内の娘宅に行くと，自宅へ戻れなくなり，娘に自分の家まで連れて来てもらうことが，週に２〜３回ある。
- 毎日トイレに行くたびに自室に戻れなくなるため，職員が常に見守りや声かけをしている。
- 施設内で自分の居室の場所が分からなくなり，ウロウロしていることが毎日ある。
- 現在は入所中で，食堂や他のフロアー等に行くと，自分の居室がわからなくなり，ほぼ毎日のように介護職員に居室へ連れて行ってもらっていることがある。

異なった選択が生じやすい点

調査対象者の状況	誤った選択	正しい選択と留意点等
現在は入所中で，自分の居室から食堂，他のフロアー等へ行くと，自分の居室がわからなくなり，ほぼ毎日のように介護職員に居室へ連れて行ってもらっている。けれども，屋外へ外出することはない。	「1.　ない」	「3.　ある」を選択。 外出すると病院，施設，家などに一人で戻れなくなる行動とは，居室や居住棟から出て自室や自宅に戻れなくなる行動をいう。

精神・行動障害

		評価軸			調査内容			
	①能力	②介助	③有無	①ADL・起居動作	②認知	③行動	④社会生活	⑤医療
4-1 被害的			●			●		
4-2 作話			●			●		
4-3 感情が不安定			●			●		
4-4 昼夜逆転			●			●		
4-5 同じ話をする			●			●		
4-6 大声を出す			●			●		
4-7 介護に抵抗			●			●		
4-8 落ち着きなし			●			●		
4-9 一人で出たがる			●			●		
4-10 収集癖			●			●		
4-11 物や衣類を壊す			●			●		
4-12 ひどい物忘れ			●			●		
4-13 独り言・独り笑い			●			●		
4-14 自分勝手に行動する			●			●		
4-15 話がまとまらない			●			●		

　これらの行動に対して，特に周囲が対応をとっていない場合や介護の手間が発生していなくても，各項目に規定された行動が現れている場合は，頻度に基づいて選択する。

　本項目は，実際の対応や介護の手間とは関係なく選択されるので，対象者への対応や介護の手間の状況については特記事項に頻度とともに記載し，介護認定審査会の二次判定（介護の手間にかかる審査判定）の判断を仰ぐことが重要である。

　また，基本調査項目の中には，該当する項目が存在しないものの類似の行動またはその他の精神・行動障害などにより，具体的な「介護の手間」が生じていることが聞き取りにより確認された場合は，類似または関連する項目の特記事項に，具体的な介護の手間の内容と頻度を記載し，介護認定審査会の二次判定の判断を仰ぐことができる。

質問のための留意点:これらの項目の聞き取りには，十分な配慮が必要である。調査開始時より本人の状況を観察し，最終的に家族（介護者）から介護の困難性について聞き取りを行うほうがよいと思われる。独居で，認知症がないと思われる場合，調査項目にこのような項目があることを示し（本人に視力の障害があれば，読み上げる），要介護認定の項目であることを伝える。

被害的

有無

定　義

● 物を盗られた等と被害的になる頻度を評価する項目。

● 物を盗られた等と被害的になるとは，実際は盗られていないものを盗られたという等，被害的な言動のことである。

被害的 ▶ 実際は盗られていないものを盗られたということ等

▼
確認
▼

物を盗られたなどと被害的になる行動の頻度を評価

調査上の留意点

● 「物を盗られた」と言うだけでなく，「食べ物に毒が入っている」「自分の食事だけがない」等の被害的な行動も含まれる。

選択肢の判断基準

1. ない

● その行動が，過去 1 カ月間に一度も現れたことがない場合。

● 月 1 回以上の頻度ではほとんど現れない場合。

● 意識障害，寝たきり等，その問題となる行動が現れる可能性がほとんどない場合も含む。

2. ときどきある

● 少なくとも，1 カ月間に 1 回以上，1 週間に 1 回未満の頻度で現れる場合。

3. ある

● 少なくとも 1 週間に 1 回以上の頻度で現れる場合。

どのように質問するか

問いかけの例

・物を盗られた等と不穏になることがありますか。

・盗られていないのに，盗られたということがありますか。

・本人へ：物がなくなったり，物が盗られたりするようなことがありますか。

・食事の後に，「ご飯を食べさせてもらっていない」等と言うことがありますか。

【認知症高齢者の着眼点】

・どのような精神・行動障害により介護者や家族がどのように対応しているか，またその頻度等を聞き取る→「特記事項」

・本人や家族からよく話を聞くことが重要である。初めから否定したりせず，訴えているこ

とを聞き取る。

・同じ状況でも，支障の感じ方は家族により差がある場合もあり得る。

・盗害妄想のみではなく，被害的な言動も含む。

✎ 特記事項の記入例

 ○１カ月以内にあった大きな変動，行動障害の頻度，予防的対策の内容等

○行動障害の起きる頻度およびそれにより生活上支障をきたしている状況

○予防的対策の内容

○やむを得ない事情で２回目の調査を行った時は，その状況等

○介護の手間と頻度

⊛認知症高齢者の記入例（ 認知症 ）は区別していない。

 ⊛ **1. ない**

▪寝たきり状態であり言葉を発することがない。

▪３カ月前までは，財布が無くなったなどと家族を疑うことが頻繁であったが，現在は金品への執着もなくなり，被害的な発言もない。

▪質問に対して反応がなく，名前も言えず独り言を発しているため，「1. ない」と判断。

⊛ **2. ときどきある**

▪不穏にはならないが，月に１～２回家族に対して「盗られた」と訴える。その都度家族は一緒に捜す対応をしている。

▪月に１～２回，「この家にはドロボウがいる」と来客に言う。

▪周囲はいつものことなので，取り合わないが，月に１～２回「○○○を盗られた」と騒ぐ。

▪不調になると，「○○を盗られた，○○（人の名）にちがいない」と言うことが月に１～２回ある。家族は，本人の訴えに対して，傾聴し気持ちがおさまるまで傍に付き添う。

▪夜間，「お金が盗られた。宝石がない」等と大声で騒ぐことが，月に２～３回くらいある。

▪認知症による短期記憶の障害があり，自分で財布やバックを押し入れや箪笥にしまいこむが，月に数回「ヘルパーが財布を盗った」ということがある。

● 3. ある

- 週に1回は「お金を盗られた」と落ち着かなくなるので，家族は一緒に探すようにしている。
- 毎日のようにハンドバッグを抱えこみ，「入っていたはずのお金がない」と不穏になる。
- 週に1回くらい，財布を盗られたと被害的になる。後から財布が出てきても「知らないうちに戻しにきた」と頑固になり，前後は不安定になる。
- 週に4～5回，自分が通帳を引き出しにしまったことを忘れ，「盗られた」と騒ぐ。
- 週に3～4回，他の入居者が自分の衣類を盗ったと責めるため，職員が仲裁に入るが，大声でなじる。
- 「娘が私のご飯を作ってくれない，食べさせてもらえない」と毎日のように言うので，娘のストレスとなっている。
- 「ドロボウが入った」と，週に1回くらい，交番へ行ったり，警察へ電話をかけたりするため，家族のストレスになっている。
- 食べ物に毒が入っていると言い，食事を拒否することが週に1回あるため「3. ある」を選択。少し時間をおけば食事をすることも多いが，その都度，納得させるための説明に時間がかかる。
- 「ホームヘルパーがお金を盗んだ」と言うことが週に1回程度あるため，「3. ある」を選択。このほか，ホームヘルパーが訪問してくるたび（週3回）に悪態をつく。ヘルパーや家族はストレスを感じているが，特に対応をせずに聞き流している。

異なった選択が生じやすい点

調査対象者の状況	誤った選択	正しい選択と留意点等
食べ物に毒が入っていると言い，食事を拒否することが週1，2回ある。	「1. ない」	「3. ある」を選択。 「物を盗られたなどと被害的になる」行動とは，「物を盗られた」と言うだけでなく，「食べ物に毒が入っている」「自分の食事だけがない」等の被害的な行動も含む。

4-2 作話

有無

- 作話の頻度を評価する項目。
- 作話とは，事実と異なる話をすることをいう。

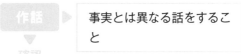

作話 ▶ 事実とは異なる話をすること

確認
▼

作話行動の頻度を評価

- 自分に都合のいいように事実と異なる話をすることも含まれる。
- 自分の失敗を取り繕おうとして，ありもしないことを話す場合も含まれる。

1.　ない

- その行動が，過去 1 カ月間に一度も現れたことがない場合。
- 月 1 回以上の頻度ではほとんど現れない場合。
- 意識障害，寝たきり等，その問題となる行動が現れる可能性がほとんどない場合も含む。

2.　ときどきある

- 少なくとも，1 カ月間に 1 回以上，1 週間に 1 回未満の頻度で現れる場合。

3.　ある

- 少なくとも 1 週間に 1 回以上の頻度で現れる場合。

どのように質問するか

問いかけの例

- 事実と違う話をすることがありますか。
- 事実と違うことを言って家族や近所の方がふりまわされて困ることがありますか。
- 本人へ：○○さんがお話ししたことを，周りの人が否定する（信じていなかったり，「嘘だ」と言われてしまう）ことがありますか。

【認知症高齢者の着眼点】

- どのような精神・行動障害により介護者や家族がどのように対応しているか，またその頻度等を聞き取る→「特記事項」
- 本人や家族からよく話を聞くことが重要である。初めから否定したりせず，訴えていることを聞き取る。
- 同じ状況でも，支障の感じ方は家族により差がある場合もあり得る。

・実際にないことを話すだけではなく，周囲に言いふらし混乱させることをいう。

特記事項の記入例

 ○１カ月以内にあった大きな変動，行動障害の頻度，予防的対策の内容等
○行動障害の起きる頻度およびそれにより生活上支障をきたしている状況
○予防的対策の内容
○やむを得ない事情で２回目の調査を行った時は，その状況等
○介護の手間と頻度
●認知症高齢者の記入例（ 認知症 ）は区別していない。

● 1. ない

- 30年前に亡くなった夫が会社からまだ帰って来ない，と言うことが２ヵ月前まではあったが，現在は気力がなくなり言うことはない。
- 現在は入所中で，ここ１カ月ではないため「1. ない」を選択。しかし，居室が変更になる前までは，他の入所者に「職員さんが呼んでいる」「あなたの悪口を○○さんが言っている」等と事実と異なることを，ほぼ毎日話していた。トラブルになったことはなかったため，特別の対応はしていない。

● 2. ときどきある

- 月に１～２回，近所へお茶を飲みに行き，「嫁が私をいじめている」と言うので嫁のストレスとなっている。
- 嫁との会話の内容を曲解して他人に事実と違う話をすることが，月に１～２回ある。嫁はストレスのため体調を崩し，現在精神科へ通院中である。
- 「長男が暴力をふるう」と別居の次男に電話をすることが月に１～２回あり，同居の長男は強いストレスを感じている。
- タンスの中に汚れた下着があり，本人に聞くと「誰かが来てタンスの中に入れた」と言うことが月に２～３回ある。家族は臭気を防ぐために週に数回はタンスの中をチェックしている。

● 3. ある

- 毎日，近所の人に「家の嫁はごはんを食べさせてくれない」と言うため，介護者のストレスとなっている。

- 顔見知りの人に会うと，「引っ越します。お世話になりました」と挨拶をすることが週に2回くらいある。介護者は後日近所の人から話を聞き，訂正して回るのに苦労している。
- 理解できていなくても本当にあったように話を合わせようとするため，結果的に作話をしてしまうと言われることが週に2回くらいあり，本人のストレスになっている。
- 毎晩のように廊下に排尿をするが，「泥棒が入って水をまいた」と言うことが週に3回くらいある。家族はその都度，廊下の清掃をするため，睡眠不足である。
- 毎日作話があるが，夫婦二人暮らしで，介護者に言うだけである。
- 日中は一人で留守番をしているが，家族が帰宅すると，「○○さんが訪ねてきた」「集金に来た」など，事実と異なることを毎日のように報告する。頻度から「3. ある」を選択。家族はそのたびに確認を行わなければならず，手間となっている。

異なった選択が生じやすい点

調査対象者の状況	誤った選択	正しい選択と留意点等
汚れたオムツをしまいこんでいるのがわかると「赤ちゃんのオムツを捨てていく人がいるの」と言って取り繕うことが月に数回ある。	「1. ない」	「2. ときどきある」を選択。自分の都合のいいように事実と異なる話をしているものと考えられるので，「2. ときどきある」を選択する。

4-3 感情が不安定 　有無

定　義
● 泣いたり，笑ったりして感情が不安定になる頻度を評価する項目。
● 泣いたり，笑ったりして感情が不安定になるとは，悲しみや不安等により涙ぐむ，感情的にうめく等の状況が不自然なほど持続したり，あるいは不適切な場面や状況で突然笑い出す，怒り出す等，場面や目的からみて不適当な行動をいう。

感情が
不安定
▼
確認
▼

「泣いたり，笑ったりして感情が不安定になる」行動とは，場面や目的からみて不適当な行動のこと

泣いたり，笑ったりして感情が不安定になる行動の頻度を評価

調査上の留意点
● もともと感情の起伏が大きい等ではなく，場面や目的からみて不適当な行動があるかどうかで判断。

選択肢の判断基準
1. ない
 ● その行動が，過去 1 カ月間に一度も現れたことがない場合。
 ● 月 1 回以上の頻度ではほとんど現れない場合。
 ● 意識障害，寝たきり等，その問題となる行動が現れる可能性がほとんどない場合も含む。
2. ときどきある
 ● 少なくとも，1 カ月間に 1 回以上，1 週間に 1 回未満の頻度で現れる場合。
3. ある
 ● 少なくとも 1 週間に 1 回以上の頻度で現れる場合。

どのように質問するか
問いかけの例 ｜ ・急に泣いたり，笑ったりして家族が困ることがありますか。

【認知症高齢者の着眼点】
・どのような精神・行動障害により介護者や家族がどのように対応しているか，またその頻度等を聞き取る→「特記事項」
・常に 1 対 1 の対応が必要な場合は，介護の状況
・本人や家族からよく話を聞くことが重要である。初めから否定したりせず，訴えていることを聞き取る。
・同じ状況でも，支障の感じ方は家族により差がある場合もあり得る。
・テレビの悲しい場面ですぐ泣いている場合は含まない。

特記事項の記入例

 記入内容

○1ヵ月以内にあった大きな変動，行動障害の頻度，予防的対策の内容等
○行動障害の起きる頻度およびそれにより生活上支障をきたしている状況
○予防的対策の内容
○やむを得ない事情で2回目の調査を行った時は，その状況等
○介護の手間と頻度
⊛認知症高齢者の記入例（ 認知症 ）は区別していない。

記入例

● **1. ない**

- 感情が不安定であり，不定愁訴，不眠症のため薬を内服中。
- 月に1〜2回感情が不安定になる。周囲が理解しており，受容しているため，「1. ない」と判断した。
- 家族の話では，昔から涙もろく，昔話などをしていると，すぐに泣いてしまうというが，場面や目的からみて不適当な行動ではないため，「1. ない」と判断。家族も慣れているため，軽くなだめる程度で，特に対応していない。

● **2. ときどきある**

- 月に1〜2回落ちこんだり，急に笑い出し陽気にしゃべり続けたりする。
- 一度いやだと拒否すると，その後感情が高揚し，しばらく抑えられなくなることが，月に1回くらいある。通所介護の利用日であっても，活動への参加を拒むことがある。
- 知人が亡くなった等の悲しいことを聞くと泣き続け，なかなかおさまらなくなる（月に1回程度）。
- 面接時，10分経過したあたりから「恐いよ」と不安になった。家族によるとこのようなことが，月に1〜2回ある。
- 老人保健施設に入所中で，相談員が呼び出しをすると退所要請と思い込み，「早く本題に入れ」と大声を出したり，お茶の入った湯呑みをたたきつける。（月に1〜2回）。
- 面会に来た家族が帰った後で不穏になり，職員や入所者に対して急に怒りだすことが月に1〜2回ある。
- 通所介護利用中（ゲームをしていた）に急に泣きだしたりするので，スタッフがなだめることが月に1〜2回ある。

- 体調が悪くなると不安になり，長女に頻回（1日に5〜6回）に電話をかけ泣き出すことが月に1〜2回ある。就労している長女はその都度，本人を落ち着かせるための対応をしており，負担となっている。

● 3. ある

- 何を言おうとしたかわからなくなり，突然泣きだしてしまった。このようなことが週に1回くらいある。
- 週に1回くらい，訳もなく怒ったり泣いたりする。
- 毎夜，ナースコールで「淋しい」「トイレ」等と訴え，泣きだす。
- 他の人の介護をしていると，「どうして私にはしてくれないの」と職員を何度も呼び泣きだす（週に1〜2回）。
- 話題が家族のことになると急に泣きだし，「迷惑をかけるので死にたい」などといいだす。毎日落ち着くまで，職員がそばについている。
- 談話室などで職員と穏やかに会話していると，脈絡なく怒りだして収まらなくなることが，週に1回程度ある。職員はそのたびにそばに付き添い，なだめるため手間がかかっている。

異なった選択が生じやすい点

調査対象者の状況	誤った選択	正しい選択と留意点等
家族の話では，昔から涙もろく，テレビドラマなどを見ているとすぐに泣いてしまうことが，1ヵ月間で1〜2回ある。	「2. ときどきある」	「1. ない」を選択。もともと感情の起伏が大きい等ではなく，場面や目的からみて不適当な行動があるかどうかで判断。

第4群　精神・行動障害

4-4　昼夜逆転　　　　　　　　有無

定義

● 昼夜の逆転がある行動の頻度を評価する項目。
● 昼夜の逆転がある行動とは，夜間に何度も目が覚めるため，疲労や眠気があり，日中に活動できない，もしくは昼と夜の生活が逆転し，通常，日中行われる行為を夜間に行っている等の状況をいう。

昼夜逆転 ▶ 夜間に何度も目覚めることがあり，そのために疲労や眠気があり日中に活動できない，もしくは昼と夜の生活が逆転し，通常，日中行われる行為を夜間行っているなどの状況

▼
▼
確認
▼

昼夜の逆転がある行動の頻度を評価

調査上の留意点

● 夜更かし（遅寝遅起き）等，単なる生活習慣として，あるいは，蒸し暑い，周囲の騒音がひどい等の生活環境のために眠れない場合は該当しない。
● 夜間眠れない状態やトイレに行くための起床は含まれない。

選択肢の判断基準

1. ない
   ● その行動が，過去1カ月間に一度も現れたことがない場合。
   ● 月1回以上の頻度ではほとんど現れない場合。
   ● 意識障害，寝たきり等，その問題となる行動が現れる可能性がほとんどない場合も含む。
2. ときどきある
   ● 少なくとも，1カ月間に1回以上，1週間に1回未満の頻度で現れる場合。
3. ある
   ● 少なくとも1週間に1回以上の頻度で現れる場合。

どのように質問するか

問いかけの例

・夜中に起きて，「ご飯が食べたい」等と言って家族を困らすことがありますか。
・夜中に起きて，テレビをみているために日中でデイサービスで居眠りをして活動ができないことがありますか。
・夜中に起きて，雨戸を開け，電気をつけて家族に「起きて，ご飯を作って」と言うことがありますか。

【認知症高齢者の着眼点】

・どのような精神・行動障害により介護者や家族がどのように対応しているか，またその頻度等を聞き取る→「特記事項」

・本人や家族からよく話を聞くことが重要である。初めから否定したりせず，訴えていることを聞き取る。

・同じ状況でも，支障の感じ方は家族により差がある場合もあり得る。

・夜遅くまで起きている習慣や，寝付きが悪い場合は含まない。

特記事項の記入例

記入内容 ○1カ月以内にあった大きな変動，行動障害の頻度，予防的対策の内容等
○行動障害の起きる頻度およびそれにより生活上支障をきたしている状況
○予防的対策の内容
○やむを得ない事情で2回目の調査を行った時は，その状況等
○介護の手間と頻度
注 認知症高齢者の記入例（ 認知症 ）は区別していない。

記入例 ● 1. ない

▪ 該当しないので「1. ない」としたが，筋痙攣が起こると明け方まで眠れないことが，週に1回くらいある。

▪「寝付きが悪い」との訴えがあったが，該当しないため「1. ない」とした。

▪ 夜中2時間程起きていることが常で，この状態が本人の生活リズムになっている。

▪ 不眠のため安定剤を使用し良眠しているので，「1. ない」と判断した。

▪ 夜間頻尿のため，夜中に2〜3回ほどは起きることがあるが，昼夜の生活が逆転している行動はない。

● 2. ときどきある

▪ 月に1〜2回，一昼夜眠り続けた後，夜間起きていて話しかけるため，家族（介護者）は不眠となっている。

▪ 2週間に1回，受診に行った日は，夜間眠らず大声を出す。家族（介護者）が手を握っていると安心する。

- 月に1回くらい，夜中に起きだし荷造りを始める。家族が説得すると収まるが，翌日荷物を片づけさせるのにも説得を要し，介護の負担となっている。
- 月に数回，夜中に起きて雨戸を開け「早く起きろ」と家族を起こすので，家族は夜中であることを説明して寝かせる介助をする。
- 月に1～2回夜中に起きて，「朝ごはんの支度をする」と言って冷蔵庫の開け閉めをしたりガスを使ったりするので，家族は寝る前にガスの元栓を閉めている。

3. ある

- 睡眠薬の投与により昼までうとうとして，夜間に覚醒してしまい，部屋の中を動きまわることが週に2～3回ある。
- 毎日のように夜間大声を出すので昼間は話をしたり外に連れ出し，起きているように家族が交代で関わっている。
- 周期的（2～3日おき）に昼夜逆転があり，一晩中リズムをとってベッド柵をたたき，うなり声を出し続ける。
- 週に1回くらい，夜中トイレに起きた後，居間に布団を持ってきたり，衣服を着替えたりする。翌日は食事中に眠くなり，朝食が摂れないことがある。
- 月に4～5回，夜間に「コーヒーを出せ」「淋しい」と家族を起こす。
- 毎晩同室の入所者にしつこく話しかけるため，個室に移したら，用もないのに頻繁にナースコールをして「風呂に入る」「ご飯が食べたい」と言う。
- 家族の話では，夜中にタンス等をあけて預金通帳を探し始める（週2回）というので，「3. ある」を選択。家族はその際，本人が寝つくまで付き添っている。
- 毎晩独語があり，同室者からの苦情が絶えず，介護者が話しかけて入眠を促している。

異なった選択が生じやすい点

調査対象者の状況	誤った選択	正しい選択と留意点等
毎晩3～4回ほど目を覚ますが，昼寝をすることもない。	「3. ある」	「1. ない」を選択。 夜中に目が覚めることによって，日中の活動ができないかどうかで判断。

第4群　精神・行動障害

4-5　同じ話をする　有無

定　義

●しつこく同じ話をする頻度を評価する項目。

調査上の留意点

●性格や生活習慣から単に同じ話をするというのではなく，場面や目的からみて不適当な行動があるかどうかで判断。

選択肢の判断基準

1. ない

●その行動が，過去 1 カ月間に一度も現れたことがない場合。

●ほとんど月 1 回以上の頻度では現れない場合。

●意識障害，寝たきり等，その問題となる行動が現れる可能性がほとんどない場合も含む。

2. ときどきある

●少なくとも，1 カ月間に 1 回以上，1 週間に 1 回未満の頻度で現れる場合。

3. ある

●少なくとも 1 週間に 1 回以上の頻度で現れる場合。

どのように質問するか

問いかけの例

・同じ話を何度も言って，困ることがありますか。

・一度聞いたことを数分後に，聞いたりすることがありますか。

【認知症高齢者の着眼点】

・どのような精神・行動障害により介護者や家族がどのように対応しているか，またその頻度等を聞き取る→「特記事項」

・本人や家族からよく話を聞くことが重要である。初めから否定したりせず，訴えていることを聞き取る。

・同じ状況でも，支障の感じ方は家族により差がある。

特記事項の記入例

 ○１カ月以内にあった大きな変動，行動障害の頻度，予防的対策の内容等
○行動障害の起きる頻度およびそれにより生活上支障をきたしている状況
○予防的対策の内容
○やむを得ない事情で２回目の調査を行った時は，その状況等
○介護の手間と頻度
⊛認知症高齢者の記入例（ 認知症 ）は区別していない。

記入例

● 1. ない

▪ 毎日独語があるが，家族（介護者）は特に迷惑を感じていない。

▪ 寝たきり状態で自ら発語することはない。

▪ 家族の話では，昔から同じ話をすることが多かったというが，場面や目的からみて不適当な行動ではない。

● 2. ときどきある

▪ 月に２〜３回，家族（介護者）が昔失敗した話をエンドレステープのように言うため，家族のストレスになっている。

▪ 女学校時代の話を10回くらい繰り返し話し続ける。このようなことが月に１〜２回ある。

▪ 食事中に月に１〜２回，大声で話し出し，玄関の鍵が閉まっているか等と，場面に合わないような同じ話を繰り返す。

● 3. ある

▪ 納得ができるまで，くどくど何回でも聞くことが週に２〜３回くらいある。

▪ ２〜３分前に話したことを忘れ，何度も繰り返し話すことが毎日あり，家族（介護者）はノイローゼ気味である。

▪ 毎日，（学校の先生をしていた頃の）昔の話を何度も繰り返し話す。

▪ 通所介護の利用日のことが気になり，毎日のように入浴や，食事の最中に「明日どこに行くの」と繰り返し聞くので，家族はその受け答えがストレスになっている。

▪ 話をするときはどのような場面でも「私は自律神経失調症で」と前置きしてから会話を始める。明らかに話している内容と無関係に同じ話をする。

異なった選択が生じやすい点

調査対象者の状況	誤った選択	正しい選択と留意点等
家族の話では，昔から繰り返し同じ話をすることが多かったという。	「3. ある」	「1. ない」を選択。性格や生活習慣から，しつこく同じ話をするというのではなく，場面や目的からみて不適当な行動があるかどうかで判断。

4-6 大声をだす　有無

定　義

- 大声をだす頻度を評価する項目。
- 大声をだすとは，周囲に迷惑になるような声を出す行動をいう。

大声をだす ▼ 確認 ▼

周囲に迷惑となるような大声をだす行動のこと

大声をだす行動の頻度を評価

調査上の留意点

- 性格や生活習慣から，日常会話で声が大きい等ではなく，場面や目的からみて不適当な行動があるかどうかで判断。

選択肢の判断基準

1. ない
   - その行動が，過去 1 カ月間に一度も現れたことがない場合。
   - 月 1 回以上の頻度ではほとんど現れない場合。
   - 意識障害，寝たきり等，その問題となる行動が現れる可能性がほとんどない場合も含む。
2. ときどきある
   - 少なくとも，1 カ月間に 1 回以上，1 週間に 1 回未満の頻度で現れる場合。
3. ある
   - 少なくとも 1 週間に 1 回以上の頻度で現れる場合。

どのように質問するか

問いかけの例
- ・大きな声をだして困ることがありますか。
- ・周囲に迷惑になるような大声をだすことがありますか。
- ・突然，大きな声で怒鳴り散らすことがありますか。

【認知症高齢者の着眼点】

- ・どのような精神・行動障害により介護者や家族がどのように対応しているか，またその頻度等を聞き取る→「特記事項」
- ・常に 1 対 1 の対応が必要な場合は，介護の状況
- ・本人や家族からよく話を聞くことが重要である。初めから否定したりせず，訴えていることを聞き取る。
- ・同じ状況でも，支障の感じ方は家族により差がある場合もあり得る。
- ・元来の性格で怒りっぽい場合は含まない。

・難聴のため大きな声をだしているのかどうか確認する。

特記事項の記入例

記入内容 ➡ ○ 1ヵ月以内にあった大きな変動, 行動障害の頻度, 予防的対策の内容等
○行動障害の起きる頻度およびそれにより生活上支障をきたしている状況
○予防的対策の内容
○やむを得ない事情で2回目の調査を行った時は, その状況等
○介護の手間と頻度

㊟認知症高齢者の記入例 (認知症) は区別していない。

記入例 ➡ ● 1. ない

▪寝たきりで発語がないため,「1. ない」と判断。
▪介護者である妻を呼ぶ際に, よく大声をだすが, ふだんから声が大きいので「1. ない」とした。
▪難聴のため, 会話時に大きな声をだすのが習慣化している。

● 2. ときどきある

▪月に2〜3回, 大声でどなるので, 家族(介護者)は不快になる。
▪月に1回くらい,何かを思い出して急に家族(介護者)をどなったりする。相手にせず昼寝させると元に戻る。
▪玄関に小水をしたことを言うと,手を上げ大きな声をだす(月に1〜2回)。
▪月に2回の家族の面会後, 妻の名前を叫び続け, 他の入所者を不安にさせるので職員は対応に苦慮する。

● 3. ある

▪週に2〜3回, 理由もなく大声でわめくため, 周囲の迷惑となっている。
▪毎日家族(介護者)の姿が見えないと大声をあげるため, 常に誰かが見える場所にいるようにしている。
▪車いすで思うように移動できず, (1日に3〜4回程度)大声をだす。
▪甲高い声で昼夜を問わず, 泣いたり騒いだりする。週に1度くらいであるが, 2〜3回続く。
▪問いかける質問内容に対して突然「バカヤロー」「なぐるぞ」などと大声をあげることが毎日ある。

- 本人の考え通りにならない時，大声をだす。特に夜間コールで訴える（週に2〜3回）。同室者が目を覚まし，不眠になるので，本人をなだめている。
- 排泄介助を嫌い毎日大声で拒否するため，介護者の精神的負担となっている。
- 毎日，夕方になると外に向かって大声で怒鳴り始めるので，家族は毎回なだめている。落ち着くまで30分は目が離せない。場面や目的からみて不適当な行動のため，「3. ある」を選択した。

異なった選択が生じやすい点

調査対象者の状況	誤った選択	正しい選択と留意点等
性格や生活習慣から声が大きく，妻を呼ぶ際にも大声をだすことが多い。	「3. ある」	「1. ない」を選択。 性格や生活習慣から，声が大きい場合等ではなく，場面や目的からみて不適当な行動があるかどうかで判断。

第4群　精神・行動障害

4-7　介護に抵抗　有無

定　義

●介護に抵抗する頻度を評価する項目。

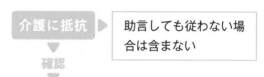

介護に抵抗 ▶ 助言しても従わない場合は含まない

▼
確認
▼

介護に抵抗する行動の頻度を評価

調査上の留意点

●単に助言しても従わない場合（言っても従わない場合）は含まれない。

選択肢の判断基準

1. ない

●その行動が，過去 1 カ月間に一度も現れたことがない場合。

●月 1 回以上の頻度ではほとんど現れない場合。

●意識障害，寝たきり等，その問題となる行動が現れる可能性がほとんどない場合も含む。

2. ときどきある

●少なくとも，1 カ月間に 1 回以上，1 週間に 1 回未満の頻度で現れる場合。

3. ある

●少なくとも 1 週間に 1 回以上の頻度で現れる場合。

どのように質問するか

問いかけの例　・介護しようとする時，抵抗などして困ることがありますか。

・着替えやトイレの介助をしようとして，（介助者の）手を払ったりたたいたりすることがありますか。

・介護しようとした時に，暴力をふるわれることがありますか

【認知症高齢者の着眼点】

・どのような精神・行動障害により介護者や家族がどのように対応しているか，またその頻度等を聞き取る→「特記事項」

・常に 1 対 1 の対応が必要な場合は，介護の状況

・本人や家族からよく話を聞くことが重要である。初めから否定したりせず，訴えていることを聞き取る。

・同じ状況でも，支障の感じ方は家族により差がある場合もあり得る。

・介護者の価値観や押しつけにより，介護を受け入れない場合もある。

・自尊心が強く，人から指示されることを嫌う場合は含まない。

✎ 特記事項の記入例

 ○１カ月以内にあった大きな変動，行動障害の頻度，予防的対策の内容等

○行動障害の起きる頻度およびそれにより生活上支障をきたしている状況

○予防的対策の内容

○やむを得ない事情で２回目の調査を行った時は，その状況等

○介護の手間と頻度

😊 認知症高齢者の記入例（ 認知症 ）は区別していない。

記入例 ➡

💿 1.　ない

▪ 四肢麻痺の状態で身体が動かせないので抵抗することはない。

▪ 重度の意識障害のため「1.　ない」と判断した。

▪ 家族の話では，夜間の尿失禁があるため，毎夜，寝る前にトイレに行くように声をかけるが，そのまま寝てしまうので尿失禁が週１回ぐらいある。

💿 2.　ときどきある

▪ 月に２～３回，入浴を勧めても介護者の手をたたいたり，つねったりして入浴に抵抗するので，家族が清拭を行っている。

▪ 介護の方法が気に入らないと，介護者を蹴ることが月に１～２回ある。

▪ 妻の介護に素直に応じず，手を払いのけたり，ひっかいたりするので着替えができないことが月に１～２回ある。

💿 3.　ある

▪ 着替えを嫌い，脱がせようとすると介護者にツバをかけることが週に１回ある。

▪ ベッドから車いすへの移乗時は毎回ベッドにしがみついて手を離さない。

▪ トイレに誘導しようとすると，手すりにしがみつき，動こうとしない。結果として失禁することが日に３～４回あり，介護の手間が増えている。

▪ オムツ交換時に介護を嫌がり，介護者の手をつかんでしまうため，毎回２人体制で行っている。

▪ 異性の職員が介助しようとすると，噛みついたり，手をつねることが週２

〜3回くらいある。できるだけ同性が対応するように調整している。

- 週に1〜2回訪問する医師や看護師の指示を聞かず，服薬も訪問診療・訪問看護も拒否してしまう。寝たきりで通院させることができず，家族は困っている。
- 介助のあらゆる場面で，介護者の手を払ったり介護を拒否することが，ほぼ毎日ある。他の介護者が話しかけ，気持ちを落ち着かせながら介助を行っており，手間どっている。

異なった選択が生じやすい点

調査対象者の状況	誤った選択	正しい選択と留意点等
家族の話では，夜間の尿失禁があるため，毎夜，寝る前にトイレに行くように声をかけるが，そのまま寝てしまい，尿失禁が週1回ぐらいあるという。	「3. ある」	「1. ない」を選択。 介護に抵抗する行動は，単に，助言しても従わない場合（言っても従わない場合）は含まない。

4-8 落ち着きなし　　　　　　　　有無

定　義

● 「家に帰る」等と言い，落ち着きがない行動の頻度を評価する項目。

● 落ち着きがない行動とは，施設等で「家に帰る」と言ったり，自宅にいても自分の家であることがわからず「家に帰る」等と言って落ち着きがなくなる行動をいう。

「家に帰りたい」という意思表示と，落ち着きのない状態の両方がある場合だけ該当。

落ち着きなし ▶ 確認 ▶ 「家に帰りたい」という意思表示と落ち着きのない状態の両方がある場合のみ該当

「家に帰る」等と言い落ち着きがない行動の頻度を評価

調査上の留意点

● 単に「家に帰りたい」と言うだけで，状態が落ち着いている場合は含まれない。

選択肢の判断基準

1. ない

● その行動が，過去1カ月間に一度も現れたことがない場合。

● 月1回以上の頻度ではほとんど現れない場合。

● 意識障害，寝たきり等，その問題となる行動が現れる可能性がほとんどない場合も含む。

2. ときどきある

● 少なくとも，1カ月間に1回以上，1週間に1回未満の頻度で現れる場合。

3. ある

● 少なくとも1週間に1回以上の頻度で現れる場合。

どのように質問するか

問いかけの例
・落ち着きがなく，目が離せないようなことがありますか。
・落ち着きがなく，言ってもわかってもらえないようなことがありますか。
・(自分の家にいるのに)「家に帰りたい」と言って落ち着かなくなることがありますか。

【認知症高齢者の着眼点】

・どのような精神・行動障害により介護者や家族がどのように対応しているか，またその頻度等を聞き取る→「特記事項」

・常に1対1の対応が必要な場合は，介護の状況

・本人や家族からよく話を聞くことが重要である。初めから否定したりせず，訴えていることを聞き取る。

・同じ状況でも，支障の感じ方は家族により差がある場合もあり得る。

・本人にとって目的があるかないかに注目する。目的がない場合は「3-8 徘徊」の項目となる。

・入院・入所中，単に「家に帰りたい」という場合は含まない。

特記事項の記入例

記入内容 ➡

○1カ月以内にあった大きな変動，行動障害の頻度，予防的対策の内容等

○行動障害の起きる頻度およびそれにより生活上支障をきたしている状況

○予防的対策の内容

○やむを得ない事情で2回目の調査を行った時は，その状況等

○介護の手間と頻度

注 認知症高齢者の記入例（ 認知症 ）は区別していない。

記入例 ➡

● **1. ない**

▪ 寝たきり状態のため「1. ない」と判断。

▪ 精神安定剤の投与によりコントロールされており「1. ない」とした。

▪ 施設で毎日のように「家に帰りたい」「家に帰してほしい」と職員に話しはするが，状態としては落ち着きがないというほどではない。

● **2. ときどきある**

▪ 夕方になると「家に帰る」と言い落ち着かなくなることが，月に2回ほどある。忙しくて見守れない時は，出入口に鍵をかけている。

▪ 夕方になると自分の荷物をまとめ，「お世話になりました。これから家に帰ります」と，荷物を持って施設内を動き回ることが，月に2～3回ある。本人が外に出るのをあきらめるまで職員が付き添っている。

▪ 月に3回くらい，「お父さん，家に帰ろう」と言いだし，落ち着きがなくなるため，しばらく話し相手をして気持ちを和らげている。

▪ 家にいるのに，家に帰ると言い張り，身のまわりの衣類をまとめタンスを開けたり閉めたりして落ち着かなくなることが月に1回くらいあるため，家族が説得するのに苦慮している。

▪ 「通帳がない」と言って落ち着かなくなることが月に2～3回あり，家族に訴え続けるので，その都度一緒に探したりしている。

● 3. ある

- 自宅にいるのに，1日に何度も「家に帰ります」と言い，玄関を出たり入ったりするのでその都度説得し，気を紛らわせるように対応している。

- 「家に帰る」と言い，施設内を歩き回ることが，週に3回くらいある。本人の気持が他のことに移るように話題をかえて話しかける等の対応をしている。

- 自宅にいるのに「帰る」と言い，大声でわめき散らすことがあり，その都度説明するが，なかなか納得しないことが週に2～3回あるため，家族（介護者）がストレスを感じている。

- 老人保健施設に入所中であるが，毎日のように「家に帰るので息子に電話してくれ」と言って落ち着かなくなる。

- 現在は自宅で家族と同居しているが，毎日「家に帰る」と言い，家の中をうろうろし始める。普段は対応しなくてもすぐに落ち着くが，週に2～3回興奮して暴れることがあり，そのたびに家族はなだめなければならず手間がかかっている。

異なった選択が生じやすい点

調査対象者の状況	誤った選択	正しい選択と留意点等
施設で毎日のように「家に帰りたい」「家に帰してほしい」と職員に話しているが，落ち着きがないというほどの行動は起きていない。	「3. ある」	「1. ない」を選択。 単に「家に帰りたい」と言うだけで，落ち着いている場合は含まない。

第4群　精神・行動障害

4-9 一人で出たがる

有無

定　義

●一人で外に出たがり，目が離せない行動の頻
　度を評価する項目。

一人で
出たがる ▶

環境上の工夫等で外に出
ることがなかったり，歩
けない場合等は含まない

▼
確認
▼

一人で外に出たがり目が離せない行動の
頻度を評価する項目

調査上の留意点

●環境上の工夫等で外に出ることがなかったり，または歩けない場合等は含まれない。

選択肢の判断基準

1. ない

　●その行動が，過去１カ月間に一度も現れたことがない場合。

　●月１回以上の頻度ではほとんど現れない場合。

　●意識障害，寝たきり等，その問題となる行動が現れる可能性がほとんどない場合も含む。

2. ときどきある

　●少なくとも，１カ月間に１回以上，１週間に１回未満の頻度で現れる場合。

3. ある

　●少なくとも１週間に１回以上の頻度で現れる場合。

警告コード

「一人で出たがる」が「3. ある」にもかかわらず
「金銭の管理」が「1. 介助されていない」

どのように質問するか

問いかけの例　・外に出たがり，目が離せずに困るようなことがありますか。

　　　　　　　・一人で外に出ようとするので，防止のために工夫していることがありま
　　　　　　　　すか。

【認知症高齢者の着眼点】

・どのような問題行動により介護者や家族がどのように対応しているか，またその頻度等を
　聞き取る→「特記事項」

・予防を行っているので「ない」場合は予防策。

・本人や家族からよく話を聞くことが重要である。初めから否定したりせず，訴えていることを聞き取る。
・同じ状況でも，支障の感じ方は家族により差がある場合もあり得る。
・予防しても防ぎきれない状況があるか。

 特記事項の記入例

記入内容 ▶　○１カ月以内にあった大きな変動，行動障害の頻度，予防的対策の内容等
　　　　　○行動障害の起きる頻度およびそれにより生活上支障をきたしている状況
　　　　　○予防的対策の内容
　　　　　○やむを得ない事情で２回目の調査を行った時は，その状況等
　　　　　○介護の手間と頻度
　　　　　※認知症高齢者の記入例（ 認知症 ）は区別していない。

記入例 ▶　● 1. ない
　　▪寝たきりで外に出ることはできない。
　　▪外に出て行くと言ってきかず，日に何度も玄関に行くので，二重に鍵をかけて出られないようにしている。
　　▪建物内の出口を探し求めて始終ウロウロするため，本人の手の届かないところに鍵をつけている。
　　▪夜間不穏で外に出たがることがあったが，昼間の活動に積極的に誘うようにしたら，無くなった。
　　▪以前は，目を離すとすぐに家の外に出てしまっていたが，下肢の筋力低下が進み，歩行が困難になったため，現在は，実際に外に出て行くことはない。

　　● 2. ときどきある
　　▪娘や孫からの電話に出ると，その後「迎えに行ってくる」等と言い，外に出かけようとするため，しばらく相手をして気をそらせることが月に１〜２回ほどある。
　　▪銀行や，買い物に行く等と言い，外に出たがるので，その都度「休みだから明日ね」等と説得することが月に１〜２回ある。
　　▪錠をかけ忘れると一人で外に出て行ってしまうことが，月に１回程度ある。介護者は耳が遠いので気づかず，警察に保護される。

● 3. ある

- 朝になると，毎日「会社に行く」と言って外に出たがるため，引き止めるのが大変で家族が交代で対応している。
- ほんの少しの間でも外に出て行こうとすることが毎日のようにあるため，常に目が離せない。
- どうしても外出を止められないため，1日3〜4回一緒に散歩しているが，かなりの負担になっている。
- 「買い物に行く」と言って一人で出たがるためドアチェーンをかけているが，かけ忘れると介護者は耳が遠いので出て行ったことに気がつかない。近所の方から通報を受けて迎えに行くことが，週に1〜2回ある。
- エレベーターのボタンを押したり，非常階段のドアを開けて外出しようとすることが毎日あるため，常に見守りが必要。
- 毎日のように「今日は○○センターに行くの」と言って外に行こうとするので，今日は通所介護に通う日ではないことを，何回も説明している。
- 施設の入り口まで出て行き，タクシーを呼ぶように事務員に話しかけることが毎日のように見られることから「3. ある」を選択。居室に戻るまで5分程度は説明をしなければならず，手間となっている。

異なった選択が生じやすい点

調査対象者の状況	誤った選択	正しい選択と留意点等
以前は，毎日のように外に出ようとしていた。施設のフロアーの外や階段，エレベーターの前に観葉植物を置いたところ，現時点では一人で出たがる行動はなくなった。観葉植物を置かないと，そうした行動が週5回ほど起こると考えられる。	「3. ある」	「1. ない」を選択。環境上の工夫等で外に出ることがなかったり，または，歩けない場合等は含まれない。

4-10　収集癖　有無

定　義

- いろいろなものを集めたり，無断でもってくる頻度を評価する項目。
- いろいろなものを集めたり，無断でもってくる行動とは，いわゆる収集癖の行動のことである。

収集癖 ▶ 「いろいろなものを集めたり，無断でもってくる」，いわゆる収集癖の行動のこと

確認 ▼

いろいろなものを集めたり，無断でもってくる行動の頻度を評価

調査上の留意点

- 性格や生活習慣等で，箱や包装紙などを集める等ではなく，明らかに周囲の状況に合致していない行動の場合。

選択肢の判断基準

1. ない
   - その行動が，過去 1 カ月間に一度も現れたことがない場合。
   - 月 1 回以上の頻度ではほとんど現れない場合。
   - 意識障害，寝たきり等，その問題となる行動が現れる可能性がほとんどない場合も含む。
2. ときどきある
   - 少なくとも，1 カ月間に 1 回以上，1 週間に 1 回未満の頻度で現れる場合。
3. ある
   - 少なくとも 1 週間に 1 回以上の頻度で現れる場合。

警告コード

「収集癖」が「3．ある」にもかかわらず
「金銭の管理」が「1．介助されていない」

どのように質問するか

問いかけの例
- 同じような物を，集めてくることがありますか。
- 何か特定の物（トイレットペーパー，スプーン等）を，引き出しの中などにためておくようなことがありますか。
- 外出時，外から何か持ち帰ってくるようなことがありますか。

【認知症高齢者の着眼点】

- どのような精神・行動障害により介護者や家族がどのように対応しているか，またその頻度等を聞き取る→「特記事項」

・本人や家族からよく話を聞くことが重要である。初めから否定したりせず，訴えていることを聞き取る。

・同じ状況でも，支障の感じ方は家族により差がある場合もあり得る。

・趣味やコレクションとは異なる。

✎ 特記事項の記入例

 ○１カ月以内にあった大きな変動，行動障害の頻度，予防的対策の内容等
○行動障害の起きる頻度およびそれにより生活上支障をきたしている状況
○予防的対策の内容
○やむを得ない事情で２回目の調査を行った時は，その状況等
○介護の手間と頻度
⊛認知症高齢者の記入例（ 認知症 ）は区別していない。

記入例

● 1. ない

▪ ゴミ箱からゴミを拾い集めては，自分の部屋に持ち込む行為が頻繁になったため，ゴミ箱をテーブルの下に隠して使用時に出して使い，本人の目にふれないように工夫しているので，現在はない。

▪ 昔からの性格や生活習慣等で，不要と思える箱や新聞紙を捨てないでとっているが，明らかに周囲の状況に合致しない行動ではないため「1. ない」と判断。

● 2. ときどきある

▪ 同居家族の部屋に入り，衣類等を持ち出し，自分のタンスの中にしまうことが月に１～２回ある。

▪ 散歩の時，きれいな花や果物等を取ってきてしまうことが，月に２～３回ある。

▪ 近所に止めてある自転車を家の中に入れてしまうことが，月に１回くらいある。家族はそのたびに持ち主にお詫びをして返している。

▪ 散歩に行くと，（月に１～２回）空き缶や石をポケットに入れ持ち帰るため，同行して予防している。

● 3. ある

▪ トイレットペーパーを少しずつ丸めて，何十個も引き出しに入れておき，

処分してもまた集めることが，週に3～4回ある。

- 毎日散歩に行き，その際に乳酸飲料やヨーグルトの空容器をたくさん集めて袋にいれ，部屋の隅にためるため，腐敗臭がひどい。妻はその都度捨てるが，くり返しているため疲れている。
- 散歩に行き，いろいろな不用品を拾い集めて持ち帰ることが，週に1～2回ある。
- 食事の時，スプーンや湯のみ等を，毎回ポケットやズボンの中に入れてしまうので，職員がその都度確認する。また，なかなか戻してくれないので対応に時間がかかることもある。
- 週に数回家の周囲を歩いて新聞紙やゴミを集めて部屋の中に山のようにためるので，足の踏み場もない。
- 毎日庭に出ては石を拾い，自室内に保管している。部屋の大部分を占拠している。収集した石を勝手に廃棄すると本人が怒るため，家族はそのままにしている。

異なった選択が生じやすい点

調査対象者の状況	誤った選択	正しい選択と留意点等
昔からの習慣で，不要と思える箱や新聞紙を捨てないで集めている。	「3. ある」	「1. ない」を選択。昔からの習慣で，箱や包装紙等を集めるだけでなく，明らかに周囲の状況に合致しない行動があるかで判断。

4-11 物や衣類を壊す 有無

定義

● 物を壊したり，衣類を破いたりする頻度を評価する項目。

物や衣類を壊す ▶ 明らかに周囲の状況に合致しない，物を捨てる行為も含む

▼ 確認

▼

「物を壊したり，衣類を破いたりする」行動の頻度を評価

調査上の留意点

● 実際に物が壊れなくても，破壊しようとする行動がみられる場合は評価する。

● 壊れるものを周囲に置いていなかったり，破れないように工夫することによって，「物を壊したり，衣類を破いたりする」行動が見られない場合→「1．ない」を選択。

● この場合，予防的手段が講じられていない場合の状況，発生する介護の手間，頻度について**特記事項**に記載する。

● 明らかに周囲の状況に合致しないような物を捨てる場合を含む。

選択肢の判断基準

1．ない

● その行動が，過去1カ月間に一度も現れたことがない場合。

● 月1回以上の頻度ではほとんど現れない場合。

● 意識障害，寝たきり等，その問題となる行動が現れる可能性がほとんどない場合も含む。

2．ときどきある

● 少なくとも，1カ月間に1回以上，1週間に1回未満の頻度で現れる場合。

3．ある

● 少なくとも1週間に1回以上の頻度で現れる場合。

警告コード

「物や衣類を壊す」が「3．ある」にもかかわらず

「つめ切り」が「1．介助されていない」，「自分勝手に行動する」が「1．ない」，「金銭の管理」が「1．介助されていない」，「薬の内服」が「1．介助されていない」，「日常の意思決定」が「1．できる」

どのように質問するか

問いかけの例
・物や衣類を壊したり，破いたりしてしまうようなことがありますか。

・物を切ったり破いたりして，使えないようにすることがありますか。

【認知症高齢者の着眼点】

・どのような精神・行動障害により介護者や家族がどのように対応しているか，またその頻度等を聞き取る→「特記事項」
・予防を行っているので「ない」場合は予防策。
・本人や家族からよく話を聞くことが重要である。初めから否定したりせず，訴えていることを聞き取る。
・同じ状況でも，支障の感じ方は家族により差がある場合もあり得る。
・居室内の様子等からも観察する。

特記事項の記入例

 ○ 1カ月以内にあった大きな変動，行動障害の頻度，予防的対策の内容等
○行動障害の起きる頻度およびそれにより生活上支障をきたしている状況
○予防的対策の内容
○やむを得ない事情で 2 回目の調査を行った時は，その状況等
○介護の手間と頻度
　注 認知症高齢者の記入例（ 認知症 ）は区別していない。

記入例　● 1．ない

▪ トイレに紙オムツや衣類等を流し詰まらせたことがあり，二度，工事を行っている。現在は，トイレの使用時，必ず見守っているので「1．ない」。

● 2．ときどきある

▪ 月に 2〜3 回，畳や障子，襖，壁紙等を破るため，つぎはぎの状態で，畳や壁紙は半年に一度くらい貼りかえる。
▪ 着ているパジャマ等の袖口をなめたり，常に引っ張る等して，のびたり破れたりすることが月に 1〜2 回ある。
▪ ボタンを引きちぎってしまうため，衣類に配慮しているが，月に 1〜2 回は衣類の刺しゅうやポケットを取ろうとした形跡がみられる。
▪ 気に入らないことがあると周囲の物を投げることが月 1 回ほどあり，家族は掃除や後片づけ等に手間どっているという。
▪ 月に数回，食事中に，おわんを床にたたきつけるような行動がみられることから「2．ときどきある」を選択。樹脂製のため壊れることはないが，

食べ物が散乱するため掃除が手間になっている。

● 3. ある

- 衣類をハサミで切ってしまうことが週に2〜3回あるので，外出着等は本人の手の届かないところにしまっている。
- 食事の時に食器を投げようとする行為があり危険なため，毎回そばを離れられない。
- 自分のはいているズボンのゴムを抜いてしまうため，週に1〜2回はゴムの入れ替えが必要となる。
- 着用している紙パンツを破ってしまうことが週に2〜3回はある。
- 週に2〜3回何でも切ってしまうので刃物類を隠しているが，コード等を噛み切ろうとするようになったため目が離せない。

異なった選択が生じやすい点

調査対象者の状況	誤った選択	正しい選択と留意点等
上着のボタンをファスナーに変えたため，現在はボタンをちぎり捨てることはなくなったが，以前は取って捨てていた。	「2. ときどきある」	「1. ない」を選択。壊れるものを周囲に置かないようにする，破れないようにする等の工夫により，物を壊したり，衣類を破いたりする行動がみられない場合は「1. ない」を選択し，予防的手段が講じられていない場合の状況，発生する介護の手間，頻度を記載する。

4-12 ひどい物忘れ　有無

定　義

● ひどい物忘れの頻度を評価する項目。
● ひどい物忘れには，認知症の有無や知的レベルは問われない。
● 物忘れによって，何らかの行動が起こっている，または，周囲の者が何らかの対応をとらなければならない（火の不始末等）状況。

 ひどい物忘れ → 確認 → → → 認知症の有無や知的レベルは問わない。周囲の者が何らかの対応をとらなければならない状況（火の不始末）など

ひどい物忘れ行動の頻度を評価

調査上の留意点

● 電話の伝言をし忘れるといったような，単なる物忘れは含まない。
● 周囲の者が何らかの対応をとらなければならないような状況については，実際に対応がとられているかどうかは選択基準には含まないが，具体的な対応の状況について**特記事項**に記載する。
● ひどい物忘れがあっても，それに起因する行動が起きていない場合，または，周囲の者が何らかの対応をとる必要がない場合→「1. ない」を選択。

選択肢の判断基準

1. ない
● その行動が，過去1カ月間に一度も現れたことがない場合。
● 月1回以上の頻度ではほとんど現れない場合。
● 意識障害，寝たきり等，その問題となる行動が現れる可能性がほとんどない場合も含む。
2. ときどきある
● 少なくとも，1カ月間に1回以上，1週間に1回未満の頻度で現れる場合。
3. ある
● 少なくとも1週間に1回以上の頻度で現れる場合。

どのように質問するか

問いかけの例
・家族の名前を忘れてしまうことはないですか。
・この家は自分の家ではないといって，困ることはないですか。
・食事をした直後に「食事をしていない」と訴えることがありますか。

【認知症高齢者の着眼点】

・どのような精神・行動障害により介護者や家族がどのように対応しているか，またその頻度等を聞き取る→「特記事項」

・本人や家族からよく話を聞くことが重要である。初めから否定したりせず，訴えていることを聞き取る。
・同じ状況でも，支障の感じ方は家族により差がある場合もあり得る。
・重度の認知症の場合は「1．ない」と判断する。認知症高齢者の日常生活自立度の判断とは異なることに十分注意する。
・重度認知症のため，「1．ない」と判断する場合は，特記事項にその旨を記述する。

特記事項の記入例

 ○１カ月以内にあった大きな変動，行動障害の頻度，予防的対策の内容等
○行動障害の起きる頻度およびそれにより生活上支障をきたしている状況
○予防的対策の内容
○やむを得ない事情で２回目の調査を行った時は，その状況等
○介護の手間と頻度
※認知症高齢者の記入例（ 認知症 ）は区別していない。

記入例 ◎ 1．ない

▪自分の子供の名前を言えなかったことが２カ月前にあったが，今はそうしたことはない。
▪植物状態のため「1．ない」。
▪財布を置いた場所等，ときどき忘れることもあるが，年相応の物忘れで生活には支障がない。
▪食事をしたことは覚えていないが，しつこく食事を要求するといった行動はないため「1．ない」と判断した。

◎ 2．ときどきある

▪月に１〜２回，家族のことを「知らない人だ」といい出し，「家に帰る」と言って家族を困らせることがあるので，自分の家であることを説明するのに手間を要する。
▪月に１〜２回，忘れ物の確認のため，別居している家族に夜中に何回も電話をかける。そのため，家族は不眠となっている。
▪衣類をスーパーの袋に入れてしまう癖があり，「着るものが見あたらない」と月に１〜２回大騒ぎをする。その都度，一緒に袋を開けて衣類があることを説明する。

- 払い戻したお金を届けたが，それを忘れて「お金がなくなった，盗られた」と言って家族を困らせる等，物の置き場所を忘れ家族を巻き込むことが月に1回以上ある。
- 火を使わないように伝えているが，自分で調理できると思っており，ガスを付けっぱなしにし，鍋を焦がすことが月に2〜3回程度みられるため「2. ときどきある」を選択する。家族が気をつけているが，目を離したすきに火を使うことがある。
- 貯金通帳や保険証をどこかにしまい忘れ，別居の家族が再発行を月に1回くらい行っている。繰り返し探すため，生活の支障となっている。

◉ 3. ある

- 一人で散歩に出かけ，自宅がわからなくなって近所の人に連れてきてもらうことが週に1〜2回ある。
- 財布を置いた場所がわからなくなり，毎日のように家族を巻き込んで探し回る。
- 昔と現在が混乱し，毎日のように繰り返し説明しているが，その場を離れるとすぐ忘れる。
- トイレの場所を忘れる等，家族は毎日一日中そばで世話している。
- 食後でも「食べていない」と食事を要求することが毎日ある。
- トイレの場所を何度教えても忘れてしまうため，その都度トイレへ誘導する。
- 認知症のため，介護者が服薬を指示しても，「もう飲んだ」と毎日の服薬を励行できない。
- 認知症のため，家族の顔がわからなくなり，週に1〜2回30年前に亡くなった親を呼んでくれと訴える。
- 散歩に行き，途中の店に立ち寄り，お金を支払うことを忘れて品物を家に持ち帰ることが週に1〜2回あり，家族がその都度支払いに行っている。
- 週に2〜3回買い物をしたことを忘れ，同じ物を買ってくる。部屋の中に買い物の袋が散在し，ヘルパーが片づけている。
- 週に1回買物に行くが，買い物のたびに近所のスーパーで大量の卵を購入し，冷蔵庫の中には食べきれないほど卵があるため「3. ある」を選択。家族は，調理等で冷蔵庫を開けるついでに確認し，余分な卵があれば捨てている。

異なった選択が生じやすい点

調査対象者の状況	誤った選択	正しい選択と留意点等
寝たきりで認知症もあり，意思疎通がまったくできない。	「3. ある」	「1. ない」を選択。 ひどい物忘れに起因する行動が生じているか否かで判断。

4-13 独り言・独り笑い　　有無

定義

● 意味もなく独り言や独り笑いをする頻度を評価する項目。

● 意味もなく独り言や独り笑いをするとは、場面や状況とは無関係に（明らかに周囲の状況に合致しないにもかかわらず）、独り言を言う、独り笑いをする等の行動が持続したり、あるいは突然現れたりすることをいう。

独り言・独り笑い ▶ 場面や状況とは無関係に独り言を言う、独り笑いをする等の行動が持続したり、あるいは突然にそれらの行動が現れたりすること

確認

意味もなく独り言や独り笑いをする行動の頻度を評価

調査上の留意点

● 性格的な理由等で、独り言が多い等ではなく、場面や目的からみて不適当な行動があるかどうかで判断。

選択肢の判断基準

1. ない

● その行動が、過去1カ月間に一度も現れたことがない場合。

● 月1回以上の頻度ではほとんど現れない場合。

● 意識障害、寝たきり等、その問題となる行動が現れる可能性がほとんどない場合も含む。

2. ときどきある

● 少なくとも、1カ月間に1回以上、1週間に1回未満の頻度で現れる場合。

3. ある

● 少なくとも1週間に1回以上の頻度で現れる場合。

どのように質問するか

問いかけの例
・独りで話していることがありますか。
・理由もなく急に笑い出すことがありますか。

【認知症高齢者の着眼点】

・どのような精神・行動障害により介護者や家族がどのように対応しているか、またその頻度等を聞き取る→「特記事項」

・本人や家族からよく話を聞くことが重要である。初めから否定したりせず、訴えていることを聞き取る。

・同じ状況でも，支障の感じ方は家族により差がある場合もあり得る。

 特記事項の記入例

記入内容 ▶ ○１カ月以内にあった大きな変動，行動障害の頻度，予防的対策の内容等
○行動障害の起きる頻度およびそれにより生活上支障をきたしている状況
○予防的対策の内容
○やむを得ない事情で２回目の調査を行った時は，その状況等
○介護の手間と頻度
⊙注 認知症高齢者の記入例（ 認知症 ）は区別していない。

記入例 ▶ ◉ **1. ない**

- 数カ月前に，自分の部屋で独り言を言っていたが，現在はない。
- １年くらい前に独り言があったが今は治まっている。
- 家族の話では，昔から独り言の癖があるとのことだが，場面や目的からみて不適当な行動ではない。

◉ **2. ときどきある**

- 家族と一緒にいる時に，突然何かを言ったり笑い出したりすることが月に２〜３回ある。
- 本人には何かが見えているのか，目を向けている方へ向かって「あっちへ行け」等と言っていることが月に１回くらいある。

◉ **3. ある**

- 毎日のように，庭で独り言を言いながら歩き回っている。
- 施設入所中であり，日中は毎日のように常に独り言を言いながら廊下を歩き続けている。
- バスの中でぶつぶつと何か独り言を言うことが毎日ある。
- 意味もなく笑い出し，笑いながら何か話すことが週に数回ある。
- 認知症で自分の世界で何か話していることが毎日ある。
- 何もないところに向かって，一人で話しかけることが週１回ほどある。今は何も対応していない。

異なった選択が生じやすい点

調査対象者の状況	誤った選択	正しい選択と留意点等
家族の話では，もともと独り言が多いという。	「3. ある」	「1. ない」を選択。 性格的な理由等で，独り言が多いのではなく，場面や目的からみて不適当な行動があるかどうかで判断。

4-14 自分勝手に行動する 〔有無〕

定　義

● 自分勝手に行動する頻度を評価する項目。

● 明らかに周囲の状況に合致しない，自分勝手な行動をする場合をいう。

自分勝手に行動する ▶ 明らかに周囲の状況に合致しない自分勝手な行動をすること

▼ 確認

自分勝手に行動する頻度を評価

調査上の留意点

● 「身勝手」「自己中心的」等，性格的なことではなく，場面や目的からみて不適当な行動があるかどうかで判断。

選択肢の判断基準

1. ない
   ● その行動が，過去1カ月間に一度も現れたことがない場合。
   ● 月1回以上の頻度ではほとんど現れない場合。
   ● 意識障害，寝たきり等，その問題となる行動が現れる可能性がほとんどない場合も含む。

2. ときどきある
   ● 少なくとも，1カ月間に1回以上，1週間に1回未満の頻度で現れる場合。

3. ある
   ● 少なくとも1週間に1回以上の頻度で現れる場合。

警告コード

「自分勝手に行動する」が「1. ない」にもかかわらず
「物や衣類を壊す」が「3. ある」

どのように質問するか

〔問いかけの例〕
・自分勝手に行動し，制止しても止められないことがありますか。
・家族と食事中に，突然「デパートに行く」等と言うことがありますか。

【認知症高齢者の着眼点】

・どのような精神・行動障害により介護者や家族がどのように対応しているか，またその頻度等を聞き取る→「特記事項」

・本人や家族からよく話を聞くことが重要である。初めから否定したりせず，訴えていることを聞き取る。

・同じ状況でも，支障の感じ方は家族により差がある場合もあり得る。

 特記事項の記入例

 ○１カ月以内にあった大きな変動，行動障害の頻度，予防的対策の内容等
○行動障害の起きる頻度およびそれにより生活上支障をきたしている状況
○予防的対策の内容
○やむを得ない事情で２回目の調査を行った時は，その状況等
○介護の手間と頻度
💿 認知症高齢者の記入例（ 認知症 ）は区別していない。

 　💿 1. ない

- 日常生活では家族の指示により行動している。
- １年くらい前は自分勝手に行動することがあったが気力の低下により今は治まっている。
- 家族の話では，性格的に「身勝手」「自己中心的」で，昔から自分勝手に行動するというので，場所や目的からみて不適当な行動ではないと判断して「1. ない」を選択した。

　💿 2. ときどきある

- 通所介護利用中，みんなでゲームをしているときに，急に立ち上がり外に出て行こうとする行動が月に３回くらいある。
- 食事や入浴を嫌がり違うことをやろうとすることが月に２～３回ある。
- 家族が寝静まった時間に突然「仕事に行く」と言い出すことが月に１～２回ある。

　💿 3. ある

- 家族と食事中に，ウロウロして家の中を動き回ることが毎日のようにあるので，家族は食卓につくように説得する対応をしている。
- 施設の食堂で，食事を終えていないにもかかわらず，突然席を立ち自分の居室へ戻ってしまうことが週に３～４回ある。職員はその都度本人に食堂に戻るように説明している。
- 知的障害があり，どのような場面でも勝手に動き回る。制止してもきかないので家族は毎日転倒しないように見守りをしている。

- 周囲の店が閉まっているような深夜遅くに，「買い物に行くからついてこい」と言って聞かなくなることが週に2〜3回ある。靴を履くまで納得しないことも多いことから「3. ある」を選択する。

異なった選択が生じやすい点

調査対象者の状況	誤った選択	正しい選択と留意点等
介護者である妻の話では，もともと自分勝手な行動が多いという。	「3. ある」	「1. ない」を選択。 性格による自分勝手な行動ではなく，明らかに周囲の状況に合致しない行動があるかどうかで判断。

4-15 話がまとまらない

有無

定義

- 話がまとまらず，会話にならない頻度を評価する項目。
- 話がまとまらず，会話にならないとは，話の内容に一貫性がない，話題を次々と変える，質問に対してまったく意図しない反応が返ってくるなどにより，会話が成立しない場合をいう。

話がまとまらない ▶ 話の内容に一貫性がない，話題を次々と変える，質問に対して全く無関係な話が続く等，会話が成立しない行動のこと

確認
▼
▼
▼

話がまとまらず，会話にならない行動の頻度を評価

調査上の留意点

- 性格や生活習慣等から，会話が得意ではない（話下手）等ではなく，明らかに周囲の状況に合致しない行動の場合。

選択肢の判断基準

1. ない
   - その行動が，過去 1 カ月間に一度も現れたことがない場合。
   - 月 1 回以上の頻度ではほとんど現れない場合。
   - 意識障害，寝たきり等，その問題となる行動が現れる可能性がほとんどない場合も含む。
2. ときどきある
   - 少なくとも，1 カ月間に 1 回以上，1 週間に 1 回未満の頻度で現れる場合。
3. ある
   - 少なくとも 1 週間に 1 回以上の頻度で現れる場合。

どのように質問するか

問いかけの例
- 話しかけても，関係のない話をとりとめもなくすることがありますか。
- 話に一貫性がなく，思いついたことを話すことがありますか。

【認知症高齢者の着眼点】

- どのような精神・行動障害により介護者や家族がどのように対応しているか，またその頻度等を聞き取る→「特記事項」
- 本人や家族からよく話を聞くことが重要である。初めから否定したりせず，訴えていることを聞き取る。
- 同じ状況でも，支障の感じ方は家族により差がある場合もあり得る。

✎ 特記事項の記入例

 記入内容 ➡️
○1カ月以内にあった大きな変動，行動障害の頻度，予防的対策の内容等
○行動障害の起きる頻度およびそれにより生活上支障をきたしている状況
○予防的対策の内容
○やむを得ない事情で2回目の調査を行った時は，その状況等
○介護の手間と頻度

㊟認知症高齢者の記入例（ 認知症 ）は区別していない。

記入例 ➡️
● 1. ない

- これまでの病状の経過について順序だてて説明ができたので「1．ない」を選択した。
- 調査中の会話も理路整然と話していた。
- 話の内容に一貫性がなく，話題を次々と変え，質問に対してまったく無関係な話を続けることがある。家族の話では，昔からのことで家族は慣れている。明らかに周囲の状況に合致しない行動というわけではなく，現在のところ，特に支障は生じていない。

● 2. ときどきある

- 通常は家族が理解できるよう話ができるが，月に数回くらい，通所施設での内容について聞いても，適切に説明できないことがある。
- 自分の思っていることを話しているが，次々と話が変わるため何を言いたいか家族にはほとんど通じないことが月に2〜3回ある。

● 3. ある

- 下肢を家具にぶつけた時に，どこが痛むのか聞いても「そうですね，そうですね」と繰り返す，このような状況が週3〜4回見られる。
- 調査時に昨日のことを聞いたが，「右の足が痛い，ご飯まだ」等と言う，家族に話を聞くと毎日このような状況であるという。
- 認知症で意思疎通が取れず話をしても何を言っているかわからないことが毎日ある。
- 毎日のように質問の内容とはまったく違う答えが返ってくるため会話にならない。
- 夕飯の献立の話をしていると，突然，昔の仕事の話を始めるなど，会話に

ならないことが毎日のようにあるため，「3. ある」を選択。対応しないと不機嫌になるため，家族は，適当に話をあわせて対応している。

- 生年月日を聞いたが，「あそこに変な男がいる，頭が痛い，学校に行く」等と会話にならない。家族の話では毎日このような状態であるという。

異なった選択が生じやすい点

調査対象者の状況	誤った選択	正しい選択と留意点等
介護者である妻の話では，昔から話の内容が分かりにくいことが多いという。	「3. ある」	「1. ない」を選択。性格や生活習慣等の理由から，会話が得意ではない（話下手）等ではなく，明らかに周囲の状況に合致しない行動であるかどうかで判断。

複数選択

③ **感情が不安定**
⑥ **大声をだす**

 2. **ときどきある**

▪ 娘がうつ病のため本人宅に身を寄せている。そのため本人はストレスが蓄積し，月に3回位自分の思い通りにならないと大きな声で「家を出て行け」と怒鳴り狂うことがあり，娘や夫に手を上げることがある。

④ **昼夜逆転**
⑥ **大声をだす**
⑦ **介護に抵抗**

 2. **ときどきある**

▪ 月に数回，夜中に大声をだして軍歌を歌いだす隣近所に迷惑になるので妻は止めさせようとすると妻に手を上げることがある

① **被害的**
② **作話**

記入例 2. **ときどきある**

▪ 若年性アルツハイマー型認知症のため現在成年後見の申し立てを行っている。本人の金銭管理に権利擁護センターが関わっているが，月に2～3回位「自分で（管理）できるのにお金を取られた」と言うことがある。

① 被害的
④ 昼夜逆転
⑥ 大声を出す
⑦ 介護に抵抗

記入例 ➡ 2. ときどきある

▪ 夜中に起きてタンスや引き出しを開け通帳を探し出そうとして大声で家族を起こす，妻や長男に「通帳を隠しただろう」「俺の金を盗っただろう」とわめく，なだめようとすると家族を殴ろうとしたり蹴ったりすることが月に1〜2回ある。

⑧ 落ち着きなし
⑨ 一人で出たがる

記入例 ➡ 2. ときどきある

▪ 同居の孫の帰りが遅いと，落ち着きがなく何回も門まで行ったり来たりを繰り返し，外に出ていこうとすることが毎日にようにあるため，家族は本人の動きを気にしていなければならないので気が休まらない。

社会生活への適応

	評価軸			調査内容				
	①能力	②介助	③有無	①ADL・起居動作	②認知	③行動	④社会生活	⑤医療
5.1 薬の内服		●					●	
5.2 金銭の管理		●					●	
5.3 日常の意思決定	●				●			
5.4 集団への不適応			●			●		
5.5 買い物		●					●	
5.6 簡単な調理		●					●	

5-1 薬の内服　　介助の方法

定　義

● 薬の内服の介助が行われているかどうかを評価する項目。

● 薬の内服行為とは,薬や水を手元に用意する,薬を口に入れる,飲み込む(水を飲む)という一連の行為をいう。

薬の内服 ▶ 薬や水を手元に用意する,薬を口に入れる,飲み込む(水を飲む)という一連の行為。経管栄養(胃ろうを含む)などのチューブから内服薬を注入する場合も含む

確認

薬の内服の介助が行われているかどうかを評価

調査上の留意点

● 内服薬の服用について介助が行われているかどうかを評価する項目であって,薬を飲む時間や飲む量を本人が理解する能力は問われない。

● 薬の内服が適切でないなどのために,飲む量の指示等の介助が行われている場合→「2. 一部介助」を選択。

● インスリン注射,塗り薬の塗布等,内服薬以外のものは含まれない。

● 経管栄養(胃ろうを含む)などのチューブから内服薬を注入する場合も含む。

①朝昼夜等の時間帯や体調等によって介助の方法が異なる場合

● 一定期間中(調査日から過去1週間ぐらい)により頻回に見られる状況や日頃の様子で判断。→**特記事項**に日頃の状況等の具体的な内容を記載。

②薬があらかじめ分包されている場合

● 薬があらかじめ薬局で分包されている場合は含まれない。

● 家族が分包する場合は,介助の方法で判断。

③調査対象の行為自体が発生しない場合

● 薬の内服がない(処方されていない)場合は,薬剤が処方された場合を想定し,適切な介助の方法を選択→**特記事項**に,そのように判断した具体的な事実を記載。

④「実際の介助の方法」が不適切な場合

● 「介助されていない」状態や「実際に行われている介助」が,対象者にとって「不適切」であると認定調査員が判断する場合→**特記事項**に判断理由を記載の上,適切な「介助の方法」を選択し,介護認定審査会の判断を仰ぐことができる。

● 認定調査員が,「実際に行われている介助が不適切」と判断する場合には,対象者が不適切な状況に置かれていると認定調査員が判断する,さまざまな状況が想定される。

　・独居や日中独居等による介護者不在のために適切な介助が提供されていない場合

　・介護放棄,介護抵抗のために適切な介助が提供されていない場合

　・介護者の心身の状態から介助が提供できない場合

・介護者による介助が，むしろ本人の自立を阻害しているような場合

選択肢の判断基準

1.　介助されていない

● 薬の内服の介助が行われていない場合。

● 視力障害等があり，薬局が内服の時間・量を点字でわかるようにして，内服は自分でできている場合→「1.　介助されていない」を選択。

2.　一部介助

● 以下の何らかの介助が行われている場合。

　・薬を飲む際の見守り，飲む量の指示や確認等が行われている

　・飲む薬や水を手元に用意する

　・オブラートに包む

　・介護者が分包する等

● あらかじめ薬局で分包されている場合は含まない。

3.　全介助

● 薬や水を手元に用意する，薬を口に入れるという一連の行為に介助が行われている場合。

警告コード

「薬の内服」が「1.　介助されていない」にもかかわらず

「えん下」が「3.　できない」，「物や衣類を壊す」が「3.　ある」

どのように質問するか　【薬の服用や管理についての質問です。】

問いかけの例

・医師から薬をもらっていますか。

・薬は自分で飲めますか。

・薬や水の準備は自分でしていますか。

・薬を飲む時に家族に手伝ってもらっていますか。

・薬が残ったり，足りなくなることがありますか。

【認知症高齢者の着眼点】

・服薬の時の介助の状況を確認する。

・薬を口に入れる行為等のどの部分が援助されているか確認する。

 **特記事項の記入例**

記入内容→

○介助の有無や，本人の介助の拒否など（介護の手間）の状況と頻度

○時間帯等により介助の方法が異なる場合の，具体的な状況と頻度

○介助が明らかに過剰，または不足していると判断した理由や具体的な状況

○投薬を受けていない場合，その理由や状況

記入例

● 1. 介助されていない

- あらかじめ分包された薬袋を，自分でわかるように服薬カレンダーに入れておき，自分で服薬している。

- 医師から処方された薬を本人の勝手な判断で中止することがあるが，服薬自体はすべて自分でできる。特に支障は生じていない。

- 介護者が1週間分の内服薬を手渡すと，時間・回数・数量等は把握しており，自分でパッケージを開けて飲んでいる。

- 麻痺等があり，それぞれの薬の包み（パッケージ）から薬を取り出したりはできないが，あらかじめ薬局で分包されており，薬の内服の介助は行われていないため，「1. 介助されていない」を選択した。

- 糖尿病があり，自分で薬，水を用意して飲んでいるが，週に1～2回ほど飲み忘れがあるので家族が声かけをしている。頻度からみて「1. 介助されていない」を選択。

● 2. 一部介助

- 服薬時間は理解していないが，服用時に手渡すと薬を口に入れて飲むことはできる。

- 寝たきりだが，薬を手元において自分で管理して内服する。水はその都度，手の届くところに介護者が用意する。

- 寝たきりのため，家族（介護者）が薬を袋から出し，手のひらにのせると飲むが，嚥下できるまで見守っている。

- 施設に入所している。理解力もあり，手の機能も支障がなく服薬の能力はあると思われるが，スタッフが薬と水を準備して促す介助を行っている。

- 現在，薬の内服はない（処方されていない）が，数カ月前まで服薬していた際は，必要量がわからないため，家族が飲む量を指示するなどの介助があったことから，「2. 一部介助」が適切であると判断した。

  不適切 家族は介助を行っていないが，その結果，飲み忘れが多く，血圧の管理が不十分な状態を招いているため，医師から注意を受けると聞き取る。食事摂取の状況から飲む行為はできると思われるが，飲む量の指示を必要とすることから，適切な介助の方法として「2. 一部介助」を選択した。

  認知症 薬の袋を破って口に運ぶ行為は可能だが，薬袋の指示を読んで理解することは困難である。服用時間と服用種類と個数等を絵に描き，1回ずつ分ける介助を行っている。

　認知症　1回ずつ手渡すが，認知症があるため内服を嫌がり，見ていないと捨ててしまうので確認のための見守りを行っている。

　認知症　認知症があるが，手のひらに薬をのせ，声かけをすると飲むことができる。

　認知症　家族が薬を服薬カレンダーに貼りつけておき，毎日ヘルパーが訪問時に，服用するように声かけしている。

　認知症　独居のため介護者がいない状態である。糖尿病の持病があり，適切な服薬ができていないので血糖値が上昇している，適切な指示が必要と思われ，「2. 一部介助」とした。

● 3. 全介助

- 嚥下障害があり，介護者が少量ずつ口に入れ，嚥下できたか確認しながら食事と混ぜて介助している。
- パーキンソン病による手の振戦が強いため，うまく口の中に入れられず飲みこぼしが多い，水の準備や口に入れる介助を行っている。
- 上肢の動作に支障がなく，自分で服薬できると思われるが，施設に入所中であり，すべて介助されているので「3. 全介助」とした。
- 胃ろうを造設しており内服は行えないので，薬はすべて注入されている。
- 経管栄養のため，介護者が医師の指示通りチューブより注入している。

　認知症　重度の認知症のため，内服自体を認識できない。家族が薬と水を準備し，口に入れる介助を行っている。

　認知症　拒否が強く，口の中に薬を入れても吐き出してしまうことがあるので必ず飲み込むまで確認する。

　認知症　準備して本人に手渡してもポケットに入れていることがあり，不適切と判断した。口まで入れる必要がある。

　がん　がん末期のため，薬の内服を自力で行うことは難しく，認知症状はないが家族が行っている。

異なった選択が生じやすい点

調査対象者の状況	誤った選択	正しい選択と留意点等
経管栄養であり経口での服薬はない。胃ろうから，食事の際に内服薬をチューブから注入する介助がある。	「1．介助されていない」	経管栄養（胃ろうを含む）などのチューブから内服薬を注入する介助がすべて行われている場合，「3. 全介助」を選択。
自分勝手に薬を飲んだり，飲まなかったりするが，介護者は特に対応していない。	「1．介助されていない」	適切な服薬のため，服用量だけ服用時間に渡すなどが行われている場合は，「2．一部介助」を選択する。

5-2 金銭の管理 介助の方法

● 金銭の管理の介助が行われているかどうかを評価する項目。

● 金銭の管理とは自分の所持金の支出入の把握，管理，出し入れする金額の計算等の一連の行為をいう。

金銭の管理	→	自分の所持金の支出入の把握，管理，出し入れする金額の計算等の一連の行為

▼
確認
▼

金銭の管理の介助が行われているかどうかを評価

調査上の留意点

● 銀行で出入金を行う等，金銭の出し入れは含まれない。

● 手元に現金等を所持していない場合でも，年金，預貯金，各種給付（老齢福祉年金・生活保護）等の管理の状況で選択する。

①「実際の介助の方法」が不適切な場合

● 「介助されていない」状態や「実際に行われている介助」が，対象者にとって「不適切」であると認定調査員が判断する場合→**特記事項**に判断理由を記載の上，適切な「介助の方法」を選択し，介護認定審査会の判断を仰ぐことができる。

● 認定調査員が，「実際に行われている介助が不適切」と判断する場合には，対象者が不適切な状況に置かれていると認定調査員が判断する，さまざまな状況が想定される。

　・独居や日中独居等による介護者不在のために適切な介助が提供されていない場合

　・介護放棄，介護抵抗のために適切な介助が提供されていない場合

　・介護者の心身の状態から介助が提供できない場合

　・介護者による介助が，むしろ本人の自立を阻害しているような場合

選択肢の判断基準

1．介助されていない

● 金銭の管理の介助が行われていない場合。

● 自分の所持金（預金通帳等）の支出入の把握や管理を自分で行っている，出し入れする金額の計算を，介助なしに自分で行っている場合。

2．一部介助

● 金銭の管理に何らかの介助が行われている場合。

● 小遣い銭として，少額のみ自己管理している場合。

● 介護者が確認する場合も含まれる。

3．全介助

● 金銭の管理すべてに介助が行われている場合。

● 認知症等のため金銭の計算ができず，支払いが発生した際には，介護者が財布にあらかじめ準備しておいたお金の出し入れのみ行う場合→「3．全介助」を選択。

1.「金銭の管理」が「1. 介助されていない」にもかかわらず

「徘徊」が「3. ある」,「一人で出たがる」が「3. ある」,「収集癖」が「3. ある」,「物や衣服を壊す」が「3. ある」

2.「金銭の管理」が「3. 全介助」にもかかわらず

「買い物」が「1. 介助されていない」

どのように質問するか 【お金の管理についての質問です。】

問いかけの例
・買物は自分で行きますか。
・小遣い程度は持っていますか。
・銀行でのお金の出し入れはどうしていますか。
・年金（預金通帳）の管理は自分でしていますか。

特記事項の記入例

記入内容 ○介助の有無や，本人の介助の拒否など（介護の手間）の状況と頻度
○時間帯等により介助の方法が異なる場合の，具体的な状況と頻度
○介助が明らかに過剰，または不足していると判断した理由や具体的な状況
○施設入所の場合，状況

記入例 ◉ **1. 介助されていない**

▪ 月に1回，生活費の払い戻しのためヘルパーによる車いす介助で銀行へ行く，支出入の把握もできている。

▪ 視力障害があり，通帳・財布の残高確認は人に頼むが，金銭の把握はできている。

▪ 寝たきりであるが，銀行員が定期的に自宅を訪問しており，家計の収支はすべて把握し管理している。

▪ 歩行に支障があるので，自分で買い物や銀行に行くことはない。払い戻しは家族に頼んでいるが所持金の収支は把握している。

▪ 預金の払い戻しは家族がしているが，認知症もなく，自分で金銭管理している。

◉ 2. 一部介助

- 視力障害があるため，預金は家族が管理している。生活費として一定金額を渡され，財布は持っているが，買い物の支払い等は介助されている。

- 寝たきりのため，自分でお金を持つことはほとんどないが，年相応の物忘れがある程度なので，小遣い程度の金銭は自己管理できている。その他の金銭管理は家族がしている。

- 不適切 一人暮らしで介助は受けていないが，室内のあちこちに紙幣が置いてあり，硬貨が無造作に散乱していた。管理の認識がなく不適切な状況であり，介助が必要と判断した。

- 金銭の管理は本人が行っているが，家族が財布の中身を週に1回確認したり，精算等の介助を行っているため「2. 一部介助」を選択する。

- 不適切 自分で管理をしたがり，現金や通帳等を親族に渡そうとしないが，訪問販売などで不必要なものを大量に購入することがあり，不適切な状況と判断。計算能力はあるが，適切な管理のために「2. 一部介助」を行うのが適切と判断した。

- 認知症 高次機能障害があるが，行き慣れた店であればおやつ程度の買い物ができる。使った金額は忘れてしまうため，生活費は家族が管理している。

- 認知症 小遣いが手元になくなれば，家族が5,000円（1,000円×5）を渡すが，いくら使ったか覚えておらず，財布には小銭が多く入っている。

- 認知症 「自分で管理している」と古い通帳を手元に持ち話すが，家族に確認すると，お金をなくすため1週間に少額ずつ渡している。

◉ 3. 全介助

- 寝たきりではないが，脳梗塞で入院した時より金銭的なことには関わらなくなり，家族が全面的に管理している。

- 入院中であり，すべて家族が金銭管理をしている。

- 認知症 認知症がありお金に執着心が強く，持たないと不安になるため財布に1万円持たせているが，ほとんど使わず，家族が管理している。

- 認知症 寝たきりで認知症があるため，家族が全面的に管理している。

- 認知症 行き慣れた店へ毎日買い物に行くが，計算能力がないので家族（介助者）がその場でお金を渡したり，付き添っていないと日常生活品の買い物ができない。

- 認知症 通所サービスを利用する際に必要な金額を家族が準備し，本人はそのお金の出し入れのみを行っているが，認知症のため計算ができない。

- がん がん末期のため，金銭の管理を自力で行うことは難しく，認知症状は

ないが家族が行っている。

異なった選択が生じやすい点

調査対象者の状況	誤った選択	正しい選択と留意点等
重度の寝たきり状態で，金融機関からの現金の出し入れや買い物等は家族に頼んでいるが，所持金の支出入は把握しており，自分で管理している。	「3. 全介助」	「1. 介助されていない」を選択。金融機関からの現金の出し入れは問わない。自分の所持金の支出入の管理で介助が行われていないため，「1. 介助されていない」を選択。

5-3 日常の意思決定 能力

定　義

- 日常の意思決定の能力を評価する項目。
- 日常の意思決定とは，毎日の暮らしの活動で，意思決定ができる能力をいう。

日常の意思決定 ▶ 毎日の暮らしにおける活動に関して意思決定できる能力

↓ 確認

日常の意思決定能力を評価

調査上の留意点

- 冠婚葬祭式事，町内会行事への参加等，特別な場合の意思決定では，本人自身が検討しているかどうかを質問しても構わない。
- 「日常の意思決定」は，能力を問うとともに，申請者の日常的な状態を頻度の観点から把握するための項目であるため，調査日の状況に加え，調査対象者と介護者等から聞き取りした日頃の状況で判断する→**特記事項**に，調査日の状況と日頃の状況の両方を記載。

選択肢の判断基準

1. できる（特別な場合もできる）
   - 常に，あらゆる場面で意思決定ができる。
2. 特別な場合を除いてできる
   - 慣れ親しんだ日常生活状況のもとでは，見たいテレビ番組やその日の献立，着る服の選択等に関する意思決定はできるが，ケアプラン作成への参加，ケアの方法・治療方針への合意等には，指示や支援が必要な場合。
3. 日常的に困難
   - 慣れ親しんだ日常生活状況のもとでも意思決定がほとんどできないが，見たいテレビ番組やその日の献立，着る服の選択等に関する意思決定をすることがある場合。
4. できない
   - 意思決定をまったくできない。
   - 意思決定ができるかどうかわからない場合も含む。

警告コード

1. 「日常の意思決定」が「1. できる」にもかかわらず
   「視力」が「5. 判断不能」，「聴力」が「5. 判断不能」，「意思の伝達」が「4. できない」，「物や衣類を壊す」が「3. ある」，「自分の名前を言う」が「2. できない」
2. 「日常の意思決定」が「4. できない」にもかかわらず
   「買い物」が「1. 介助されていない」

（どのように質問するか）【毎日の暮らしにおける課題や活動を，実際にどの程度判断しているかという質問です。】

（問いかけの例）
・困った時に，周囲の人に必要な援助を求められますか。
・（調査日に）今日着ている洋服は自分で選んだのですか。
・毎日の献立を自分で決めていますか。
・デイサービスに行く日に着る洋服を，自分で選びますか。
・老人会の行事に参加することを自分で決めていますか。

【認知症高齢者の着眼点】
・認知症などの状況により，聞き取りを家族などから補充する。
・認知能力がなく適切な判断ができない場合は，その介助の状況に基づいて判断する。

特記事項の記入例

（記入内容）
○確認できた状態，選択した理由
○体調不良等，何らかの理由で確認できなかった場合は，その理由と状況
○時間，環境や緊張等により，日頃の状況と異なっていると考えられる場合は，調査時と日頃の具体的な状況
○できたり，できなかったりする場合の頻度と状況
○介護の手間
●認知症高齢者の記入例（ 認知症 ）は区別していない。

（記入例）
● 1. できる（特別な場合もできる）
▪訪問介護員に当日の買物の指示等を適切に行っている。
▪老人会への行事には自分で決めて定期的に参加している。

● 2. 特別な場合を除いてできる
▪日常的な判断はできるが，突然の来客への対応等はできない。
▪通所介護を利用する日の洋服は，すべて自分で選んでいるが，訪問販売員による訪問を受けた際にどのように対応すればよいか分からない。
▪地域の行事には参加しているが，本人の意思ではなく，家族に連れられて参加している。好きなテレビ番組はかかさず見ていることから「2. 特別な場合を除いてできる」と判断した。

● 3. 日常的に困難

- 認知症のため，訪問販売で不必要なものを契約してしまうので，一人にしておけない。
- 真夏にもかかわらず，衣類を重ね着し，室温調節もできず，脱水状態となることがあるので，近隣の人が見守りをしている。
- ごくまれに，手渡した服が嫌だというそぶりを見せることがある。日常的には着る服の選択について意思決定をすることはほとんどない。

● 4. できない

- 寝たきり状態で自ら発語することもなく，意思決定もできない。
- 重度の認知症のため，自分では判断できないため家族の判断で決定し，介護している。

異なった選択が生じやすい点

調査対象者の状況	誤った選択	正しい選択と留意点等
治療方針に不満を持っているにもかかわらず，担当医との関係を考えてその旨は伝えていない。	「2. 特別な場合を除いてできる」	「1. できる（特別な場合もできる）」を選択。 担当医に対して不満の意思表明をしないという意思決定がなされているため「1. できる（特別な場合もできる）」と判断。

5-4 集団への不適応 　有無

定　義
● 集団への不適応の頻度を評価する項目。
● 集団への不適応とは，家族以外の人の集まりに参加することを強く拒否したり，適応できない等，明らかに周囲の状況に合致しない行動をいう。

集団への不適応 ▶ 家族以外の他者の集まりに参加することを強く拒否したり，適応できない等，明らかに周囲の状況に合致しない行動

確認 ▼▼▼

集団への不適応の行動の頻度を評価

調査上の留意点
● 性格や生活習慣等の理由から，家族以外の人の集まりに参加することが好きではない，得意ではない等ではなく，明らかに周囲の状況に合致しない行動の場合。

選択肢の判断基準
1. ない
● 集団への不適応が，（過去に1回以上あったとしても）過去1カ月間に一度も現れたことがない場合。
● 月1回以上の頻度では現れない場合。
● 意識障害，寝たきり等の理由により，集団活動に参加する可能性がほとんどない場合も含む。
2. ときどきある
● 少なくとも，1カ月間に1回以上，1週間に1回未満の頻度で現れる場合。
3. ある
● 少なくとも1週間に1回以上の頻度で現れる場合。

どのように質問するか　【この1カ月くらいの間に現れた行動について，介護者が苦慮していることがあるかどうかという質問です。】

● 本項目の聞き取りには，十分な配慮が必要である。調査開始時より本人の状況を観察し，最終的に家族（介護者）から介護の困難性について聞き取りを行うほうがよいと思われる。
● 独居で，認知症がないと思われる場合，調査項目にこのような項目があることを示し（本人に視力の障害があれば，読み上げる），要介護認定の要素であることを伝える。

【認知症高齢者の着眼点】
・どのような精神・行動障害により介護者や家族がどのように対応しているか，またその頻度等を聞き取る→「特記事項」

・本人や家族からよく話を聞くことが重要である。初めから否定したりせず，訴えていることを聞き取る。
・同じ状況でも，支障の感じ方は家族により差がある場合もあり得る。

特記事項の記入例

記入内容 ➡ ○確認できた状態と介護の手間，選択した理由
○何らかの理由で確認できなかった場合は，その理由と状況
○日頃の状況と異なっていると考えられる場合は，調査時の状況と日頃の具体的な状況
○精神・行動障害の場合は，介護の手間と頻度
㊟認知症高齢者の記入例（ 認知症 ）は区別していない。

記入例 ➡ ◦ **1. ない**
- 若い頃から人と一緒に行動することが嫌いで一人を好む性格であったため，現在も老人クラブ等には参加しない。
- 通所介護に週3回通っており，施設の行事や他の利用者との交流を楽しんでいる。
- 寝たきりで通所サービスなども利用しておらず，集団活動に参加の機会はない。
- 家族の話では，一人でいることが好きで，家族以外の人と話をするのも好きではないというが，明らかに周囲の状況に合致しない行動ではないため「1. ない」とした。

◦ **2. ときどきある**
- 通所を嫌がることが月に2回くらいある。無理に行かせるが，施設で他の利用者と一緒に行動せず，ずっと施設内を勝手に歩きまわっている。
- リハビリテーションの継続が必要だが意欲がなく，リハビリテーションへの参加を嫌がることが月に2～3回ある。
- 通所介護の活動に誘うと奇声を発し嫌がることが月に2回位あり，適応できない。
- 家族の話では，デイサービスで集団のゲームに誘われると嫌がって奇声を発することが月に1～2回ほどあるというので「2. ときどきある」を選択。嫌がる場合は，少し離れた場所へ連れて行き，テレビを見ている。

● 3. ある

- 通所施設でみんながレクリエーションに参加している時に，スタッフが一緒に参加するように声をかけると，大きな声で「あっちに行け」と言うことが毎回なので，本人の好きなビデオを見てもらっている。
- 何に対しても意欲がなく部屋に閉じこもり寝ていることが多い。
- 通所サービスの利用を勧め，体験利用を実施したが集団でのレクリエーションに参加せず，「帰る，帰る」と大声でわめいたのでそれ以降は自宅から外に出ないで暮らしている。
- 重度認知症で自分の世界の中で過ごす。話しかけても意味を理解できない。

異なった選択が生じやすい点

調査対象者の状況	誤った選択	正しい選択と留意点等
明らかに周囲の状況に合致しない行動ではないが，介護者である妻の話では，性格や生活習慣から，家族以外の人と一緒にいることが好きではなく，集団活動にはまったく参加していないという。	「3. ある」	「1. ない」を選択。明らかに周囲の状況に合致しない行動であるかどうかで判断。性格や生活習慣等の理由から，家族以外の人と一緒にいることが苦手で集団活動にまったく参加しない，というのは該当しない。

5-5　買い物　　介助の方法

- 買い物の介助が行われているかどうかを評価する項目。
- 買い物とは，食材，消耗品等の日用品を選び（必要な場合は陳列棚から商品を取り），代金を支払うことをいう。

食材，消耗品等の日用品を選び（必要な場合は陳列棚から商品を取り），代金を支払うこと

買い物の介助が行われているかどうかを評価

調査上の留意点

- 店までの移動は含まれない。
- 店舗内での移動は含まれない。
- 自分でインターネットや電話を使って店舗等に注文し，自宅へ届けてもらう場合も含まれる。
- 家族やヘルパー等に買い物を依頼する場合は「買い物の依頼」「買い物を頼んだ人への支払い」も含めた一連の行為に対して介助が行われているかどうかで判断。
- 本人が自分で購入したものを，介護者が精算，返品等の介助を行っている場合→「3．一部介助」を選択。
- 施設入所者や在宅で寝たきり等の方の買い物については，家族が代わりに買い物を行っている場合や，施設で一括購入している場合などは，それぞれの状況で選択。この場合，買い物そのものが過去1週間以内に行われているかは問わない。
- ベッド上から買ってきてほしいものを指示し，物品の手配のみをヘルパーが行っている場合→「3．一部介助」を選択。
- 一定期間中（調査日から過去1週間ぐらい）により頻回に見られる状況や日頃の様子で判断。

① 朝昼夜等の時間帯や体調等によって介助の方法が異なる場合

- 一定期間（調査日から過去1週間ぐらい）でより頻回に見られる状況や日頃の状況で選択→**特記事項**に，その日頃の状況等の具体的な内容を記載。

② 「実際の介助の方法」が不適切な場合

- 「介助されていない」状態や「実際に行われている介助」が，対象者にとって「不適切」であると認定調査員が判断する場合→**特記事項**に判断理由を記載の上，適切な「介助の方法」を選択し，介護認定審査会の判断を仰ぐことができる。
- 認定調査員が，「実際に行われている介助が不適切」と判断する場合には，対象者が不適切な状況に置かれていると認定調査員が判断する，さまざまな状況が想定される。
  - ・独居や日中独居等による介護者不在のために適切な介助が提供されていない場合
  - ・介護放棄，介護抵抗のために適切な介助が提供されていない場合
  - ・介護者の心身の状態から介助が提供できない場合
  - ・介護者による介助が，むしろ本人の自立を阻害しているような場合

1. 介助されていない

● 買い物の介助が行われていない場合。

● 食材等の日用品を選び，代金を支払うことを介助なしで行っている場合。

● 自分で電話をして店舗等に注文をし，自宅へ届けてもらう場合も含まれる。

2. 見守り等

● 見守りとは，買い物に必要な行為への「確認」「指示」「声かけ」のことをいう。

3. 一部介助

● 陳列棚から商品をとる，代金を支払う等，買い物の行為の一部に介助が行われている場合。

4. 全介助

● 買い物のすべてに介助が行われている場合。

警告コード

「買い物」が「1. 介助されていない」にもかかわらず

「座位保持」が「4. できない」，「意思の伝達」が「4. できない」，「金銭の管理」が「3. 全介助」，「日常の意思決定」が「4. できない」

どのように質問するか 　【買い物に関する一連の行為ができるかの質問です。】

問いかけの例 　・食料品等はご自分で買い物していますか。

・近くのコンビニで買い物することがありますか。

・買い物に行く時は一人で行っていますか。

 特記事項の記入例

記入内容 → ○具体的な状況で特記すべきことや，具体的な介助の状況

○本人の能力と行われている介護がかけ離れている場合，その理由や状況

○施設に入所している場合，その状況

記入例 → ● 1. 介助されていない

▪ 日常生活に必要な食品等の買い物に毎日近所のスーパーに行っている。

▪ 左片麻痺のため歩行が不自由であり，重い荷物を持てないので食料品等の買い物はインターネットで注文して届けてもらい支払いはカード決済をしている。

▪ 近所のスーパーで買い物をするが，品物を持って自宅へ戻れないので自宅までの配達サービスを利用している。

- 腰痛のため歩行が困難である。日用品等は電話で注文をして自宅へ届けてもらい支払いを行う。
- 健康のため，ほぼ毎日，近くのスーパーに歩いていき，食材や日用品を自分で買っている。体調が良くないときなどは（月に数回），近所に住んでいる娘に買い物を頼むこともある。より頻回な状況から「1. 介助されていない」を選択する。

2. 見守り等

- 近所の八百屋に行っても何を買えばよいのか分らなくなるので，娘が一緒に行き，必要な野菜を指示している。支払いは自分でできる。
- 不適切 近くのスーパーへ一人で買い物に行くが，会計時にレジでおつりの額をめぐってトラブルになることが月に1〜2回ある。買い物時に付き添いがないのは，不適切な状況と判断する。品物を選ぶ行為そのものは自分で行っていることから，付き添いがあれば特に問題はないため，適切な介助の方法として「2. 見守り等」を選択する。
- 認知症 認知症のため，スーパーに行くと必要な食品を選ばず，不要な食品ばかりかごに入れるので，ヘルパーが同行し必要な食品を選べるように声かけしている。

3. 一部介助

- 近所のコンビニに行って買いたいものは選べるが，金種の区別がつかないので，家族が必ず付き添って支払いの介助をしている。
- 判断力の低下が見られ，菓子は買ってくるが，食材や日用品は買わないので，他県に住む息子が月に1回訪問して買い物をする。
- 認知症もなく判断力はしっかりしているが，高齢のため下肢筋力の低下があり，転倒の危険性があるので家族が付き添い，商品を取る介助を行う。
- 小さな軽いものは自分で近くのコンビニで済ますが，大きいものや重いもの（野菜や牛乳等）はヘルパーに依頼している。
- 一人で買い物に行けるが，不必要な商品も買ってきてしまうため，家族が週1回返品に行く。そのため「3. 一部介助」を選択する。
- パーキンソン病のため自分で買い物に行けないが，ヘルパーに購入して欲しい物を頼み，支払い用のお金を渡している。
- 認知症 軽度認知症があり，車いすを使用しているため立位が取れないので，スーパーの棚から食品を取ることができない。ヘルパーが付き添い，食品の選択の声かけや必要なものを取ってかごに入れる介助をしている。

[認知症] スーパーに行くが，認知症のためいつも同じものだけ買ってきてしまうので，家族が一緒に行って食品を選ぶための声かけや支払いの介助を行っている。

● 4. 全介助

- パーキンソン症候群のため歩行はできない。認知障害はないので車いすに乗ってスーパーに行けば買い物をする能力はあると思われるが，買い物はすべて別居の娘が行っている。
- 施設に入所している。理解力や判断力があるので買い物をする能力はあると思われるが外出の機会もなく，施設のスタッフが買い物をしている。
- ほぼ寝たきりの状態で，意識障害もあるため，施設内で自ら買い物を行うことも他人に依頼することもない。必要なものは，月に数回，家族が訪問する際に，まとめて持参している。
- 週に数回，施設の売店へ行き，自分で菓子パンなどを買うことがあるが，日々の食材等は，施設で一括購入されているため，より頻回な状況から「4.全介助」を選択する。

[認知症] 軽度の認知症があり，買い物に行くと大量のパンを買ってしまうので買い物はすべて家族が行い，本人にはお金を持たせていない。

[がん] がん末期のため，買い物に行くことは難しく，認知症状はないが家族が行っている。

異なった選択が生じやすい点

調査対象者の状況	誤った選択	正しい選択と留意点等
歩行ができず，店舗に行くことができないので，自分で電話して注文し，自宅へ届けてもらっている。	「3. 一部介助」	「1. 介助されていない」を選択。店舗等に自分で電話をして注文し，自宅へ届けてもらう場合等，サービスの一部として提供される配達などは，介助とは考えられないため，「1.介助されていない」を選択。
重い意識障害があり，意思の伝達が難しいため，本人が買い物をする機会がない。下着類など日用品類は，家族が購入している。	「1. 介助されていない」	「4. 全介助」を選択。本人のための食材や日用品の購入を家族が代行している場合，その状況に基づき選択を行う。一連の行為に介助が行われていることから，「4. 全介助」を選択する。

5-6 簡単な調理 介助の方法

定 義

- 簡単な調理の介助が行われているかどうかを評価する項目。
- 簡単な調理とは「炊飯」「弁当，惣菜，レトルト食品，冷凍食品の加熱」「即席めんの調理」をいう。
- 一定期間中（調査日から過去 1 週間ぐらい）により頻回に見られる状況や日頃の様子で判断。

「炊飯」，「弁当，惣菜，レトルト食品，冷凍食品の加熱」，「即席めんの調理」をいう。一定期間（調査日より概ね過去 1 週間）の状況において，より頻回に見られる状況や日頃の状況で選択

簡単な調理の介助が行われているかどうかを評価

調査上の留意点

- 配下膳，後片付けは含まれない。
- 食材の買い物は含まれない。
- お茶，コーヒー等の準備は含まれない。
- 施設等で，施設職員によって代行されている場合は，施設職員による対応の状況について判断する。
- 家族の食事と一緒に調理が行われている場合は，家族の調理の状況に基づき判断する。

①調査対象の行為自体が発生しない場合

- 経管栄養で調理の必要のない流動食のみを投与されている場合→簡単な調理に対する介助が行われていないため「1．介助されていない」を選択するが，流動食の温めなどを行っている場合は，「レトルト食品の加熱」に該当するとして，介助の方法を評価する。

②朝昼夜等の時間帯や体調等によって介助の方法が異なる場合

- 一定期間（調査日から過去 1 週間ぐらい）でより頻回に見られる状況や日頃の状況で選択→**特記事項**に日頃の状況等の具体的な内容を記載する。

③「実際の介助の方法」が不適切な場合

- 「介助されていない」状態や「実際に行われている介助」が，対象者にとって「不適切」であると認定調査員が判断する場合→**特記事項**に判断理由を記載の上，適切な「介助の方法」を選択し，介護認定審査会の判断を仰ぐことができる。
- 認定調査員が，「実際に行われている介助が不適切」と判断する場合には，対象者が不適切な状況に置かれていると認定調査員が判断する，さまざまな状況が想定される。
  - ・独居や日中独居等による介護者不在のために適切な介助が提供されていない場合
  - ・介護放棄，介護抵抗のために適切な介助が提供されていない場合
  - ・介護者の心身の状態から介助が提供できない場合
  - ・介護者による介助が，むしろ本人の自立を阻害しているような場合

1．介助されていない
- 簡単な調理の介助が行われていない場合。

2．見守り等
- 見守り等とは，「確認」「指示」「声かけ」等が行われていることをいう。

3．一部介助
- 簡単な調理の一部に介助が行われている場合。

4．全介助
- 簡単な調理のすべてに介助が行われている場合。

警告コード

「簡単な調理」が「1．介助されていない」にもかかわらず

「洗顔」が「3．全介助」，「整髪」が「3．全介助」

どのように質問するか　【簡単な調理に関する一連の行為ができるかの質問です。】

問いかけの例
- 毎日の食事の準備は誰がするのですか。
- 朝ご飯は自分で作っているのですか。
- 自分でご飯を炊いたりしていますか。

特記事項の記入例

記入内容　➡
○具体的な状況で特記すべきことや，具体的な介助の状況
○本人の能力と行われている介護がかけ離れている場合，その理由や状況
○施設に入所している場合，その状況

記入例　➡
● 1．介助されていない

- 独居のため，炊飯・調理はすべて自分で行っている。
- 食事は外食や惣菜の購入で済ませており，日常的に調理は行われていない。
- 手のこんだものは作らないが，ごはんとみそ汁くらいは作り主菜は買って来ることが多い。
- 経管栄養のため，調理の介助は行われていない。

● 2．見守り等

- 難しい調理はできないが，指示すれば電子レンジで温めたり，声かけによりレトルト食品は調理できる。

▪ 米をとぐことはできるが視力障害があり炊飯器の目盛が見えない，水の調整は夫が行っている。

> 認知症 認知症のため調理の手順が分からなくなっているが，家族が手順を指示すると味噌汁を作ることができる。

❀ 3.　一部介助

▪ 火の始末ができず鍋を焦がすことが多いので，家族が調理した副食を電子レンジで温める介助をヘルパーが毎日行っている。炊飯は週2回自分で行う。頻度より判断した。

> 不適切 独居で片麻痺のため配食サービスを週に7日利用しているが，好きなものばかり少量食べているので，2カ月前から体重の減少が見られる。不適切な状況であり栄養状態の改善のためヘルパーによる調理の援助が必要と判断した。

❀ 4.　全介助

▪ 胃ろうを造設し栄養剤を注入しており，調理の介助は行っていないが流動食の調理は家族が行う。

▪ 施設に入所中，寝たきり状態であり嚥下障害があるのでミキサー食を施設で調理している。

▪ 軽度の身体障害はあるが，認知症がなく簡単な調理はできると思われる。施設に入所中のため，すべて施設で調理しているので「4.　全介助」を選択した。

▪ 普段は炊飯を含め家族が3食すべてを用意しているが，自分でも何かしたいと思っており，体調のよいときは，自分で炊飯を行っている（月2回程度）。より頻回な状態から「4.　全介助」を選択する。

> 不適切 電子レンジの使い方が理解できないために，買ってきてもらった弁当を，冷たいまま食べていることから，不適切な状況にあると判断した。食事時に介護者が不在であることから，介助は行われていないが，すべてに介助が行われることが適切と考え「4.　全介助」を選択した。

> 認知症 認知症のため火の取扱いができないので，調理はすべて家族が行っている。

> がん がん末期のため，調理を自力で行うことは難しく，家族が行っている。

異なった選択が生じやすい点

調査対象者の状況	誤った選択	正しい選択と留意点等
施設では3食とも施設内で作られた食事が提供されており，弁当やレトルト食品，即席めんを食べることはない。	「1. 介助されていない」	「4. 全介助」を選択。弁当やレトルト食品，即席めんを食べることがない場合でも「炊飯」行為が行われていれば，炊飯について評価する。施設などで一括して調理が行われている場合は，簡単な調理の定義のうちの「炊飯」が施設によって介助されているため「4. 全介助」を選択する。

その他

過去14日間にうけた
特別な医療について

	評価軸				調査内容			
	①能力	②介助	③有無	①ADL・起居動作	②認知	③行動	④社会生活	⑤医療
特別な医療について (12)			●					●

過去 14 日間にうけた特別な医療について 有無

キーワード
医師の指示，看護師等の医療従事者により継続して実施

定　義

● **過去 14 日間にうけた医療**について評価する項目。

● **医師の指示に基づき，看護師等によって実施される行為に限定。**

● サービスを提供する機関の種類は問わない。

● 医師の指示が，過去 14 日以内に行われているかどうかは問わない。

● （看護師等以外の）家族，介護職種の行う類似の行為は含まない。

● 継続して実施されているもののみを対象とし，急性疾患への対応で一時的に実施される医療行為は含まない。

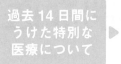

医師，または，医師の指示に基づき看護師等によって実施される医療行為に限定

調査対象者，家族，または介護者から情報を得る

調査上の留意点

● 意思疎通がとれない在宅の調査対象者の場合は，介護者（聞き取りのできる家族等）に同席してもらうことが望ましい。

● 調査対象者，家族，介護者から情報を得ること。

● 医療機関に記載内容を確認することは，守秘義務，治療上の必要性から治療内容について告知を行っていない場合があるため，適切ではない。

● 「特別な医療」が定義に従って実施されていることを介護認定審査会委員が検討できるように，「実施頻度／継続性」「実施者」「当該医療行為を必要とする理由」について**特記事項**に記載する。

① 点滴の管理

定　義

● 点滴の管理の有無を評価する項目。

調査上の留意点

● 点滴の針が留置されているが，実際に点滴は行われていない場合であっても，状況の変化等に対応できる体制にあれば，該当する。

● 「8. 疼痛の看護」のために点滴が用いられ，本項目の定義に従って管理されている場合は，い

ずれも該当する。

 特記事項の記入例

 ○介護状況に影響を及ぼすと考えられる医療
○処置・対応の状況や頻度，実施者，当該医療行為を必要とする理由等
註 がんの末期の場合の記入例（ がん ）は区別していない。

 ● 1．ある

- 訪問診療を受け，週 2 回，医師が点滴を施行している。
- 通院により週 1 回，栄養補給の点滴を継続して受けている。
- 栄養補給を目的に点滴の針が留置されているが，現在点滴は行われていない。しかし，必要に応じて点滴が開始できる体制にあるため，「1．ある」を選択した。管理は看護師が行っている。
- 多発性骨髄腫による重度の貧血のため，医師の指示により 2 週間毎に輸血を継続して実施している。
- 胃がんのため全摘している，食事が適切に摂れず栄養不足となっているので継続的に毎週栄養剤の点滴を通院して行っている。

● 2．ない

- 入院中（14 日以内）は継続的に点滴を実施していたが治療は終了した。現在は自宅に戻り点滴は実施していない。

異なった選択が生じやすい点

対象者の状況	誤った選択	正しい選択と留意点等
点滴の針は留置されているが，点滴は現在行われていない。しかし，必要に応じて点滴が開始できる体制にある。	「ない（該当しない）」	「ある（該当する）」を選択する。

❷ 中心静脈栄養

定　義
- 中心静脈栄養（IVH）の実施の有無を評価する項目。

調査上の留意点
- 実際に栄養分が供給されなくても，状況の変化等に対応できる体制にある場合も含む。
- 経口摂取が一部可能である者であっても，中心静脈栄養が行われている場合も含む。

特記事項の記入例

記入内容 ➡ ○介護状況に影響を及ぼすと考えられる医療
○処置・対応の状況や頻度，実施者，当該医療行為を必要とする理由等

記入例 ➡ ● 1．ある

- 中心静脈栄養の輸液を行っている。週に2回,訪問看護師が処置している。
- 病院の看護師が, IVH の挿入部の確認, 消毒, ルート交換, ガーゼ交換等と, 点滴数の確認のため週3回訪問。
- 現在，栄養分は供給されておらず，経口摂取が一部可能である。しかし，必要に応じて中心静脈栄養が供給できる体制にあるため「1．ある」を選択した。
- 一部，経口摂取が可能であるが，むせが強く，過去に誤嚥性肺炎を起こしている。そのため，現在，中心静脈栄養が行われている。

異なった選択が生じやすい点

対象者の状況	誤った選択	正しい選択と留意点等
現在，栄養分は供給されていないが，必要に応じて中心静脈栄養が供給できる体制にある。	「ない（該当しない）」	「ある（該当する）」を選択する。

❸ 透析

定義

透析の方法・種類を問わず，人工透析の実施の有無を評価する項目。

調査上の留意点

透析の方法や種類は問わない。

✎ 特記事項の記入例

記入内容 → ○介護状況に影響を及ぼすと考えられる医療
○処置・対応の状況や頻度，実施者，当該医療行為を必要とする理由等

記入例 → ● 1. ある

- 腹膜透析を行っており，訪問看護ステーションの看護師が透析液の注入口の処置を行っている。
- 人工透析のため，週3回通院し，送迎はヘルパーが対応している。
- 腎不全のため，2年前から週2回血液透析をうけており，「1. ある」を選択した。介助者なしで通院している。

異なった選択が生じやすい点

対象者の状況	誤った選択	正しい選択と留意点等
「血液透析」ではなく，「腹膜透析」をうけている。	「ない（該当しない）」	「ある（該当する）」を選択する。透析の方法や種類は問わない。

❹ ストーマ（人工肛門）の処置

定義

ストーマ（人工肛門）の処置の有無を評価する項目。

調査上の留意点

人工肛門が造設されている者に対して，消毒，バッグの取り替え等の処置が行われているかどうかを評価する。

✎ 特記事項の記入例

記入内容 ➡ ○介護状況に影響を及ぼすと考えられる医療
○処置・対応の状況や頻度，実施者，当該医療行為を必要とする理由等
（注）がんの末期の場合の記入例（ がん ）は区別していない。

記入例 ➡ ● 1. ある

- 人工肛門を造設したが，脳性麻痺のためパウチ交換は自分ではできないので訪問看護ステーションの看護師が行っている。
- 人工肛門のパウチ部分の皮膚がかぶれやすく，看護師により消毒処置されている。
- 人工肛門が造設されており，皮膚の観察や消毒，バッグの取り替え等の処置は医師の指示に基づき訪問看護によって行われているため，「1. ある」を選択した。

● 2. ない

- 末期ではない大腸がんのためストマを造設し，ストマの交換等は全て自分で行っている，2週間毎に人工肛門部位の状態観察のみ看護師が行っているが，処置は行われていない。

異なった選択が生じやすい点

対象者の状況	誤った選択	正しい選択と留意点等
看護師等によるパウチ交換と消毒が行われている。	「ない（該当しない）」	「ある(該当する)」を選択する。人工肛門が造設されている者に対して消毒，バッグの取り替え等の処置が行われているかどうかを評価する。

❺ 酸素療法

定 義
● 酸素療法の実施の有無を評価する項目。

呼吸器，循環器疾患等により酸素療法が行われているかを評価する。

実施場所は問わない。

 特記事項の記入例

記入内容 ➡ ○介護状況に影響を及ぼすと考えられる医療

○処置・対応の状況や頻度，実施者，当該医療行為を必要とする理由等

記入例 ➡ 1. ある

▪肺気腫のため，安静時，在宅酸素療法を行っている。訪問看護師により，定期的に酸素量のチェック及び流量の指示が行われている。

▪呼吸器不全があり，自宅（居宅）では行われていないが，半年前より通院において医師による酸素療法が行われているため，「1. ある」を選択した。

がん がん末期であり，呼吸器症状や呼吸器不全が併発し医師の指示により酸素療法を実施し，訪問看護師が管理している。

2. ない

▪医師の指示により。冬季のみ在宅酸素療法を行っている，継続的ではないため特記のみとした。

異なった選択が生じやすい点

対象者の状況	誤った選択	正しい選択と留意点等
外出時のみ酸素療法が行われており，自宅（居宅）では行われていない。	「ない（該当しない）」	「ある(該当する)」を選択する。実施場所は問わない。

❻ レスピレーター（人工呼吸器）

定義

レスピレーター（人工呼吸器）の使用の有無を評価する項目。

● 経口・経鼻・気管切開の有無や，機種は問わない。

特記事項の記入例

 ○介護状況に影響を及ぼすと考えられる医療
○処置・対応の状況や頻度，実施者，当該医療行為を必要とする理由等

記入例 ● 1. ある

・ 介護者が自営業のため自宅内にいるが，緊急時の対応のため外出できない。
・ 看護職員の管理により，鼻マスク陽圧人工呼吸療法（NIPPV）に鼻マスク式補助換気用人工呼吸器を使用しているので，「1. ある」を選択した。

異なった選択が生じやすい点

対象者の状況	誤った選択	正しい選択と留意点等
鼻マスク陽圧人工呼吸療法（NIPPV）に鼻マスク式補助換気用人工呼吸器を使用している。	「ない（該当しない）」	「ある(該当する)」を選択する。経口・経鼻・気管切開の有無や，機種は問わない。

⑦ 気管切開の処置

定　義
● 気管切開の処置の有無を評価する項目。

調査上の留意点
● 気管切開が行われている者に対して，カニューレの交換，開口部の消毒，ガーゼ交換，開口部からの喀痰吸引等の処置が行われているかどうかを評価する。

 特記事項の記入例

記入内容 ○介護状況に影響を及ぼすと考えられる医療
○処置・対応の状況や頻度，実施者，当該医療行為を必要とする理由等

1. ある

- 気管切開を行っており，医師資格を持つ家族が喀痰吸引している。
- 半年前に気管切開が行われており，カニューレの交換，開口部の消毒，ガーゼ交換，開口部からの喀痰吸引等の処置が医師の指示に基づき，訪問看護によって行われているため，「1. ある」を選択した。

異なった選択が生じやすい点

対象者の状況	誤った選択	正しい選択と留意点等
気管切開はしていないが，日に10回くらい喀痰吸引を行わなければならない。	「ある（該当する）」	「ない（該当しない）」を選択する。 気管切開が行われている者に対して，カニューレの交換，開口部の消毒，ガーゼ交換，開口部からの喀痰吸引等の処置が行われているかどうかを評価する。

❽ 疼痛の看護

定 義

疼痛の看護の有無を評価する項目。

調査上の留意点

- 想定される疼痛の範囲は，がん末期のペインコントロールに相当するひどい痛みであり，これらの病態に対し鎮痛薬の点滴，硬膜外持続注入，座薬，貼付型経皮吸収剤，注射が行われている場合。
- 整形外科医の指示で，理学療法士の行う痛みのための電気治療については該当しない。
- 一般的な腰痛，関節痛等の痛み止めの注射や湿布等は該当しない。
- さする，マッサージする，声かけを行う等の行為は該当しない。
- 痛み止めの内服治療は該当しない。

 特記事項の記入例

 ○介護状況に影響を及ぼすと考えられる医療
○処置・対応の状況や頻度，実施者，当該医療行為を必要とする理由等

1. ある

　　がん がん末期のペインコントロールを必要とする痛みがあり，鎮痛薬の点滴や注射が行われているので「1. ある」を選択した。

異なった選択が生じやすい点

対象者の状況	誤った選択	正しい選択と留意点等
整形外科医の指示で，理学療法士の行う痛みのための電気治療が実施されている。	「ある（該当する）」	「ない（該当しない）」を選択する。 整形外科医の指示で，理学療法士の行う痛みのための電気治療については該当しない。また，さする，マッサージする，声かけを行う等の行為も該当しない。

⑨ 経管栄養

定義

● 栄養の摂取方法としての経管栄養の有無を評価する項目。

調査上の留意点

● 経口・経鼻・胃ろう等であるかを問わない。
● 管が留置されている必要はない。
● 一部経口摂取が可能である場合であっても，経管栄養が行われている場合を含む。
● 栄養は中心静脈栄養で摂取し，投薬目的で胃管が留置されている場合は該当しない。

特記事項の記入例

記入内容 ○介護状況に影響を及ぼすと考えられる医療
○処置・対応の状況や頻度，実施者，当該医療行為を必要とする理由等

記入例 **1. ある**

▪ 経管栄養であるが，訪問看護は受けておらず，医師の指示により看護師資格を持つ家族が常時対応している。
▪ 胃ろうを造設し，訪問看護ステーションの看護師が週2回訪問し援助をし

ている。

- 脳卒中の後遺症により，食事の経口摂取が困難である。管が継続的に留置されておらず，一部経口摂取が可能だが，摂取量を見て経鼻的に経管栄養が行われているため，「1. ある」を選択した。栄養剤等の注入は，医師の指示に基づき，訪問看護によって行われている。
- 胃ろうを造設し，栄養剤の注入は全て家族が行っている。チューブの状態や挿入部の管理を医師の指示により訪問看護師が行っている。

● 2.　ない

- 以前は家族が胃ろうから栄養剤を注入していたが，現在は経口摂取を実施している。医師の指示により看護師が胃ろうを塞がずに処置を行っている。栄養摂取のために胃ろうを使用していないので「2. なし」とした。

異なった選択が生じやすい点

対象者の状況	誤った選択	正しい選択と留意点等
栄養は中心静脈栄養で摂取し，投薬目的で胃管が留置されている。	「ある（該当する）」	「ない（該当しない）」を選択する。 栄養の摂取方法として，経管栄養が行われているかどうかを評価する項目のため，栄養は中心静脈栄養で摂取し，投薬目的で胃管が留置されている場合は該当しない。

⑩ モニター測定（血圧，心拍，酸素飽和度等）

定　義

- モニター測定（血圧，心拍，酸素飽和度等）の有無を評価する項目。

調査上の留意点

- 血圧，心拍，心電図，呼吸数，酸素飽和度のいずれか 1 項目以上について，24 時間以上にわたってモニターを体につけた状態で，継続的に測定されているかどうかを評価。
- 血圧測定の頻度は，1 時間に 1 回以上のもの。

特記事項の記入例

 ○介護状況に影響を及ぼすと考えられる医療
○処置・対応の状況や頻度，実施者，当該医療行為を必要とする理由等

記入例 → ● 1．ある

- モニター測定の機器が設置されて心拍の測定が行われている。
- 血圧測定が機器により継続して行われている。
- 慢性心不全のため，心電図について，24時間にわたってモニターを体につけた状態。医師の指示に基づき，看護師が継続的に測定しているため，「1．ある」を選択した。

異なった選択が生じやすい点

対象者の状況	誤った選択	正しい選択と留意点等
訪問看護が行われているが，自宅の血圧計で，家族が，24時間にわたり1時間に1回程度の測定を行った。	「ある（該当する）」	「ない（該当しない）」を選択する。 医師の指示に基づき，過去14日以内に看護師等によって実施された行為のみで選択する。

⑪ じょくそうの処置

定 義
●じょくそうの処置の有無を評価する項目。

調査上の留意点
●じょくそうの大きさ・程度は問わない。

 特記事項の記入例

 ○介護状況に影響を及ぼすと考えられる医療
○処置・対応の状況や頻度，実施者，当該医療行為を必要とする理由等

記入例 → **● 1. ある**

- 仙骨部にじょくそう（直径 4cm）があり，訪問看護ステーションの看護師が週 2 回処置をしている。家族も，消毒軟膏塗布，ガーゼ交換を行っている。
- 再発を繰り返しているため，医師の指示により，訪問看護師がじょくそうの有無の観察を行っている。
- じょくそうは現時点では治ったが，予防の処置が医師の診断・指示に基づいて訪問看護で継続されているため，「1. ある」を選択した。

● 2. ない

- 調査の 14 日以内に医師の指示によりじょくそうの処置が看護師により行われていたが，調査時は完治したため「2. なし」とする。

異なった選択が生じやすい点

対象者の状況	誤った選択	正しい選択と留意点等
1 カ月前までじょくそうがあったが，完治したとの診断を受け，現在は医師からじょくそうの処置に関する指示は出ていない。しかし，再発防止のために，訪問看護において外用薬を塗布し続けている。	「ある（該当する）」	「ない（該当しない）」を選択する。 医師の指示に基づき，過去 14 日以内に看護師等によって実施された行為のみとする。

⑫ カテーテル（コンドームカテーテル，留置カテーテル，ウロストーマ等）

定　義

● カテーテル（コンドームカテーテル，留置カテーテル，ウロストーマ等）の有無を評価する項目。

調査上の留意点

● 尿失禁への対応として，コンドームカテーテル，留置カテーテルの使用，もしくは間欠導尿のいずれかが行われており，その管理が看護師等によって行われているかどうかを評価する。
● 腎ろうについては，その管理を看護師等が行っている場合に該当する。

特記事項の記入例

 ○介護状況に影響を及ぼすと考えられる医療
○処置・対応の状況や頻度，実施者，当該医療行為を必要とする理由等

記入例 ● 1．ある

- バルーンカテーテルを挿入しており，定期的に医師がカテーテル交換を，訪問看護ステーションの看護師が膀胱洗浄を行っている。
- 自己導尿が可能だが，調査の5日前に医師の指示に基づいて看護師等によって行われ，また，定期受診の度に処置を受ける見込みであるため，「1.ある」を選択した。

異なった選択が生じやすい点

対象者の状況	誤った選択	正しい選択と留意点等
術後のドレナージをうけている。	「ある（該当する）」	「ない（該当しない）」を選択する。 術後のドレナージや，尿の排泄以外の目的のカテーテルは含まない。

障害高齢者の日常生活自立度（寝たきり度）

判定の基準

- 調査対象者について，訪問調査時の様子から下記の判定基準を参考に該当するものに○印をつけること。
- まったく障害等を有しない者については，自立に○をつけること。

生活自立	ランクJ	何らかの障害等を有するが，日常生活はほぼ自立しており独力で外出する 1．交通機関等を利用して外出する 2．隣近所へなら外出する
準寝たきり	ランクA	屋内での生活はおおむね自立しているが，介助なしには外出しない 1．介助により外出し，日中はほとんどベッドから離れて生活する 2．外出の頻度が少なく，日中も寝たり起きたりの生活をしている
寝たきり	ランクB	屋内での生活は何らかの介助を要し，日中もベッド上での生活が主体であるが，座位を保つ 1．車いすに移乗し，食事，排泄はベッドから離れて行う 2．介助により車いすに移乗する
	ランクC	1日中ベッド上で過ごし，排泄，食事，着替において介助を要する 1．自力で寝返りをうつ 2．自力では寝返りもうてない

＊判定にあたっては，補装具や自助具等の器具を使用した状態であっても差し支えない。

判定にあたっての留意事項

- この判定基準は，地域や施設等の現場において，保健師等が何らかの障害を有する高齢者の日常生活自立度を客観的かつ短時間に判定することを目的として作成したものである。
- 判定に際しては「〜をすることができる」といった「能力」の評価ではなく「状態」，特に「移動」に関わる状態像に着目して，日常生活の自立の程度を4段階にランク分けすることで評価するものとする。なお，本基準においては何ら障害を持たない，いわゆる健常老人は対象としていない。
- 朝昼夜等の時間帯や体調等によって能力の程度が異なる場合→一定期間（調査日から過去1週間ぐらい）の状況において，より頻回に見られる状況や日頃の状況で選択する。→その日頃の状況等について具体的な内容を**特記事項**に記載。

4 段階の各ランクに関する留意点

ランク J
● 何らかの身体的障害等を有するが，日常生活はほぼ自立し，一人で外出する者が該当する。

● 「障害等」とは，疾病や障害およびそれらの後遺症あるいは老衰により生じた身体機能の低下をいう。

● J–1 はバス，電車等の公共交通機関を利用して積極的にまた，かなり遠くまで外出する場合が該当する。

● J–2 は隣近所への買い物や老人会等への参加等，町内の距離程度の範囲までなら外出する場合が該当する。

ランク A
● 「準寝たきり」に分類され，「寝たきり予備軍」ともいうべきグループであり，いわゆる house–bound に相当する。屋内での日常生活活動のうち食事，排泄，着替に関してはおおむね自分で行い，留守番等をするが，近所に外出するときは介護者の援助を必要とする場合が該当する。

● 「ベッドから離れている」とは「離床」のことであり，ふとん使用の場合も含まれるが，ベッドの使用は本人にとっても介護者にとっても有用であり普及が図られているところでもあるので，奨励的意味からベッドという表現を使用した。

● A–1 は寝たり起きたりはしているものの食事，排泄，着替時はもとより，その他の日中時間帯もベッドから離れている時間が長く，介護者がいればその介助のもと，比較的多く外出する場合が該当する。

● A–2 は日中時間帯，寝たり起きたりの状態にあるもののベッドから離れている時間のほうが長いが，介護者がいてもまれにしか外出しない場合が該当する。

ランク B
● 「寝たきり」に分類されるグループであり，いわゆる chair–bound に相当する。

● B–1 と B–2 とは座位を保つことを自力で行うか介助を必要とするかどうかで区分する。

● 日常生活活動のうち，食事，排泄，着替のいずれかにおいては，部分的に介護者の援助を必要とし，1 日の大半をベッドの上で過ごす場合が該当する。排泄に関しては，夜間のみオムツをつける場合には，介護を要するものとはみなさない。

● 「車いす」は一般の椅子や，ポータブルトイレ等で読み替えても差し支えない。

● B–1 は介助なしに車いすに移乗し，食事も排泄もベッドから離れて行う場合が該当する。

● B–2 は介助のもと，車いすに移乗し，食事または排泄に関しても，介護者の援助を必要とする。

ランク C
● ランク B と同様，「寝たきり」に分類されるが，ランク B より障害の程度が重い者のグループであり，いわゆる bed–bound に相当する。

● 日常生活活動の食事，排泄，着替のいずれにおいても介護者の援助を全面的に必

要とし，1日中ベッドの上で過ごす。

- C-1はベッドの上で常時臥床しているが，自力で寝返りをうち体位を変える場合が該当する。

- C-2は自力で寝返りをうつこともなく，ベッド上で常時臥床している場合が該当する。

【障害高齢者の日常生活自立度（寝たきり度）早見表】

生活の活動の場はどの範囲か，身体の状態・障害等はどの程度か，具体的な介護の状況・行動の例，の順に見ていくと判断しやすい。

	ランク	生活の場の制限	身体の状態・障害等	介護の状況・行動の例
生活自立	J-1	独力で<u>外</u>で活動できる	何らかの障害等を有するが，日常生活はほぼ自立しており，独力で外出する	バス，電車等の公共の交通機関を利用して積極的に，また，かなり遠くまで外出できる
	J-2	□外へ出られる		隣近所への買物や老人会等への参加等，町内の距離程度の範囲までなら外出できる
準寝たきり	A-1	<u>屋内</u>で生活している	食事，排泄，着替えに関してはおおむね自分で行い，近所に外出するときは介護者の援助を必要とする	寝たり起きたりしているが，日中もベッドから離れている時間が長く，介助により外出する
	A-2	□家の中で生活		寝たり起きたりの状態。日中はベッドから離れている時間のほうが長いが，まれにしか外出しない
寝たきり	B-1	室内での移動は<u>車いす</u>での生活	座位を保ち，1日の大半をベッド上で過ごすが，食事，排泄，着替えのいずれかはベッドから離れる	介助なしに車いすに移乗し，食事，排泄もベッドから離れて行う
	B-2	□車いす生活		介助のもと，車いすに移乗し，食事または排泄に関しても介護者の援助を必要とする
	C-1	<u>ベッド上</u>での生活	1日中ベッド上で過ごし，食事，排泄，着替えのいずれにおいても介護者の援助が全面的に必要	ベッドの上で常時臥床しているが，自力で寝返りをうち体位を変えられる
	C-2	□ベッドの生活		ベッドの上で常時臥床しており，自力で寝返りをうてない

 **特記事項の記入例**

記入例 ➡ ●自立

- 歩行は支障なく行える。日常の生活は一人で営んでおり，電車やバスも利用している。

- 電車に乗りデパートへ買い物に行っている。階段昇降や歩行にも支障がない。

● J 1

- 変形性膝関節症があるが日常生活はほぼ自立している。バスを利用して単独で病院へ受診している。
- 杖をつき近所へ買物に行く。病院受診時は杖を使い，バスの乗降も行っている。

● J 2

- 下肢筋力の低下があり長距離の歩行はできないが，杖を使い自宅から徒歩5分位のスーパーへの買い物はできる。
- 交通機関を利用した外出は家族の付添が必要だが，近隣の商店街への買い物はできる。日常生活も概ね自立している。
- 近くへは一人で買物に行くが，電車やバスの利用はできず，通院はタクシーで行く。

● A 1

- 自宅内の移動は手すりや家具に掴まり自力で行えるが，病院への受診時は家族が付き添う。
- 身の回りの動作は全て自分でできており，日中も起きていることが多い。室内の移動は歩行器を使用している。外出はヘルパーが介助する。

● A 2

- ほとんど自宅内で，寝たり起きたりして生活している。排泄や着替えは自立しているが，パーキンソン症候群のため転倒の危険があり，移動の際は家族が見守りを行っている。外出は車いすで介助する。
- 施設で生活しており外出はあまりしない。食事と排泄は自分でできるが大腿骨の骨折の既往があるので歩行時は介助されている。

● B 1

- パーキンソン病のため移動は車いすを使用するが，移乗は自力でできる。排泄は介助されているが，食事や着替えは自分でできる。
- 昨年，大腿骨頸部を骨折したため歩行ができず車いす生活となっている。介助されずに移乗し食事や車いすを自走することができる。

- 交通事故による脊髄損傷のため下肢麻痺。車いすで自走する。車いすへの移乗も自立しており，一人で生活している。

●B2

- 歩行ができず車いすを使用している，移乗時は施設スタッフが介助し排泄や更衣の介助が行われている。車いすを自走し食堂へ行くことができる。
- 加齢に伴う下肢筋力の低下により歩行ができないので車いすで移動する。立位も不安定なのでポータブルトイレや車いすへの移乗は介助されているが食事は自立している。
- 脳性麻痺により車いすで生活している。移乗はヘルパーが介助し，電動車いすを自走して外出している。

●C1

- 進行性核上性麻痺のため歩行ができずベッド上での生活である。寝返りはベッド柵につかまり行うが食事や排泄は介助される。
- 老衰のためベッド上で寝たきり状態であるが，ベッド柵につかまりなんとか寝返りはできる。食事・排泄・入浴・更衣等の身の回りのすべてを介助されている。

●C2

- 脳梗塞後遺症のため自力では寝返りもできず，すべての身辺介護が行われている。
- ベッド上でほぼ寝たきりの生活である，経管栄養の注入が3回／日行われ，排泄や体位変換の介助が行われている。
- 筋萎縮側索硬化症（ALS）のため手足はまったく動かせず，胃ろうを造設し，人工呼吸器を使用している。寝返りはできず，排泄，更衣，身体清潔等の介助をされている。
- 植物状態でベッド上で寝たきり。寝返りもできず，エアマットを使用している。

認知症高齢者の日常生活自立度

 判定の基準

●調査対象者について，訪問検査時の様子から下記の判断基準を参考にして，該当するものに
　○印をつけること。
●まったく認知症を有しないものについては，自立に○をつけること。

【参考】

ランク	判断基準	みられる症状・行動の例
I	何らかの認知症を有するが，日常生活は家庭内および社会的にほぼ自立している。	
II	日常生活に支障をきたすような症状・行動や意思疎通の困難さが多少見られても，誰かが注意していれば自立できる。	
IIa	家庭外でも上記IIの状態がみられる。	たびたび道に迷うとか，買物や事務，金銭管理等，それまでできたことにミスが目立つ等
IIb	家庭内でも上記IIの状態がみられる。	服薬管理ができない，電話の応対や訪問者との対応等一人で留守番ができない等
III	日常生活に支障をきたすような症状・行動や意思疎通の困難さがみられ，介護を必要とする。	
IIIa	日中を中心として上記IIIの状態がみられる。	着替え，食事，排便，排尿が上手にできない・時間がかかる，やたらに物を口に入れる，物を拾い集める，徘徊，失禁，大声・奇声をあげる，火の不始末，不潔行為，性的異常行動等
IIIb	夜間を中心として上記IIIの状態がみられる。	ランクIIIaに同じ
IV	日常生活に支障をきたすような症状・行動や意思疎通の困難さが頻繁にみられ，常に介護を必要とする。	ランクIIIに同じ
M	著しい精神症状や行動障害あるいは重篤な身体疾患がみられ，専門医療を必要とする。	せん妄，妄想，興奮，自傷・他害等の精神症状や精神症状に起因する行動障害が継続する状態等

判定にあたっての留意事項

◉ 認定調査項目に含まれていない認知症に関連する症状のうち,「幻視・幻聴」,「暴言・暴行」,「不潔行為」,「異食行動」等については,関連する項目の特記事項に記載するか,認知症高齢者の日常生活自立度の特記事項に記載する。

◉ 「火の不始末」は,「4-12 ひどい物忘れ」で評価されるので適切な選択肢を選び,特記事項に具体的な状況を記載する。

【認知症高齢者の日常生活自立度早見表】

コミュニケーションがどのくらいとれるか,ランクによってはそれがいつどこでみられたか,介護や援助の種類や度合いはどうか,主に見られる症状・行動の例,の順に見ていくと判断しやすい。

ランク	コミュニケーション	いつどこでみられるか	介護の度合い	主にみられる症状・行動の例	生活の状態	サービス例
Ⅰ	日常の生活に必要な意思の疎通はできる		ほぼ自立している	何らかの認知症がみられるが家庭内および社会的にはほぼ自立し,単身で生活できる	一人暮らしも可能である 施設においては特に監視や介助は必要としない	訪問指導や健康相談
Ⅱa	日常の生活に必要な意思の疎通の困難さが多少みられる	家庭外でみられる	服薬管理や金銭管理能力等に支障が出てきているが,誰かが注意していれば自立できる	たびたび道に迷うとか,買物や事務,金銭管理等,それまでできてきたことにミスが目立つ等	一人暮らしが困難な場合もある 施設では監視とともに見守りや声かけが必要な状態	居宅療養管理指導,訪問・通所リハビリテーション,通所介護,訪問介護
Ⅱb		家庭内でみられる		服薬管理ができない,電話の応対や訪問者との対応等,一人で留守番ができない等		
Ⅲa	日常の生活に必要な意思の疎通の困難さがみられる	日中を中心に症状がみられる	着替え,食事,排泄等の介護が必要な状態	着替え,食事,排便,排尿が上手にできない,時間がかかる。やたらに物を口に入れる,物を拾い集める,徘徊,失禁,大声・奇声をあげる,火の不始末,不潔行為,性的異常行動等	一人暮らしは困難である 一時も目を離せない状態ではない	訪問介護,訪問リハ,訪問介護,通所介護,通所リハ,ショートステイの組み合わせ
Ⅲb		夜間を中心に症状がみられる				
Ⅳ	日常の生活に必要な意思の疎通の困難さが頻繁にみられる	常時	常に介護が必要な状態	Ⅲに同じ	常に目を離せない状態である 家族の介護と在宅サービスが必要,施設利用も選択肢に入れる	複数の在宅サービスの組み合わせか施設の利用かを選択

M	日常の生活に必要な意思疎通ができないまたは，まれにしかできない		在宅で生活ができず，専門医療の必要な状態	せん妄，妄想，興奮，自傷・他害等の精神症状や精神症状に起因する問題行動が継続する状態等	ランクⅠ～Ⅳと判定された高齢者が，精神病院や認知症専門棟を有する老人保健施設等での治療が必要となった状態である。専門医療期間を受診するよう勧める必要がある。	専門医療気管の受診を勧める

特記事項の記入例

記入例 →

●自立

- 記憶や理解に関する調査項目に適切に回答し，妻への介護負担を気遣う言葉があった。
- 町内会の役員を現在も務めていることや，質問に対して矛盾なく回答していた。
- 家族の話によると時々年相応の物忘れがあるというが，金銭管理も自分で行い，買い物や調理なども支障なく自分でできている。

●Ⅰ

- 軽度の認知障害があり，日常生活を送るために声かけや支援が必要であるが，独居生活が送れている。
- 家族は年相応の物忘れというが，金銭管理は別居の娘が行わないと混乱するという状況である。

●Ⅱa

- 買い物の際にメモを持たせても，異なる食品を買ってきてしまう。
- 近所に買い物に行き，自宅がわからなくなり家族が探しに行くことが月に数回あるという状況から判断した。
- ヘルパーの訪問が毎日あり一人暮らしをしている。郵便物の管理や金銭管理はまわりの援助を受けないと生活が成り立たない。

● Ⅱ b

- 高血圧症の持病があるが服薬が適切に行えないので，家族がその都度本人に声かけをしている。外出時に自宅へ戻れないことが月に数回ある。
- 意思疎通に大きな支障はないが，金銭管理ができず通帳を紛失し再発行してもらうことが3回位あった。何度も銀行で訴え，地域の相談機関へ銀行から連絡があった。

● Ⅲ a

- 排泄後に便をトイレの壁や手すりに塗りつけることがあるので，家族は近くで本人の行動を見守っている。
- 衣類を準備しても，順番がわからず妻が傍にいて着る順番を指示しなければ着替えができない。

● Ⅲ b

- 一人で外出できないように施錠してあるが，特に夜間，家族が目を離した隙に出て行ってしまい自宅近くの交番で保護されることが半年の間に数回ある。
- 話しても理解せず，ガスを点けっ放しにして鍋ややかんを焦がしたり，小火を起こしかけたことがあった。
- 夜は特に眠らずに起き出し食事を作ろうとすることもある。

● Ⅳ

- コミュニケーションが取れず，家族が予測しながら対応している。目の前（消しゴム，鉛筆等）にあるものを手当たりしだいに口に入れるので目が離せない。常に傍にいて見守りをしている。
- 意思疎通がほとんどできない，自分自身が歩行不可であることが認識できず歩こうとするので常に見守りをする。他の入所者の姿を見ると大声で威嚇するので職員がなだめる。

● M

- 精神病院の閉鎖病棟に入院中。
- 在宅を続けさせたいと，家族が介護しているが，意思疎通がまれにしかできず，日常生活のすべてにおいて通じない。食事の飲み込みもできなくなり，胃ろう造設が検討されている。

主治医意見書

主治医意見書　　　　　　　　　　　　　　　　　　記入日　　　　　　年　　月　　日

申　請　者	（ふりがな）	男・女	〒　　　―
	明・大・昭　　年　　月　　日生（　　歳）		連絡先　　　（　　　）

上記の申請者に関する意見は以下の通りです。
主治医として、本意見書が介護サービス計画作成等に利用されることに　□同意する。　□同意しない。
医師氏名
医療機関名　　　　　　　　　　　　　　　　　　　　　電話　　（　　　）
医療機関所在地　　　　　　　　　　　　　　　　　　　FAX　　（　　　）

（1）最終診察日	年　　　　月　　　　日
（2）意見書作成回数	□初回　□2回目以上
（3）他科受診の有無	□有　　□無 （有の場合）→□内科　□精神科　□外科　□整形外科　□脳神経外科　□皮膚科　□泌尿器科 　　　　　　　□婦人科　□眼科　□耳鼻咽喉科　□リハビリテーション科　□歯科　□その他（　　　　　　　）

1．傷病に関する意見

（1）診断名（特定疾病または生活機能低下の直接の原因となっている傷病名については1.に記入）及び発症年月日
1.＿＿＿＿＿＿＿＿＿＿＿＿＿　発症年月日　（　　　　　年　　　月　　　日頃） 2.＿＿＿＿＿＿＿＿＿＿＿＿＿　発症年月日　（　　　　　年　　　月　　　日頃） 3.＿＿＿＿＿＿＿＿＿＿＿＿＿　発症年月日　（　　　　　年　　　月　　　日頃）
（2）症状としての安定性　　　　　　□安定　　　　□不安定　　　□不明
（「不安定」とした場合、具体的な状況を記入）
（3）生活機能低下の直接の原因となっている傷病または特定疾病の経過及び投薬内容を含む治療内容 〔最近（概ね6ヶ月以内）介護に影響のあったもの 及び 特定疾病についてはその診断の根拠等について記入〕

2．特別な医療　（過去14日間以内に受けた医療のすべてにチェック）

処置内容	□点滴の管理　　　□中心静脈栄養　　　□透析　　　□ストーマの処置　□酸素療法 □レスピレーター　□気管切開の処置　　□疼痛の看護　□経管栄養
特別な対応	□モニター測定（血圧、心拍、酸素飽和度等）　□褥瘡の処置
失禁への対応	□カテーテル（コンドームカテーテル、留置カテーテル 等）

3．心身の状態に関する意見

（1）日常生活の自立度等について
・障害高齢者の日常生活自立度（寝たきり度）　□自立　□J1　□J2　□A1　□A2　□B1　□B2　□C1　□C2 ・認知症高齢者の日常生活自立度　　　　　　□自立　□I　□IIa　□IIb　□IIIa　□IIIb　□IV　□M
（2）認知症の中核症状（認知症以外の疾患で同様の症状を認める場合を含む） 　・短期記憶　　　　　　　　　　　　　　□問題なし　　□問題あり 　・日常の意思決定を行うための認知能力　□自立　　　□いくらか困難　□見守りが必要　　　　□判断できない 　・自分の意思の伝達能力　　　　　　　　□伝えられる　□いくらか困難　□具体的要求に限られる　□伝えられない
（3）認知症の周辺症状（該当する項目全てチェック：認知症以外の疾患で同様の症状を認める場合を含む） □無　　□有　　　　□幻視・幻聴　　□妄想　　　□昼夜逆転　□暴言　　□暴行　　□介護への抵抗　　□徘徊 　　　　　→　　　　□火の不始末　□不潔行為　□異食行動　□性的問題行動　□その他（　　　　　　　）
（4）その他の精神・神経症状 □無　　□有　〔症状名：　　うつ病　　　　　　　　　専門医受診の有無 □有　（　　　　　）□無〕

（５）身体の状態

利き腕　（□右 □左）　身長＝[　　]cm 体重＝[　　]kg（過去６ヶ月の体重の変化　□ 増加　□維持　□減少）

- □ 四肢欠損　　　（部位：＿＿＿＿＿＿＿＿＿＿＿＿＿＿＿）
- □ 麻痺
  - □右上肢（程度：□軽 □中 □重）　　□左上肢（程度：□軽 □中 □重）
  - □右下肢（程度：□軽 □中 □重）　　□左下肢（程度：□軽 □中 □重）
  - □その他（部位：　　　　　　程度：□軽 □中 □重）
- □筋力の低下　　（部位：＿＿＿両上下肢＿＿＿＿＿＿　程度：□軽 □中 □重）
- □関節の拘縮　　（部位：＿＿＿＿＿＿＿＿＿＿＿＿＿＿　程度：□軽 □中 □重）
- □関節の痛み　　（部位：＿＿＿＿＿＿＿＿＿＿＿＿＿＿　程度：□軽 □中 □重）
- □失調・不随意運動　・上肢 □右 □左　　・下肢 □右 □左　　　・体幹 □右 □左
- □褥瘡　　　　　（部位：＿＿＿＿＿＿＿＿＿＿＿＿＿＿　程度：□軽 □中 □重）
- □その他の皮膚疾患（部位：＿＿＿＿＿＿＿＿＿＿＿＿＿　程度：□軽 □中 □重）

４．生活機能とサービスに関する意見

（１）移動

屋外歩行	□自立	□介助があればしている	□していない
車いすの使用	□用いていない	□主に自分で操作している	□主に他人が操作している
歩行補助具・装具の使用(複数選択可)	□用いていない	□屋外で使用	□屋内で使用

（２）栄養・食生活

食事行為	□自立ないし何とか自分で食べられる	□全面介助
現在の栄養状態	□良好	□不良

→ 栄養・食生活上の留意点（　　　　　　　　　　　　　　　　　　　　　　　　）

（３）現在あるかまたは今後発生の可能性の高い状態とその対処方針

□尿失禁　□転倒・骨折　□移動能力の低下　□褥瘡　□心肺機能の低下　□閉じこもり　□意欲低下　　□徘徊
□低栄養　□摂食・嚥下機能低下　　□脱水　□易感染性　□がん等による疼痛　□その他（　　　　　　）

→ 対処方針（　　定期的な見守り、内服の継続　　　　　　　　　　　　　　　）

（４）サービス利用による生活機能の維持・改善の見通し

□期待できる　　　　　　□期待できない　　　　　　□不明

（５）医学的管理の必要性（特に必要性の高いものには下線を引いて下さい。予防給付により提供されるサービスを含みます。）

□訪問診療　　　　　　　□訪問看護　　　　　　□訪問歯科診療　　　　　□訪問薬剤管理指導
□訪問リハビリテーション　□短期入所療養介護　　□訪問歯科衛生指導　　　□訪問栄養食事指導
□通所リハビリテーション　□その他の医療系サービス（　　　　　　　　）

（６）サービス提供時における医学的観点からの留意事項

- ・血圧 □特になし □あり（　　　　　　　　）　・移動 □特になし □あり（　　　　　　　　）
- ・摂食 □特になし □あり（　　　　　　　　）　・運動 □特になし □あり（　　　　　　　　）
- ・嚥下 □特になし □あり（　　　　　　　　）　・その他（　　　　　　　　）

（７）感染症の有無（有の場合は具体的に記入して下さい）

□無　　□有（　　　　　　　　　　　　　　　　　）　　　　□不明

５．特記すべき事項

要介護認定及び介護サービス計画作成時に必要な医学的なご意見等を記載して下さい。なお、専門医等に別途意見を求めた場合はその内容、結果も記載して下さい。（情報提供書や身体障害者申請診断書の写し等を添付して頂いても結構です。）

介護認定審査会資料例

<table>
<tr><td>取　扱　注　意</td><td>介護認定審査会資料</td><td>○○年 8月18日 作成
○○年 8月11日 申請
○○年 8月12日 調査
○○年 8月18日 審査</td></tr>
</table>

合議体番号：000001 No.　　2

被保険者区分：第1号被保険者	年齢：72歳	性別：男	現在の状況：認知症対応型共同生活介護適用施設（グループホーム）
申請区分　：更新申請	前回要介護度：なし		前回認定有効期間：　　　月間

1　一次判定等
（この分数は、実際のケア時間を示すものではない）

一次判定結果：　　要介護1

要介護認定等基準時間：48.8分　＋ 0.0分　＝ 48.8分

```
           25 32    50    70    90   110 （分）
```

非	支 1	支 2	介 1	介 2	介 3	介 4	介 5

食事	排泄	移動	清潔 保持	間接	問題 行動	機能 訓練	医療 関連	認知症 加算
4.8	0.9	2.7	10.4	10.3	5.1	8.5	6.1	0.0

警告コード：

3　中間評価項目得点

第1群	第2群	第3群	第4群	第5群
77.5	93.9	84.5	65.0	52.3

4　日常生活自立度

障害高齢者自立度	： J 2
認知症高齢者自立度	： Ⅱa

5　認知機能・状態の安定性の評価結果

認知症高齢者の日常生活自立度	
認定調査結果	： Ⅱa
主治医意見書	： Ⅰ
認知症自立度Ⅱ以上の蓋然性	： 97.8%
状態の安定性	： 不安定
給付区分	： 介護給付

6　現在のサービス利用状況（介護給付）

訪問介護（ホームヘルプ）・訪問型サービス	： 8 回 /月
訪問入浴介護	： 8 回 /月
訪問看護	： 12 回 /月
訪問リハビリテーション	： 6 回 /月
居宅療養管理指導	： 3 回 /月
通所介護（デイサービス）・通所型サービス	： 2 回 /月
通所リハビリテーション（デイケア）	： 3 回 /月
短期入所生活介護（ショートステイ）	： 1 日 /月
短期入所療養介護（療養ショート）	： 2 日 /月
特定施設入居者生活介護	： 2 日 /月
福祉用具貸与	： 3 品目
特定福祉用具販売	： 4 品目/6ヶ月間
住宅改修	： あり
夜間対応型訪問介護	： 3 日 /月
認知症対応型通所介護	： 3 日 /月
小規模多機能型居宅介護	： 0 日 /月
認知症対応型共同生活介護	： 0 日 /月
地域密着型特定施設入居者生活介護	： 6 日 /月
地域密着型介護老人福祉施設入所者生活介護	： 0 日 /月
定期巡回・随時対応型訪問介護看護	：
看護小規模多機能型居宅介護	：

2　認定調査項目

	調査結果	前回結果
第1群　基本動作・起居動作機能の評価		
1. 麻痺　（左－上肢）		－
（右－上肢）		－
（左－下肢）		－
（右－下肢）		－
（その他）		－
2. 拘縮　（肩関節）		－
（股関節）		－
（膝関節）		－
（その他）		－
3. 寝返り		－
4. 起き上がり		－
5. 座位保持		－
6. 両足での立位		－
7. 歩行		－
8. 立ち上がり		－
9. 片足での立位		－
10. 洗身		－
11. つめ切り		－
12. 視力		－
13. 聴力		－
第2群　生活機能（ADL・IADL）の評価		
1. 移乗		－
2. 移動		－
3. 嚥下		－
4. 食事摂取		－
5. 排尿		－
6. 排便		－
7. 口腔清潔		－
8. 洗顔		－
9. 整髪		－
10. 上衣の着脱		－
11. ズボン等の着脱		－
12. 外出頻度		－
第3群　認知機能（記憶・意思疎通）の評価		
1. 意思の伝達		－
2. 毎日の日課を理解		－
3. 生年月日をいう		－
4. 短期記憶		－
5. 自分の名前をいう		－
6. 今の季節を理解		－
7. 場所の理解		－
8. 常時の徘徊		－
9. 外出して戻れない		－
第4群　社会的行動の評価		
1. 被害的		－
2. 作話		－
3. 感情が不安定		－
4. 昼夜逆転		－
5. 同じ話をする		－
6. 大声を出す		－
7. 介護に抵抗		－
8. 落ち着きなし		－
9. 一人で出たがる		－
10. 収集癖		－
11. 物や衣類を壊す		－
12. ひどい物忘れ		－
13. 独り言・独り笑い		－
14. 自分勝手に行動する		－
15. 話がまとまらない		－
第5群　社会生活適応に関する評価		
1. 薬の内服		－
2. 金銭の管理		－
3. 日常の意思決定		－
4. 集団参加ができない		－
5. 買い物		－
6. 簡単な調理		－

〈特別な医療〉

点滴の管理	：	気管切開の処置	：
中心静脈栄養	：	疼痛の看護	：
透析	：	経管栄養	：
ストーマの処置	：	モニター測定	：
酸素療法	：	じょくそうの処置	：
レスピレーター	：	カテーテル	：

NCL110

200○○/08/18 11:42:25

医療用語解説

神津　仁

（特定非営利活動法人 全国在宅医療推進協会理事長，神津内科クリニック院長）

脳血管系（麻痺関連）・脳神経系の病気と関連する身体の部位

●**下肢（かし）**

人の身体の部分を指す言葉。股関節から足の先までを総じて下肢とよぶ。

●**片麻痺（かたまひ）**

身体の部分を正面から見て，真中から右と左に半分に分けて，右半身，左半身とする。右半身には顔の右側と，右の上肢と下肢が含まれ，左半身には顔の左側と，左の上肢と下肢が含まれる。右半身に起きる麻痺が右片麻痺，左半身に起きるのが左片麻痺。特殊な片麻痺に，右の顔面と左半身あるいは左の顔面と右半身のように，右と左の麻痺が交叉して生じる場合，交代性片麻痺とよぶ。

●**眼瞼麻痺（眼瞼下垂）（がんけんまひ・がんけんかすい）**

瞼を開くために働く筋肉が麻痺して瞼がふさがった状態をいう。原因として先天性眼瞼下垂が最も多く，上眼瞼挙筋の発達不全や動眼神経の機能不全により起こるものが約90%を占める。海綿静脈洞部の脳腫瘍，動脈瘤，脳出血が原因となることもある。その他，交感神経障害によって生じるHorner症候群（縮瞳，上眼瞼の下垂，眼球陥没），重症筋無力症，老人性眼瞼下垂等が原因としてあげられる。

●**筋固縮（きんこしゅく）**

筋肉は運動神経で支配されている。筋肉を動かす運動神経は，単純な1つのシステムで動いているわけではなく，大脳や脊髄の複雑な微調整を受けている。パーキンソン病では，こうした微妙な運動制御が働かなくなるために，関節を動かす際にスムーズな動きができず，まるでプラスチックや鉛の管を曲げるような抵抗が生じる。この状態を筋固縮という。

●**構音障害（こうおんしょうがい）**

音としての言葉を発するために必要な，声帯，呼吸器系，口の筋肉，舌，軟口蓋等に，運動麻痺や失調症，あるいは欠損などの異常があるために，言葉が聞き取りづらくなること。

●**失語症（しつごしょう）**

言葉を発するために必要な，声帯，呼吸器系，口の筋肉，舌，軟口蓋等に異常はなく，また言葉を聞くために必要な聴力や聴神経に障害がないのにもかかわらず，通常の会話ができない状態をいう。大脳の言語中枢が，脳梗塞や脳出血，脳腫瘍等によって傷害された結果起こる。人の言葉は理解可能だが，うまくしゃべれない「運動性失語症」，人の言葉が外国語のように理解不能となる「感覚性失語症」とに分かれる。実際にはこの両者が混在したものとなる。

●**上肢（じょうし）**

人の身体の部分を指す言葉。肩から手の先までを総じて上肢とよぶ。

図1　体表の区分

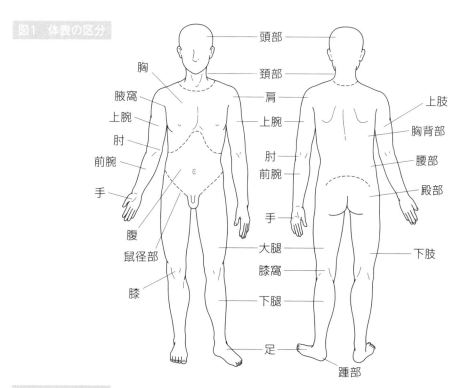

頭部
頚部
胸
肩
腋窩
上腕
上腕
肘
肘
前腕
前腕
手
手
腹
鼠径部
膝
上肢
胸背部
腰部
殿部
大腿
膝窩
下肢
下腿
足
踵部

図2　運動の用語

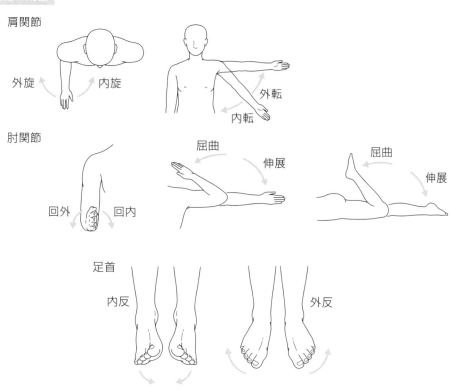

肩関節

外旋　内旋　外転　内転

肘関節

屈曲　伸展　屈曲　伸展

回外　回内

足首

内反　外反

● **振戦** （しんせん）

ふるえのこと。生理的な筋活動は運動神経の律動的なパルス刺激によって行われており，通常は目立たない。本態性振戦はこうした生理的なふるえが，日常動作の中に現れてくるもので，緊張するとさらに強くふるえる（約10回/秒の規則的なふるえ）。家族の中に同様の症状があるときには，家族性振戦とよぶ。老齢期になって生じる際には老人性振戦という。パーキンソン病で起こるふるえは，安静時振戦で，本態性振戦のように書字や物を持つなど，何かをしようとするときにふるえるのではなく，じっとしているときにふるえるもので運動時には軽くなる。

● **チアノーゼ**

動脈血の酸素飽和度が低下することにより，唇・指先・爪などの皮膚・粘膜が青味がかった紫色になる現象。通常，還元型ヘモグロビンが5g/dL以上になったとき出現するとされる。原因として，肺での換気拡散障害・末梢循環不全による。その他，シアン中毒，一酸化炭素中毒などでも起きる。

● **対麻痺** （ついまひ）

右と左の両方の下肢に運動麻痺が生じるもの。脊髄障害によって生じる。

● **脳梗塞** （のうこうそく）

脳の栄養動脈の狭窄ないし閉塞によって，脳細胞の部分的な壊死を生じるもの。梗塞をきたす原因は，血管内に生じた血栓が主たるものだが，心臓弁膜症による炎症や老化した組織が剥がれて血管内を浮遊して詰まる塞栓も少なくない。24時間以内に症状が消失する軽症のものを，一過性脳虚血発作（TIA）とよぶ。梗塞を生じているが，脳細胞がまだ仮死状態で，治療により血流が改善すると細胞壊死から免れる可能性がある脳組織を**ペナンブラ**とよぶ。

● **脳性麻痺** （のうせいまひ）

胎生期から出産直後までの過程に生じた脳障害による運動障害のこと。麻痺は非進行性であるが，永続的に持続する。痙性，異常運動性，運動失調性，および混合型に分類される。痙性麻痺が最も多く約50%を占める。異常運動性麻痺は約20%で，アテトーゼ様の身体を異様にねじる運動がみられる。運動失調性は約10%。残りの20%はこれらの症状が組み合わさった混合型。

● **不随意運動** （ふずいいうんどう）

自分が動かそうと思って動く運動が随意運動で，自分の意思に反して勝手に身体の部分が動いてしまうものを不随意運動とよぶ。

● **麻痺** （まひ）

神経系の障害を麻痺という言葉であらわす。温，冷，痛み，関節の位置や振動等を感じる感覚神経の障害を知覚（ちかく）麻痺，筋肉を動かす運動神経の障害を運動麻痺とよぶ。

認知症関連

●アルツハイマー型認知症（あるつはいまーがたにんちしょう）

脳神経細胞に異常なアミロイド蛋白の沈着が生じ，細胞の脱落とともに進行性に発現する認知症。物忘れ等の記憶障害が現れ，せん妄や妄想等の精神症状を示す場合もある。従来，初老期認知症は「アルツハイマー病」，65歳以降に発症する認知症は「アルツハイマー型老年認知症」と区別されてきたが，病理学的な特徴が同じであることから，現在では両方を総称して「アルツハイマー型認知症」とよんでいる。

●MCI（Mild Cognitive Impairment）軽度認知障害（えむしーあい）

認知障害の程度は，予測される加齢による変化より悪いが，認知症ほどには悪くない，中間の状態。正常の高齢者が，年間に1%ないし2%がアルツハイマー型認知症に移行していくのに対し，医療機関を受診し，記憶障害が確認されたMCIでは，10%から15%が認知症に移行するといわれている。数少ないが，認知機能が改善し，正常範囲内にもどる場合もある。

●記憶障害（きおくしょうがい）

新しい経験，情報の記銘・保持・想起の機能が障害された状態。生理的ないし精神的な原因による。アルツハイマー型認知症では，初期から短期記憶障害等が現れる。

●見当識障害（けんとうしきしょうがい）

自己や自己が置かれている状況（時間や場所）についての認識（見当識）が失われる状態。認知症等に生じる。失見当識ともいう。

●失語 → 失語症（276ページ）

●失行（しっこう）

脳の器質病変のために，運動障害はないのに目的動作ができない状態をいう。構成失行（図形の再現・模写ができない），肢節運動失行（手が不器用になり，箸の使用・ボタンの留めはずし等ができない），観念失行（日常的な物品の使い方や複雑な動作ができない），着衣失行（衣類の着脱ができない）等がある。

●失認（しつにん）

脳の器質病変のために，視覚や触覚などの感覚機能は失われていないのに対象を認識することができない状態をいう。視覚失認や触覚失認などがある。

●周辺症状（BPSD = Behavioral and Psychological Symptoms of Dementia ＝認知症の行動と心理症状）（しゅうへんしょうじょう）

徘徊，暴言・暴行，食・性行動異常などの行動の変化と，幻覚，妄想，うつ状態などの精神症状の出現が認知症患者に生じる場合，中核症状に対して周辺症状とよぶ。病的と思われる

これらの症状は，実際には中核症状に戸惑う患者の心理・不安と，生活環境，病前性格など
を反映していることが多い。すぐに薬物療法の対象になるものではない。

●せん妄（せんもう）

外界についての知覚が低下し，意識混濁，幻覚，妄想，不安，興奮および多動などの症状を
示す意識障害の一種。認知症疾患にもみられる。原因には薬剤（睡眠薬，抗パーキンソン薬
等），病気（脳梗塞，アルコール中毒等），ストレス等がある。

●短期記憶（たんききおく）

記憶後，数秒から数分以内であれば想起できる記憶のこと。このうち長期記憶に移行しない
ものは記憶から抹消される。記憶の多段階理論（①感覚記憶，②短期記憶，③長期記憶）に
おける第二段階にあたる。

●中核症状（ちゅうかくしょうじょう）

認知症の中心となる症状。大脳皮質の神経細胞変性がどの部位に生じるかで症状の出かたが
異なる。記憶障害，見当識障害，実行機能障害，失行，失語，失認などを総じていう。

●認知症（にんちしょう）

いったん発達した知能が，脳の何らかの器質的障害によって慢性的に低下または喪失した状
態。一般的には，記憶力・判断力・見当識が障害され，感情や行動に異常が見られることも
多い。アルツハイマー型認知症，脳血管性認知症，アルコール中毒性認知症等がある。

●脳血管性認知症（のうけっかんせいにんちしょう）

脳梗塞，脳出血等の脳血管障害による脳神経細胞の壊死により生じる認知症。感情失禁，易
刺激性を示すが，人格は保たれていることが多い。知的機能は部分的に傷害されることが多
く，日によって変動する，まだらな高次機能低下の状態を呈する。大小の脳梗塞が多発して
生じるものを多発梗塞性認知症とよぶ。

外科・整形外科の病気（骨・関節・筋肉・腱）と関連する身体の部位

●円背（えんぱい）

脊椎を支える筋肉がしっかりとしていると，背骨は首の部分で前方に凸，胸部で後方に凸，
腰部でさらに前方に凸のゆるい W 型のウェーブを描いている。年齢とともに脊柱を支える
傍脊柱筋が衰え，骨粗鬆症によって脊椎の魚椎変形が進むと，背骨は丸くなる。

●関節（かんせつ）

骨と骨とが接触し，一方向あるいは多方向に動くことができるように作られた部位。関節面
は軟骨でおおわれて摩擦が少なく，関節包に包まれてその中に関節液を入れている。

図3　全身の骨格

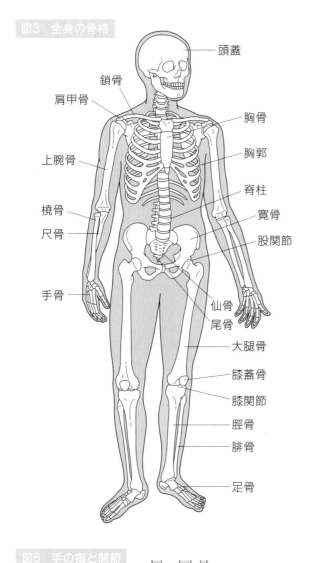

頭蓋
鎖骨
肩甲骨
胸骨
上腕骨
胸郭
橈骨
脊柱
尺骨
寛骨
股関節
手骨
仙骨
尾骨
大腿骨
膝蓋骨
膝関節
脛骨
腓骨
足骨

図4　関節の構造

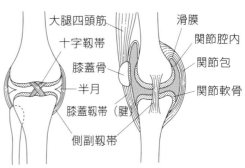

大腿四頭筋
滑膜
十字靱帯
関節腔内
膝蓋骨
関節包
半月
関節軟骨
膝蓋靱帯（腱）
側副靱帯

図5　脊柱（せきちゅう）

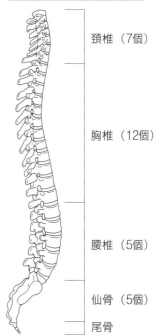

頚椎（7個）
胸椎（12個）
腰椎（5個）
仙骨（5個）
尾骨

図6　手の指と関節

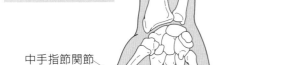

中手指節関節
指節間関節
中手指節関節
（MP関節）
第1指
（母指）
近位指節間関節
（PIP関節）
第5指
（小指）
遠位指節間関節
（DIP関節）
第2指
（示指）
第3指
（中指）
第4指
（環指）

図7　脊椎骨（せきついこつ）

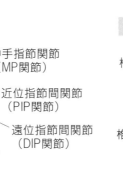
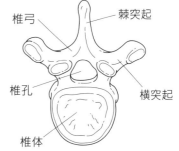

椎弓
棘突起
椎孔
横突起
椎体

●亀背（きはい）

脊椎を支える筋肉がしっかりとしていると，背骨は首の部分で前方に凸，胸部で後方に凸，腰部でさらに前方に凸のゆるい W 型のウェーブを描いている。老化して脊椎が骨粗鬆症になると，円柱であった椎体の前方がつぶれて，楔（くさび）のように変形してくる。これを楔状変化というが，こうなると生理的な弯曲を保てなくなり，亀の背中のように背骨全体が前曲がりとなる。これを亀背とよぶ。

●拘縮（こうしゅく）

関節がスムーズに動かなくなることをいう言葉。原因は，関節自体の変化で生じる場合と，関節を動かすために付いている筋肉が硬くなって生じる場合との 2 つがある。

●仙骨部（せんこつぶ）

背骨のうち，腰椎の下に付いていて骨盤と一体になった部分を仙骨部とよぶ。この部分は寝たきりになると身体の圧力がかかって褥瘡（じょくそう）ができやすく，また治りにくい。

●尖足（せんそく）

足は通常身体に対して直角に付いている。脳卒中後遺症や他の脳障害で下肢の麻痺を生じ，下肢筋の緊張が極度に亢進した場合，爪先立ちするように伸びて，足関節が固定して曲がらない状態になることが多い。この状態を尖足とよぶ。

●足底部（そくていぶ）

足が床についている底の部分を足底部という。

●側弯症（そくわんしょう）

脊柱，すなわち背骨が前後ではなくて，左右に屈曲してしまうもの。

●体幹（たいかん）

人の身体の部分を指す言葉。四肢，首と頭を除いた身体の主たる部分，胴体。

●大腿部（だいたいぶ）

下肢の膝から上で股関節から下の部分を指す言葉。

●脱臼（だっきゅう）

正常の関節の位置にある 2 つの骨が，何らかの外力によって位置がずれ，通常の関節可動域を超えて移動した状態。軽く位置がずれたものを亜脱臼，完全に関節が外れたものを脱臼という。

●変形性股関節症（へんけいせいこかんせつしょう）

生下時の先天性股関節脱臼または臼蓋形成不全が原因となり，大腿骨が骨盤にジョイントし

ている股関節部分がすり減り，もともとの形が不完全なので，無理をした際に股関節部の痛みを生じる病気。老化によって変形がさらに進むと，痛みと不安定性により歩行困難となり，手術的治療が必要となる。

●変形性脊椎症（へんけいせいせきついしょう）

脊椎骨は通常円柱形の椎体と，横に左右にはった横突起，それに後方に長く飛び出した棘突起からなり，これらが多数重なって脊柱という長い背骨を形作っている。加齢現象によってこれらの骨は変形し，靭帯の骨化等と合わせて，レントゲンで確認できるようになる。この変化を変形性脊椎症とよぶ。

免疫関係の病気

●関節リウマチ（かんせつりうまち）

関節の変形と痛みを生じる病態を，総じて一般にリウマチとよぶ。このなかで，通常はみられない関節自体に対する自己抗体によって，著しい関節と骨の破壊を進行性にきたし，長く患って歩行困難や寝たきりになる膠原病の代表的な病気。

感染症

● MRSA（Methicillin‐resistant Staphylococcus aureus）

メチシリン耐性黄色ブドウ球菌の略。ブドウ球菌は土壌をはじめ環境中に広く存在し，人間の皮膚や鼻腔の粘膜にも住み着いている。黄色ブドウ球菌は，より強い病原性をもつが，ただ寄生しているだけでは害はない。しかし，皮膚に傷があるとその傷口から侵入し感染する。通常の黄色ブドウ球菌は，抗生物質がよく効くが，長期に使用すると次第にその抗生物質が効かない耐性菌が生まれ，これを MRSA という。免疫機能が十分ある健康人には無害だが，免疫機能が低下した術後患者やがん患者，虚弱老人等に感染すると生命の危険があるため，介護者や医療従事者が菌を分散しないように注意が必要。

皮膚科の病気

●疥癬（かいせん）

ヒゼンダニ（疥癬虫）が皮膚の角質層内で繁殖して起きる皮膚疾患。非常にかゆみが強い病気で，人から人へ感染する。最初は，へその周囲や太もも等の皮膚に赤い発疹が生じ，やがて，腕の内側，脇の下，手指，外陰部等やわらかい部位を中心に発疹が拡がり，夜等寝入りばなに特に強くかゆくなる。雌成虫が皮膚に感染すると，皮膚の角質層に潜入してトンネル状の構造物を作る。これを「疥癬トンネル」という。

● **陥入爪（かんにゅうそう）**

巻き爪のこと。特に，母趾に起きるものは痛みで歩行困難になることもある。

● **強皮症（きょうひしょう）**

強皮症は皮膚が硬くなる変化を代表的な症状とする病気で，内臓にも変化をともなう全身性強皮症（汎発性強皮症）と皮膚とその下部の筋肉のみをおかす限局性強皮症の2つのタイプに分けられる。強皮症に対して進行性全身性硬化症（Progressive Systemic Sclerosis, PSSと略されることが多い）という病名もこれまでに用いられてきたが，最近ではこの病気はかならずしも進行性でないことがわかってきたため，この病名はだんだんと使われなくなる傾向にある。レイノー現象（冷水につけると手指が循環障害を起こして極端に白くなる）は強皮症の最初の症状であることが多く，約90%の患者にみられる。皮膚は硬く，つっぱって光沢を持つ。色素沈着・脱失，皮膚潰瘍，血管拡張やかゆみもみられる。その他に，関節痛，食道の硬化とそれによる逆流性食道炎，肺線維症，腎障害，シェーグレン症候群などがみられる。

● **帯状疱疹（たいじょうほうしん）**

ヘルペスウイルスによる感染症。ヘルペスウイルスは神経の根元に常在していて，ヒトの免疫が低下したときに神経軸索を伝わって皮膚の表面に水疱を生じる。肋間神経にこの病態が生じると，まるで帯のように胴体をぐるりと水疱で取り囲むようにみえるので，帯状疱疹とよばれている。

● **白癬（はくせん）**

白癬は真菌の一種である白癬菌の皮膚感染によって生じる皮膚病のこと。白癬菌は身体のどの部位の皮膚にも感染するが，とくに足，股，殿部等じめじめした部位に好発する。部位によって，頭部白癬（シラクモ），手白癬（手の水虫），股部白癬（インキンタムシ），足白癬（水虫），体部白癬（ゼニタムシ，タムシ），爪白癬（爪の水虫）等とよばれる。頑癬（がんせん）は股部白癬（インキンタムシ）の古い呼称。

● **皮膚掻痒症（ひふそうようしょう）**

肉眼的には明らかな皮膚症状（発疹，発赤等）を認めないのに皮膚がかゆい場合をいう。高齢者では皮脂や水分の分泌が低下するため，皮膚が乾燥してかゆみを感じることが多くある。皮膚の乾燥が著明な場合は，乾皮症ないし皮脂減少性皮膚炎等とよばれることもあるが，皮膚掻痒症との境界は明らかではない。原因としては，乾皮症に起因したものと，全身性疾患にかゆみの伴うもの，さらに心因性のもの等が考えられている。老人に起こる場合を老人性皮膚掻痒症という。

● **発赤状態（ほっせきじょうたい）**

体重がかかる場所の皮膚は，短時間でも血液のうっ滞が生じ，表皮に炎症が起こり，軽い火傷をしたように赤くなる。この状態を発赤状態とよぶ。体位を変換してうっ血を取り除くと

元へ戻る。さらに真皮の炎症が起こり，水疱やびらんが起これば，次第に褥瘡（じょくそう）として悪化するので，このくらいで止めるように頻回に体位変換をすることが必要。

眼科の病気

●視野狭窄（しやきょうさく）
まっすぐ前を向いたまま物がみえる範囲は，自分で手をかざしてみると，大体耳の前から額の上，顎の下あたりまでで，頭の天辺や後ろはみえない。このみえる範囲を視野という。緑内障や脳の病気では，このみえる範囲が狭まる，これを視野狭窄という。

●視野欠損（しやけっそん）
正面を向いて目を開いているときに，みえる範囲を視野といい，この視野の一部分が欠けることを，視野欠損という。

中心暗点（ちゅうしんあんてん）：視野の中にみえない円形の部分があるものを暗点とよぶ。視野の中心がみえないものを中心暗点とよび，網膜の黄斑部の障害や視神経の疾患が疑われる。

半盲（はんもう）：視野の欠損のうち，左右の半分がみえなくなるものを半盲とよぶ。この半盲のうち，上下に分けた1/4に視野欠損があると，「四分の一半盲」とよぶ。

これらの症状がある場合，目の網膜から始まり後頭葉の視覚中枢に至るまでの，視覚路のどこかに病気があることを示す。右に半盲があると，視野の左半分に置いてあるものはみえて確認できるが，右側に置いてあるものはみえない。患者はそちら側を無視する傾向があるので，介護する者はこれに気を配る必要がある。

●糖尿病性網膜症（とうにょうびょうせいもうまくしょう）
糖尿病の合併症の1つ。糖尿病に基づく代謝異常により網膜出血などを生じ，視力障害が次第に進んで遂には失明に至る。病状の進行は，糖尿病罹患期間との相関が強い。治療法として網膜光凝固療法が有効。この疾患は中途失明原因の第1位である。

●飛蚊症（ひぶんしょう）
目の前にゴミがちらついて，あたかも蚊が飛んでいるようにみえる症状のこと。本来は無色透明である硝子体の中に，加齢とともに線維性の混濁が生じ，その混濁が眼球を動かしたときにフラフラと動いて自覚される。青空や白い壁を見たときなどに，よりはっきりみえる。後部硝子体剥離後は，とくに線維性混濁が著しくなることが多く，糸くずやリング状の物がみえたりするが，加齢とともに多くの人に起こり得る生理的飛蚊症で心配ない。しかし，飛蚊症がひどくなり別の症状が加わったときは，網膜裂孔や網膜剥離が起きた可能性も考えられるため，眼科を受診する。

●夜盲（やもう）
夜や暗い所で，物がみえにくくなることを夜盲とよぶ。網膜にある光を感知する細胞の障害

で起こり，緑内障やビタミンＡ欠乏症，網膜の病気等で生じる。

ホルモン関連

●インスリン

インスリンは膵臓のランゲルハンス島にあるβ細胞で産生され血中に放出される重要なホルモン。食物から摂取したグルコース（糖）を，筋肉，肝臓，脂肪組織等のエネルギー源として細胞内に取り込む際に重要な働きをしている。血中のグルコース（糖）濃度はインスリンによって正常範囲に調節されているが，インスリンの効果が不十分で細胞にグルコースがうまく取り込まれない場合，インスリン血中濃度は通常予測よりも上がる。この状態をインスリン抵抗性とよぶ。インスリン抵抗性が長く続くと高血糖状態が続き，２型糖尿病はこうして生じる。インスリン産生の絶対量が不足している１型糖尿病では，常にインスリンを補給し続ける必要がある。インスリン治療は専用の注射で腹部や太腿に皮下注射する。

排泄関連

●間欠導尿（かんけつどうにょう）

膀胱から尿を排出する機能に障害が起きると，尿が出ないために膀胱は緊満し患者は苦しんでしまう。それを避けるために，尿道カテーテルを時間ごとに尿道から膀胱に挿入して尿を出す。これを間欠導尿という。自分で行う場合は，自己間欠導尿という。

●人工膀胱（じんこうぼうこう）

膀胱を手術で切除した場合，生理的に尿を貯めておく場所がなくなるため小腸等を人工的に加工して尿路変更を行う。これを人工的に作った膀胱という意味で人工膀胱という。

●ストーマ（人工肛門）

大腸の疾患では，便を作って出す機能をもつ左側の下行結腸，Ｓ状結腸，直腸等にメスが入るとき，肛門から出せなくなった便を途中から体外に出す，迂回路としての排出口を作ることが多い。これを人工的に作った肛門という意味で人工肛門という。しかし，実際には直腸で貯められて水分がある程度吸収されて形のいい便になるのと違って，未完成のベトベトの便が出るので，これを清潔に扱うのに苦労する。

●尿カテーテル（にょうかてーてる）

何らかの排尿障害があって膀胱から尿が排出できない場合に，尿道に細い管を差し込んで尿を出させる必要がある。このときに用いる管を尿カテーテルという。カテーテルは一時的に用いる場合と，常時膀胱内に留置する場合があって，後者の場合カテーテルに抜去防止用の風船がついていることから，バルーンカテーテルとよばれる。

●膀胱瘻（ぼうこうろう）

尿道に障害があり，膀胱から尿の排出ができない場合，直接膀胱に穴を開けて尿路変更を行い，カテーテルを留置して尿の流出路を確保する方法。

その他の疾患，医療処置（特別な医療関連）など

●胃瘻（いろう）

嚥下障害が強い患者では，しばしば誤って気管に食物が入り肺炎を生じる。これを防ぐために栄養補給は経管栄養を行うことになる。鼻から管を挿入する方法が一般的だが，最近は腹部に穴を開けて，胃に直接管を入れる方法（胃瘻）を用いることが多くなった。

● ADL

Activities of daily living の略。日本語では日常生活動作。食事や排泄，整容，入浴，更衣，移動など，１人の人間が独立して生活するために各人共通して日常的に繰り返される一群の基本的な身体動作。

●回腸瘻（かいちょうろう）

胃瘻は胃に穴を開けて栄養を補給する方法であるが，小腸である回腸に穴を開けて，ここから直接栄養補給を行うために作られたもの。

●カニューレ

呼吸を助けたり，薬を注入したりするために体内にさしこむ管。気管カニューレ。

●経管栄養（けいかんえいよう）

通常の食物摂取方法である経口栄養摂取が不能となった患者に対し，鼻腔から胃・十二指腸などにチューブを通して栄養補給する方法。鼻腔栄養法ともいう。

●脱肛（だっこう）

直腸の下端の粘膜が肛門の外へ出る症状。多くは痔核（じかく）が原因となる。用手整復ができなくなれば手術的治療が必要となる。

●中心静脈栄養（IVH）（ちゅうしんじょうみゃくえいよう）

Intravenous Hyperalimentation の略。経口摂取が不可能な患者に対して，心臓に直接入る大静脈（中心静脈）付近に血管カテーテルを挿入し，１日に必要なカロリー，ビタミン，微量元素などを持続的に注入する方法を中心静脈栄養法という。末期がんの患者，消化管からの栄養摂取が困難なケースに用いられる。

● TDM（薬物血中濃度モニタリング，Therapeutic Drug Monitoring）

抗てんかん薬，強心配糖体のジギタリス製剤，喘息治療薬のテオフィリン製剤など，有効血

中濃度（ある濃度に達しないと効果がなく，ある濃度以上では副作用が生じるとされる濃度幅）を維持する必要がある薬剤については，定期的に採血を行い，血液中の濃度をみながら薬剤の投与量を調節することが必要とされる。そのために，薬物の血中濃度を測定することをいう。

● **廃用（性）症候群（はいよう〔せい〕しょうこうぐん）**

寝たきりで心身の機能を活用しないことによって生じる，心身の種々様々な機能低下を総じてこうよぶ。若年者でも発生するが，高齢者の場合きわめて大きな影響を及ぼす。身体的には筋・骨の萎縮，関節拘縮，尿路結石，起立性低血圧，嚥下性肺炎，褥瘡，尿失禁，便秘など，精神的には意欲減退やうつ状態などの心理的荒廃，認知症などの諸症状を生じる。

● **腹膜灌流（ふくまくかんりゅう）**

胃や腸などの内臓を覆っている腹膜は腎臓の代わりになる「ろ過作用」を持っている。腎不全患者に対して行う腹膜透析では，腹部にあらかじめ細いカテーテルを埋め込んでおき，2リットルの透析液を腹膜内に入れて灌流させる。通常1日4回入れ替えて老廃物を除去する。

● **腹膜透析（ふくまくとうせき）**

腎不全で血液中の老廃物を体外に排泄できなくなった場合に行う手技を，透析療法という。透析は，血液透析と腹膜透析がある。腹膜透析は，腹壁に穴を開けて腹腔内に透析液を入れ，腹膜の吸収・排泄機能を利用して老廃物の排泄を行う方法である。

● **不定愁訴（ふていしゅうそ）**

頭重・いらいら・疲労感・不眠等漠然とした不快感を伴う自覚症状を訴えるが，それと身体の異常との関連がはっきりしないもの。

● **モニター測定（血圧，心拍，酸素飽和度）**

身体の生理機能について，器械を用いて測定し監視する方法をモニター測定という。血圧や心拍，呼吸数，血液中の酸素飽和度等を測り，測定結果を表示したり記録したりする。

●車いすの構造

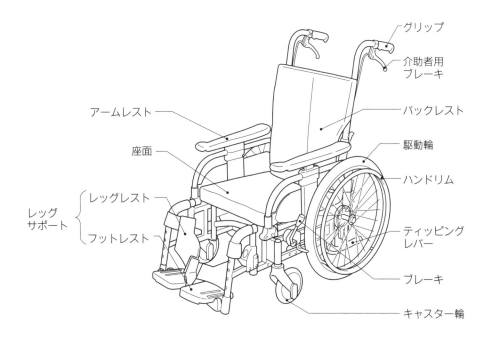

グリップ

介助者用
ブレーキ

アームレスト

バックレスト

座面

駆動輪

ハンドリム

レッグレスト

レッグ
サポート

ティッピング
レバー

フットレスト

ブレーキ

キャスター輪

●●●● 特定疾病の症候・所見のポイント ●●●●

	疾病名	症候・所見
1	初老期の認知症（アルツハイマー病，脳血管性認知症等）	**アルツハイマー病**：初期の主症状は記憶障害である。また，意欲の低下，物事の整理整頓が困難となり，時間に関する見当識障害がみられる。中期には，記憶の保持が短くなり，薬を飲んだことを忘れたり，同じものを何回も買ってくるようになる。後期には，自分の名前を忘れたり，トイレがわからなくなったり，部屋に放尿するようになる。また失禁状態に陥る。 **脳血管性認知症**：初発症状として物忘れで始まることが多い。深部腱反射の亢進，足底反射，仮性球麻痺，歩行異常等の局所神経徴候を伴いやすい。一般に，記憶障害はかなりあっても，判断力は保持されており，人格の崩壊は認められない。
2	脳血管疾患（脳出血，脳梗塞等）	**脳出血**：発症状況と経過は一般に頭痛，悪心，嘔吐をもって始まり，しだいに意識障害が進み，昏睡状態になる。半身の片麻痺を起こすことが多く，感覚障害，失語症，失認，失行，視野障害等がみられる。 **脳梗塞**：発症状況と経過は，アテローム血栓性脳梗塞やラクナ梗塞では夜間安静時に発症し起床時に気が付かれ，症状が段階的に完成することが多く，心原性脳塞栓症では，日中活動時に突発的に発症して症状が完成することが多い。
3	筋萎縮性側索硬化症	筋萎縮・筋力低下，球麻痺，筋肉の線維束性収縮，錐体路症状を認める。それに反して感覚障害，眼球運動障害，膀胱直腸障害，褥瘡は原則として末期まで認めない。
4	パーキンソン病	①振戦，②筋強剛（固縮），③動作緩慢，④姿勢反射障害，⑤その他の症状（自律神経障害，突進現象，歩行障害，精神症状等）
5	脊髄小脳変性症	初発症状は歩行のふらつき（歩行失調）が多い。非常にゆっくりと進行。病型により筋萎縮や不随意運動，自律神経症状等で始まる。最終的には能動的座位が不可能となり，寝たきり状態となる。
6	シャイ・ドレーガー症候群	起立性低血圧によるたちくらみや失神，排尿困難，尿失禁，便秘等の自律神経障害を呈する。進行により，小脳症状，パーキンソン症状，筋萎縮等や睡眠時無呼吸発作等を生じる。
7	糖尿病性腎症・糖尿病性網膜症・糖尿病性神経障害	**糖尿病性腎症**：糖尿病の罹病期間が長い。糖尿病に伴う蛋白尿を呈する。また，高血圧と浮腫を伴う腎機能障害を認める。 **糖尿病性網膜症**：主な症候は視力低下。末期まで視力が保たれることもあり，自覚症によると手遅れになりやすい。 **糖尿病性神経障害**：下肢のしびれ，痛み等を認める。
8	閉塞性動脈硬化症	問診で喫煙歴とともに，閉塞病変に由来する症状（間欠性跛行，下肢冷感，しびれ感，安静時痛，壊死等）があるかどうか聞く。視診により下肢の皮膚色調，潰瘍，壊死の有無をチェックする。触診ですべての下肢動脈の拍動の有無を調べる。ABI値（足関節上腕血圧比），PWV（脈波伝播速度）を検査する。

疾病名	症候・所見
9　COPD：慢性閉塞性肺疾患（肺気腫，慢性気管支炎，気管支喘息，びまん性汎細気管支炎）	**肺気腫**：ほとんどが喫煙者で，男性に多い。体動時呼吸困難が特徴的であるが，出現するのはある程度病変が進行してからである。咳，痰を訴えることもある。 **慢性気管支炎**：喫煙者に多く，慢性の咳，痰を認める。体動時呼吸困難は，感染による急性増悪時には認めるが，通常は軽度である。身体所見では，やや肥満傾向を示す人が多いといわれる。 **気管支喘息**：発作性の呼吸困難，喘鳴，咳（特に夜間・早朝）が，症状がない時期をはさんで反復する。気道閉塞が自然に，または治療により改善し，気流制限は可逆的である。その他，気道過敏症を示す。 **びまん性汎細気管支炎**：呼吸細気管支領域にびまん性炎症により，強い呼吸障害をきたす。初期には肺炎球菌，インフルエンザ桿菌等が感染菌となりやすく，痰，咳，喘鳴を呈し，長引くと菌交代現象を起こし，緑膿菌感染になり重症化しやすい。
10　両側の膝関節または股関節の著しい変形を伴う変形性関節症	初期の場合は，歩行し始めの痛みのみであるが，次第に荷重時痛が増え，関節可動域制限が出現してくる。
11　関節リウマチ	指の小関節から股・膝のような大関節まであらゆる関節に炎症が起こり，疼痛・機能障害が出現する。とくに未明から早朝に痛みとこわばりが強い。筋，腱にも影響し筋力低下や動作緩慢が顕著になる。
12　後縦靱帯骨化症	靱帯の骨化は頚椎に最も多く，頚髄の圧迫では手足のしびれ感，運動障害，腱反射亢進，病的反射出現等の痙性四肢麻痺となる。胸髄圧迫では上肢は異常なく，下肢の痙性対麻痺となる。
13　脊柱管狭窄症	**腰部脊柱管狭窄症**：腰痛，下肢痛，間欠性跛行を主訴とする。 **頚部脊柱管狭窄症**：両側の手足のしびれで発症するものが多い。手足のしびれ感，腱反射亢進，病的反射出現等の痙性四肢麻痺を呈する。
14　骨折を伴う骨粗鬆症	**脊椎圧迫骨折**：腰背部痛と脊柱の変形が特徴的である。軽微な外傷後もしくは誘因なく急性の腰痛を生じ寝たきりになることが多い。 **大腿骨頚部骨折・転子部骨折**：転倒等の後に，大転子部の痛みを訴え起立不能となる。膝の痛みを訴える場合もある。転位の少ない頚部骨折の場合，歩行可能な場合もある。
15　早老症（ウェルナー症候群等）	若年者で老人性顔貌，白髪，毛髪の脱落とともに肥満の割に四肢が細い。若年性白内障，皮膚の萎縮と角化，足部皮膚潰瘍，四肢の筋肉・脂肪組織・骨の萎縮，血管・軟部組織の石炭化，性腺機能低下症，糖尿病，髄膜腫等を認める。

	疾病名	症候・所見
16	がんの末期	**定義** 　以下の特徴をすべて満たす疾病である。 ①無制限の自律的な細胞増殖が見られること（自律増殖性） ②浸潤性の増殖を認めること（浸潤性） ③転移すること（転移性） ④何らかの治療を行わなければ，①〜③の結果として死に至ること（致死性） **診断基準** 　以下のいずれかの方法により悪性新生物であると診断され，かつ，治癒を目的とした治療に反応せず，進行性かつ治癒困難な状態（注）にあるもの。 ①組織診断または細胞診により悪性新生物であることが証明されているもの ②組織診断または細胞診により悪性新生物であることが証明されていない場合は，臨床的に腫瘍性病変があり，かつ，一定の時間的間隔を置いた同一の検査（画像診断など）等で進行性の性質を示すもの 注）ここでいう治癒困難な状態とは，概ね6ヵ月間程度で死が訪れると判断される場合を指す。なお，現に抗がん剤等による治療が行われている場合であっても，症状緩和など，直接治療を目的としていない治療の場合は治癒困難な状態にあるものとする。

（東京都医師会：介護保険における特定疾病診断の手引き，東京都医師会雑誌，51（9）：1763-1821，1999.，厚生労働省：「がん末期」を特定疾病に追加することについて，社保審—介護給付費分科会資料，第34回（平成17年11月16日）資料をもとに作成）

ようかい ご にんていちょう さ ひっけい
要介護認定調査必携ハンドブック
　―74項目のポイントと特記事項の記入例

2023年8月1日　第1版　第1刷 ©

　　　　　編　集　永嶋昌樹（公益社団法人東京都介護福祉士会会長）
　　　　　　　　医療アドバイス　神津　仁
　　　　　　　　　発行者　濱崎浩一
　　　　　発行所　株式会社 看護の科学新社
　　　　　　　　https://www.kangonokagaku.co.jp
　　　　　〒161-0034　東京都新宿区上落合 2-17-4
　　　　　☎03-6908-9005　郵便振替 00170-3-674511
　　　　　表紙デザイン・本文DTP／スタジオ・コア
　　　　　　　印刷・製本／スキルプリネット

Printed in Japan